Las reglas de la fotografía

Las reglas de la fotografía

Conoce las máximas de todo gran maestro

Paul Lowe

Traducción de
Ana Belén Fletes Valera

GG®

Índice

Introducción

"Yo no escribí las reglas, ¿por qué tendría que seguirlas?".
W. Eugene Smith

Todo el mundo sabe que las normas están para saltárselas, lo que podría hacer pensar que llenar un libro con una recopilación de reglas es una locura. Lo cierto es que la respuesta de muchos de los fotógrafos a los que pregunté si querían colaborar con este proyecto tenían un denominador común: "No creo en las reglas" o "Yo no sigo ninguna regla; no las hay en fotografía". Sin embargo, a poco que insistía, acababan accediendo a darme algún consejo o principio que a ellos les servía, de manera que la tarea de reunir la sabiduría colectiva de la profesión en un libro parecía justificada. Lo que muestro en las páginas siguientes es una ecléctica mezcla de reglas, consejos, guías y conocimientos basados en la experiencia y desde diferentes puntos de vista. Gran parte del libro es producto de una convocatoria abierta de colaboración con fotógrafos, editores, conservadores, educadores y otros profesionales que proporcionaron reglas propias, en algunos casos listas de normas, y quiero agradecerles a todos ellos el tiempo y el esfuerzo que han dedicado a compartir conmigo sus ideas y fotografías. El resto procede, en su mayoría, de revisar lo que otros fotógrafos han dicho sobre su actividad fotográfica y cómo se las ingenian en el mundo de la creación de imágenes a partir de entrevistas, escritos y declaraciones públicas sobre su arte. Por último, he incluido también unas cuantas reglas universales comúnmente aceptadas en el mundo de la fotografía. La intención era lanzar la red lo más lejos posible e incluir a representantes contemporáneos, además de iconos del pasado. Como es natural en una empresa de esta naturaleza, es necesario llevar a cabo un proceso de selección, por lo que el libro no pretende cubrir todas y cada una de las reglas que pueden aplicarse a la fotografía, como tampoco incluir a todos los fotógrafos que de algún modo podrían contribuir. Por el mismo motivo, algunas de las reglas son contradictorias; lo que para uno es un principio esencial, es anatema para otro, pero aplaudimos que exista esta diversidad y esta área de debate, ya que la única regla que tal vez pueda aplicarse es la de que no existe un criterio único válido para todo el mundo. Sin embargo, el libro sí ofrece un estudio extenso, inteligente y espero que entretenido sobre lo que los fotógrafos y la gente que trabaja en el negocio de la fotografía consideran que son aspectos importantes a la hora de lograr una exitosa carrera profesional. El lector puede quedarse con aquellos consejos que le resulten útiles y aplicables en su trabajo, pero sinceramente espero que encuentre información valiosa y estímulos en todas las entradas.

No se trata de una guía sistemática sobre "cómo hacer buenas fotos", aunque hay una progresión razonablemente lógica en las entradas, organizadas en tres categorías de reglas: "Cómo tomar fotografías", "Cómo convertirse en fotógrafo" y "Práctica profesional", que recorren el proceso fotográfico desde antes de que se tome la imagen hasta la creación de un catálogo de trabajo a largo plazo para su distribución por todo el mundo. Y todo esto viene salpicado de géneros y visiones individuales que se ocupan de distintas áreas como el retrato, la fotografía documental y el fotoperiodismo, el paisajismo y la fotografía comercial.

En líneas generales, "Cómo tomar fotografías" reflexiona respecto al proceso de producir imágenes sobre el terreno, e incluye consideraciones técnicas y estéticas sobre cómo realizar las instantáneas. “Cómo convertirse en fotógrafo” explora el aspecto más amplio de la relación del fotógrafo con el mundo y los proyectos en los que se embarca, incluido el trabajo de investigación y producción de historias o conjuntos de obras, y las preocupaciones éticas de exhibir la vida de otras personas. Por último, “Práctica profesional” se centra en los detalles prácticos para ganarse la vida con este oficio y conseguir que el público te conozca. Todo junto proporciona una inestimable fuente de consejos que cubre todas las facetas del proceso fotográfico, desde el momento de tomar la foto hasta el de compartirla con el público, y constituye una valiosa guía para los que aspiran a convertirse en profesionales de la industria de la fotografía y para fotógrafos aficionados que quieren desarrollar su “ojo” para hacer buenas fotos.

Seleccionar 177 entradas entre los cientos de posibilidades existentes hizo aflorar varios temas comunes a un gran número de fotógrafos, como los principios de simplicidad, coherencia, paciencia, creatividad, serendipia y trabajar mucho, que se repetían con regularidad. Además, los fotógrafos también solían hablar de la necesidad de controlar las funciones básicas de la cámara —exposición, composición y encuadre, enfoque, etc.— hasta el punto de que se conviertan en algo natural, lo que permite que te dejes llevar por la intuición y que la tecnología no sea un obstáculo para ver. De hecho, otro tema común fue que, a pesar de que cada formato y tipo de cámara posee una “voz” característica, el elemento más importante —parafraseando a Cartier-Bresson— es la conexión entre la mente del fotógrafo y la del modelo. Unidas, las reglas que se recogen en este libro ofrecen un mapa que permite desarrollar la visión fotográfica bajo la guía experta de los mejores profesionales del mundo en la creación de imágenes. La cámara es tu pasaporte al mundo y la fotografía es el documento que demuestra tu experiencia y tu interpretación.

Cómo tomar fotografías

Ábrete a las oportunidades

Brassaï *Rue de Lappe*, 1932

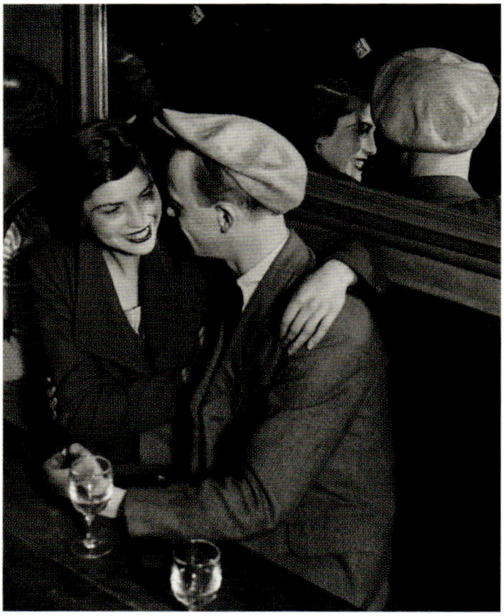

"La oportunidad siempre está ahí. Todos la usamos. La diferencia estriba en que un mal fotógrafo solo halla una oportunidad entre cientos, mientras que un buen fotógrafo la encuentra constantemente".

El fotógrafo francés de origen húngaro Brassaï era conocido como "el ojo de París" por la íntima documentación que recabó sobre la ciudad de la luz en la década de 1930. Sus imágenes están llenas de momentos de intimidad y simetría. Su lema era estar siempre abierto a la posibilidad de que una situación cambiase en un abrir y cerrar de ojos, y, de ese modo, pasar de carecer de interés visual o emocional a, de repente, tener la capacidad de convertirse en una gran fotografía. La cuestión es qué hace el fotógrafo con ese momento, lo atento que está a las posibilidades que encierra. En palabras de Brassaï, "la oportunidad siempre está ahí. Todos la usamos. La diferencia estriba en que un mal fotógrafo solo halla una oportunidad entre cientos, mientras que un buen fotógrafo la encuentra constantemente". Señalaba que "lo surrealista está dentro de nosotros, en los objetos que se han convertido en algo banal porque ya no nos fijamos en ellos, en la normalidad de lo normal". Hay que estar atento al mundo siempre cambiante que nos rodea, abierto a las oportunidades que este nos ofrece.

Toma las riendas de la situación

Tom Hunter *Muerte de Coltelli*, 2009

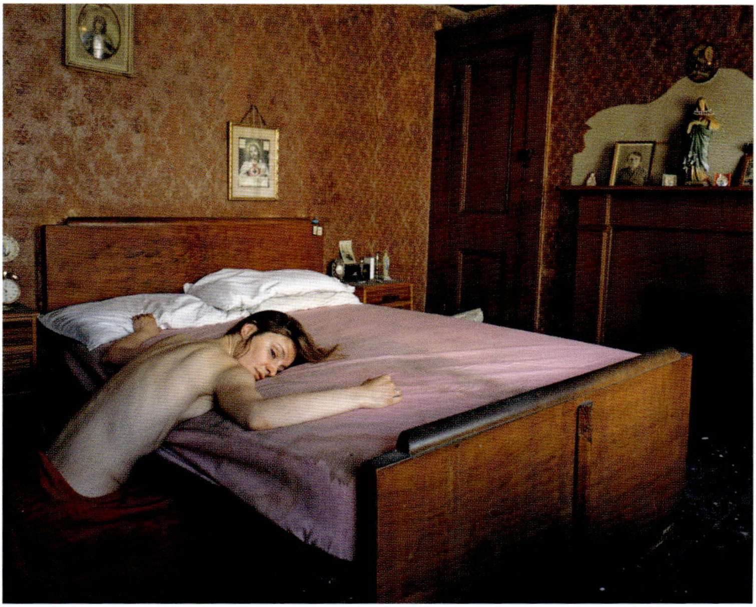

Las cuidadosamente escenificadas imágenes que forman las pinturas vivientes de Tom Hunter se inspiran en historias cotidianas del barrio londinense de Hackney, donde vive desde hace treinta años, y también en las obras de los grandes maestros de la pintura clásica, con su complejidad metafórica y simbolista. Trabaja con una cámara de gran formato, colaborando con las personas que fotografía, y dice que, como fotógrafo, debes "implicarte siempre con la persona, asegurarte de que tienes plena conciencia de todo lo que hace. Es mínima la diferencia que separa un gran retrato de una imagen del montón". Sus fotografías parecen documentales, pero están cargadas de significados ocultos. Para conseguirlo, el fotógrafo debe convertirse en director, no limitarse a ser un observador pasivo. Su consejo es el siguiente: "Si te fijas en una forma de mirar o de moverse que te resulta interesante, no tengas miedo de pedirle a esa persona que la interprete de nuevo ante la cámara. Tomar el control de la situación y del modelo: no seas un observador pasivo, eres el director de tu fotografía".

Acércate

Bruce Gilden *EE. UU. Nueva York. Mujer caminando en la Quinta Avenida*, 1992

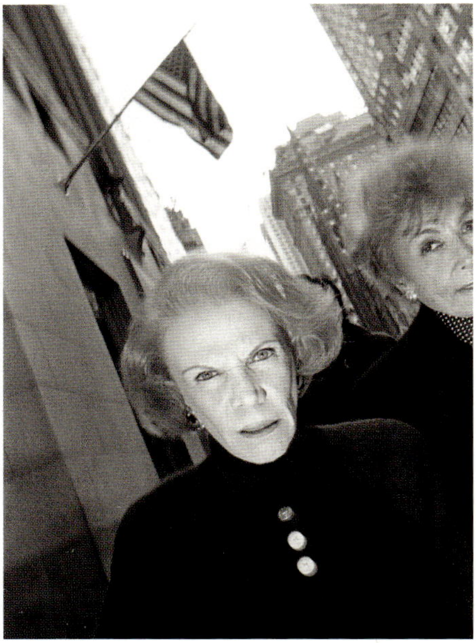

"Esa es la combinación que quiero conseguir: un potente puñetazo en el estómago, pero con una imagen bien compuesta".

Bruce Gilden, fotógrafo de Magnum Photos, es conocido por el estilo agudo, dinámico y descarado de su fotografía callejera. Casi siempre trabaja con un gran angular de 28 mm, acercándose mucho a las personas: "Soy conocido por fotografiar desde muy cerca, y cuanto más mayor me hago, más me aproximo". Suele trabajar con *flash* y sus imágenes captan con gran dramatismo el carácter de las personas que, por un instante, pasan por delante de su objetivo, en muchas ocasiones mientras se mueve como un atleta por la calle. Posee la extraordinaria capacidad de combinar la estética con el contenido, y afirma que "esa es la combinación que quiero conseguir: un potente puñetazo en el estómago, pero con una imagen bien compuesta". Siempre se ha sentido atraído por los que viven al margen de la sociedad y suele decir: "Me gusta la intensidad. Me gusta ver sus almas. Yo muestro mi alma. Soy directo".

Da la vuelta a la foto

Marc Riboud *Pintor en la Torre Eiffel*, 1953

"Darle la vuelta a una foto es la mejor forma de juzgarla. De esa manera ves cómo está compuesta".

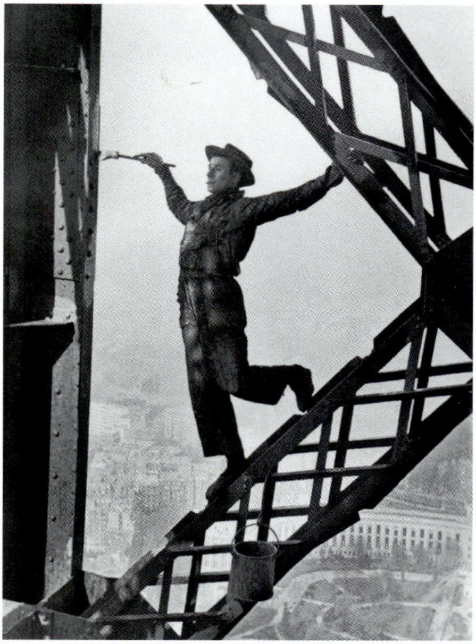

Mirar las hojas de contactos editadas de los grandes fotógrafos es una experiencia muy gratificante, ya que te muestra cómo revelan secuencialmente una imagen para explorar de forma visual al sujeto. Es también una estupenda forma de aprender a editar y seleccionar la mejor foto. El fotógrafo francés de Magnum Photos Marc Riboud tenía un truco muy útil para evaluar la calidad de una imagen, pues, como él afirmaba, "darle la vuelta a una foto es la mejor forma de juzgarla. De esa manera ves cómo está compuesta". Esta técnica la utilizaba también Henri Cartier-Bresson y sirve para apartar la atención del contenido de una imagen y centrarla en su estética y su forma. Si sigue siendo buena y funciona en el sentido visual, merece la pena mantenerla. Con una cámara digital, puedes también darle la vuelta a la imagen de izquierda a derecha y ver cómo esto afecta al equilibrio del encuadre.

Descubre tus objetivos

Bill Brandt *Vista del Muro de Adriano, cerca de Hexham, Northumberland*, 1943

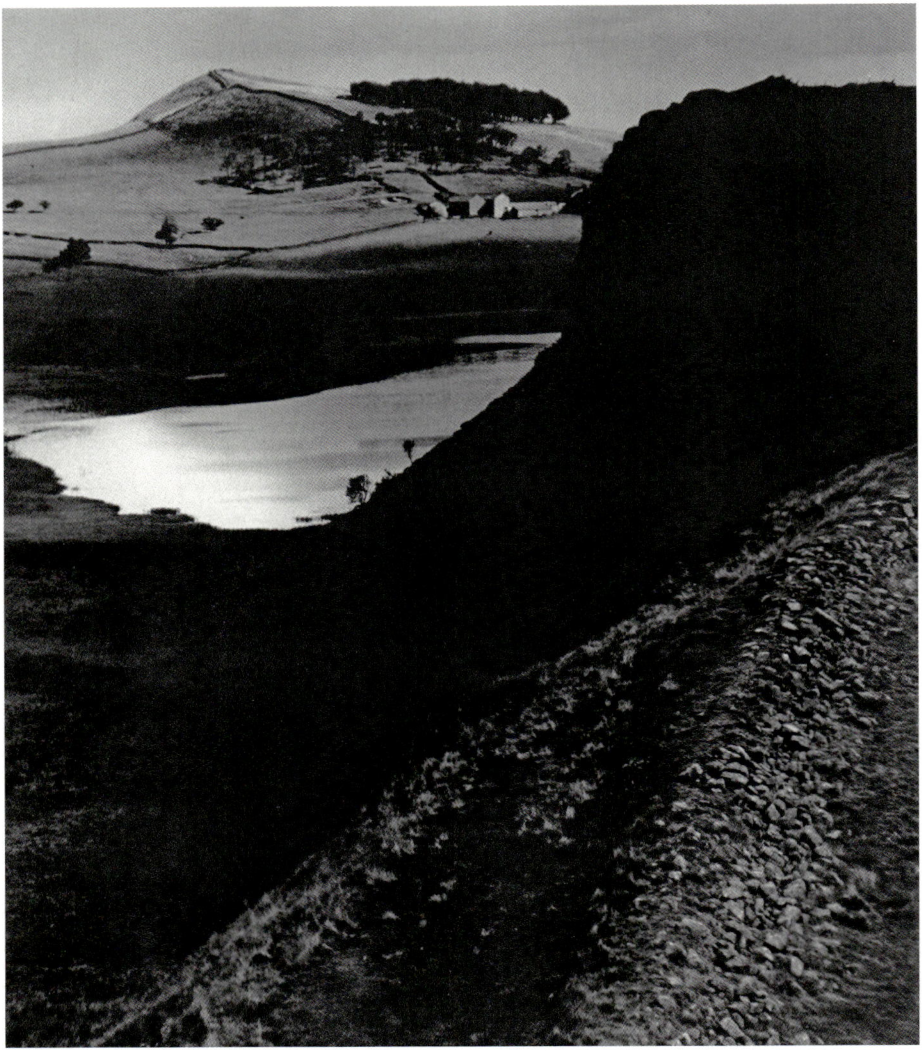

"Primero, observa al modelo. No debemos forzarlo para que sea una foto de esto o de aquello. Debemos alejarnos. Entonces sucede. La persona se muestra ante ti".

El fotógrafo debe estar tan familiarizado con todos los objetivos que usa que, instintivamente, debe conocer el campo visual de cada uno y cómo las distintas aberturas afectarán a la imagen final. La profundidad de campo con un teleobjetivo de 300 mm es inferior a la que obtenemos con uno de 24 mm, y la sutil diferencia entre uno de 35 mm y uno de 28 puede elevar o estropear una foto. Como demuestra esta imagen —que forma parte de una serie sobre el Muro de Adriano—, el gran fotógrafo británico Bill Brandt era un maestro de la perspectiva y la contraposición de planos. Su consejo era que, "para el fotógrafo, es imprescindible conocer el efecto que producen los objetivos que usa. El objetivo es su ojo, y este puede construir o estropear sus imágenes". Sal con una única lente al día y empápate a fondo del funcionamiento de esa distancia focal concreta, cómo traslada el mundo tridimensional a un espacio bidimensional. Los objetivos largos comprimen la perspectiva; los cortos, la exageran. Brandt también daba esta otra recomendación: "Primero, observa al modelo. No debemos forzarlo para que sea una foto de esto o de aquello. Debemos alejarnos. Entonces sucede. La persona se muestra ante ti". Sigue esta regla y deja que la persona dicte la imagen, no que domine la lente.

Haz montones de fotos

Harry Callahan *Reflejo del sol en el agua*, 1943

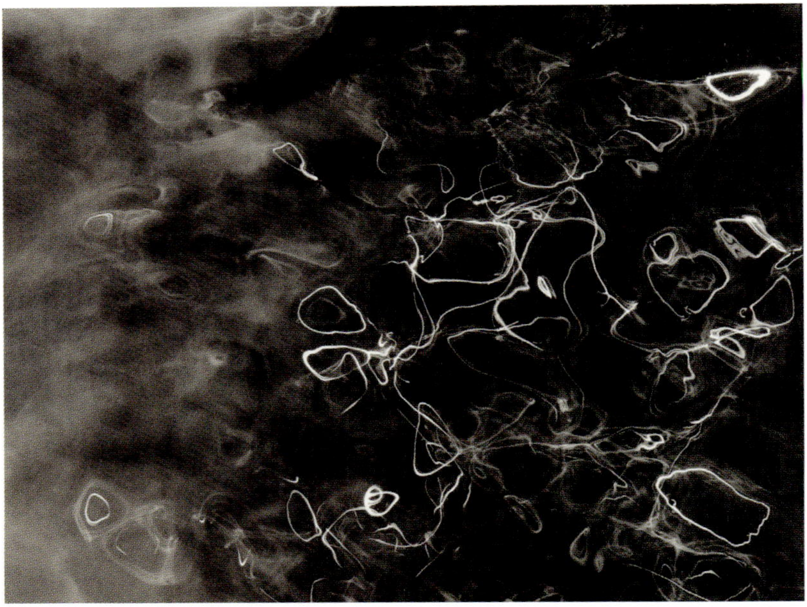

Harry Callahan fue un prolífico creador de imágenes; salía a tomar fotos casi todas las mañanas y pasaba las tardes trabajando en su laboratorio. Sin embargo, era muy selectivo con su trabajo. "Calculo que habré disparado 40.000 negativos y, de estos, tengo 800 fotos que me gusten", decía. El principio por el que se regía era simple: hay que disparar muchas veces. "Para ser fotógrafo, uno debe fotografiar. Ni lo que viene en los libros ni todos los seminarios a los que asistas podrán sustituir el mero hecho de tomar fotos", solía afirmar. Para él, crear imágenes era, en gran parte, un proceso de aprendizaje y experimentación. Contaba que él fotografiaba "continuamente, a menudo sin una buena idea o sin sentimientos fuertes. Durante este periodo, las fotos que hago son casi todas flojas, pero creo que desarrollan mi forma de ver y me servirán más tarde para otras fotos". Sigue el consejo de Callahan y embárcate en este viaje.

Observa el fondo

Lee Friedlander *Knoxville, Tennessee*, 1971

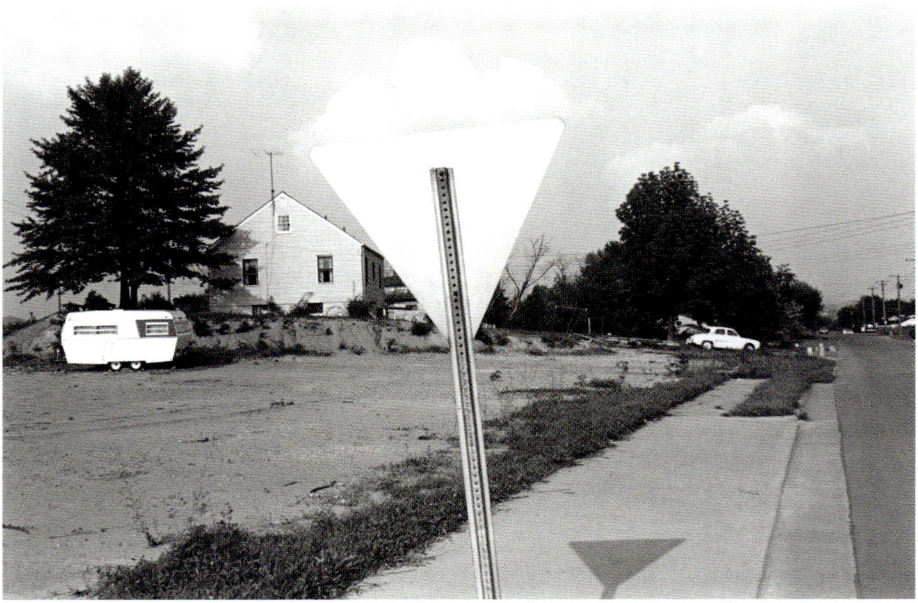

El clásico error de la fotografía de retrato en exterior consiste en no darse cuenta de hasta qué punto los elementos del fondo pueden distraer de la persona principal de la foto. El ejemplo más claro es el de las farolas que parecen salirle de la cabeza a alguien. Esto puede ocurrir por muchas razones, pero la mayoría podrían evitarse si nos fijásemos un poco más en la composición, el encuadre y la profundidad de campo. Debemos asegurarnos de que la escena que vemos por el visor es la que realmente queremos y prestar atención a cualquier elemento del fondo que pueda distraer del sujeto principal. Esto viene acentuado porque, normalmente, cuando miramos a través de la lente, esta tiene la abertura máxima, de modo que el fondo se sale del enfoque. El botón de previsualización de la profundidad de campo —si lo tienes— puede resultarte muy útil, ya que muestra todo lo que saldrá en la imagen final. También puedes hacer lo contrario: reducir la profundidad de campo para que el fondo salga del enfoque y centrar así la atención en la persona.

Aprovecha la luz natural

Alfred Eisenstaedt *La actriz Sofía Loren jugando a las cartas con el fotógrafo Pierluigi*, 1961

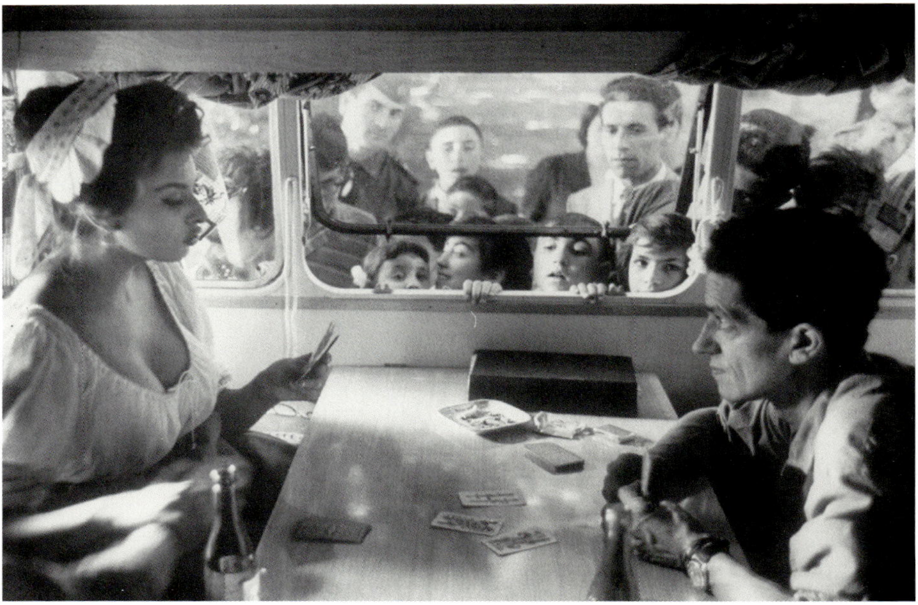

Como Henri Cartier-Bresson, su contemporáneo Alfred Eisenstaedt no usaba el *flash*, ya que confiaba más en la capacidad para disparar de sus Leica; por ello, las sostenía con la mano y usaba objetivos con abertura máxima del diafragma y películas rápidas. Él lo explicaba diciendo que disparaba con la luz que hubiera, a la que llamaba "luz Rembrandt", porque mostraba las "modulaciones naturales del rostro". El resultado era "un retrato más vivo, real y favorecedor". En su opinión, el *flash* arruinaba la atmósfera natural del momento y afirmaba que, "si tienes los ojos para verlo, los matices de la luz ya están ahí, en el rostro de la persona. Si te limitas a utilizar fuentes de luz estroboscópica, tu paleta será pobre". Con los modernos sensores digitales, se puede grabar casi cualquier escena sin necesidad de iluminación adicional.

Limita tus herramientas

Anton Corbijn *Mick Jagger*, 1996

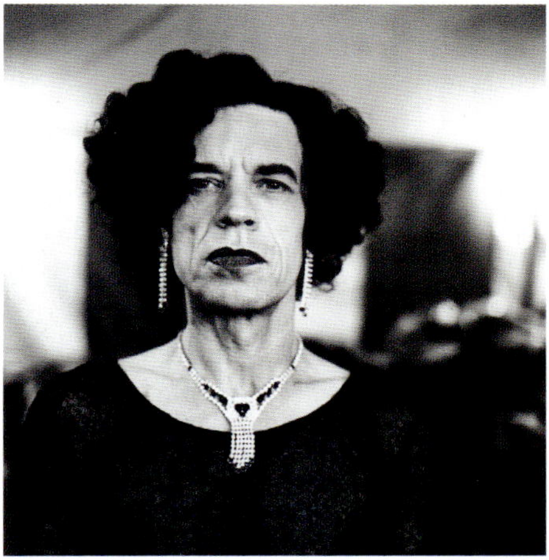

"Limita tus herramientas, concéntrate en una sola cosa y haz que funcione".

El concepto que preconizaba el acrónimo KISS (*Keep It Simple, Stupid*, en inglés), que podríamos traducir como "Simplifícalo" en español, puede resultar muy útil en fotografía. Es muy fácil que nos veamos atrapados entre la infinidad de opciones técnicas que ofrecen las cámaras, hasta el punto de perder de vista la pureza de la escena que tenemos delante y qué hacer con ella. El fotógrafo holandés Anton Corbijn es muy conocido por sus potentes y descarnados retratos de músicos y famosos, y su filosofía es simple: "Limita tus herramientas, concéntrate en una sola cosa y haz que funcione". Corbijn suele disparar mientras sostiene la cámara con la mano y fija la velocidad de obturación en 1/30 o 1/60 de segundo. Para él, esta regularidad en la técnica le permite liberar la visión. En palabras suyas: "Las restricciones que tú mismo te impones te hacen ser más creativo". Sal a disparar fotos con el equipo básico y deja que hable el sujeto. No te obsesiones con los aparatos.

El negativo es solo el principio

Ansel Adams *Cordillera Teton – río Snake, Parque Nacional de Grand Teton, Wyoming*, 1941

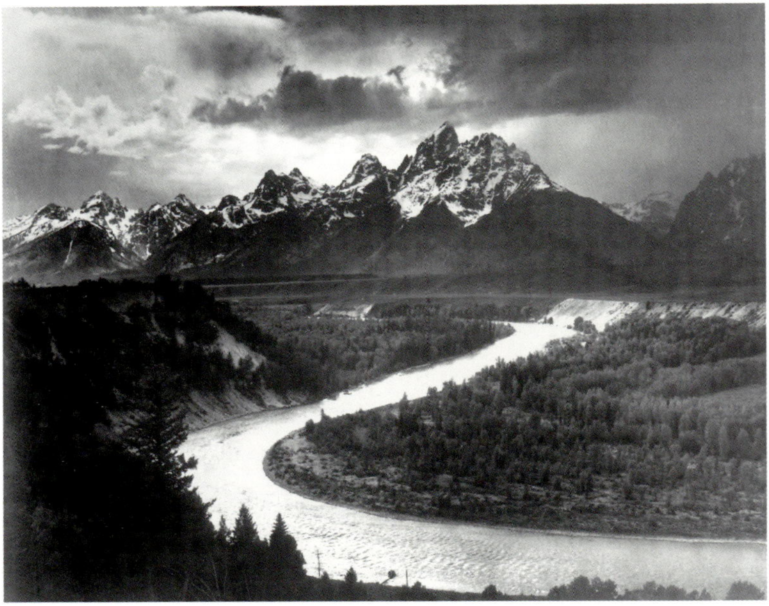

Conocido por su obsesivo control de los aspectos técnicos del medio, Ansel Adams produjo, en formato grande y en blanco y negro, exquisitos paisajes del oeste estadounidense llenos de detalle y fuerza. Desarrolló el "sistema de zonas", un método para exponer y revelar las fotografías con diez zonas que van desde el blanco puro hasta el negro puro, y que lo ayudaban a previsualizar la fotografía final de la escena que tenía delante. Este sistema le proporcionaba un negativo con una completa gama de tonos que el fotógrafo podía manipular en el laboratorio para producir el efecto deseado. Tal como decía Adams, la exposición inicial es solo el principio del viaje hasta llegar a la imagen final: "El negativo es como la partitura del compositor y la fotografía revelada es su interpretación. La diferencia entre una interpretación y otra es muy sutil". Esta observación puede aplicarse tanto al archivo RAW de las cámaras digitales como a un negativo en blanco y negro.

Si tus fotos no son buenas es que no te has acercado lo suficiente

Robert Capa *Despedida de las Brigadas Internacionales, Les Masies, Tarragona, España. 25 de octubre*, 1938

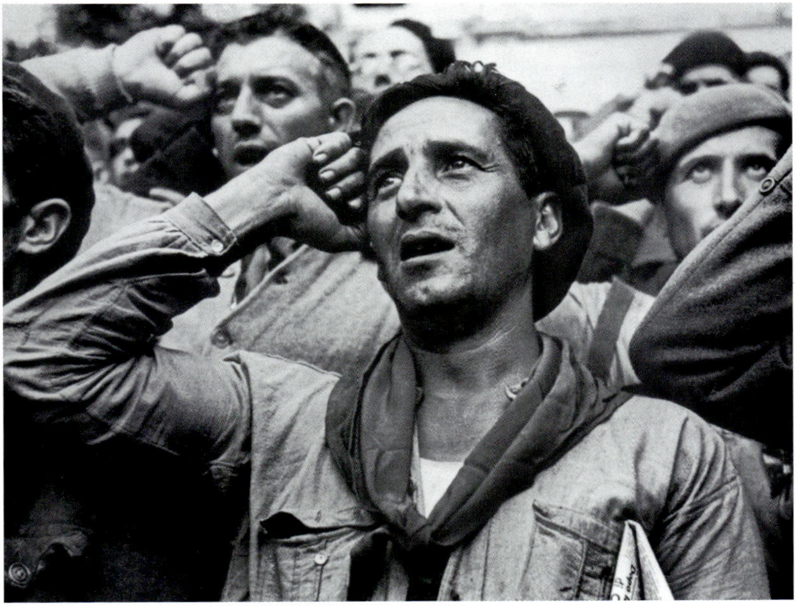

"Si tus fotos no son buenas es que no te has acercado lo suficiente". Esta cita del fotoperiodista húngaro Robert Capa es, posiblemente, una de las reglas más famosas de la fotografía. Suele interpretarse como una exhortación al fotógrafo para que, físicamente, se acerque al modelo todo lo posible utilizando un objetivo gran angular que llene el encuadre. Sin embargo, Capa era un partisano, un apasionado fotógrafo que siempre se posicionaba en sus trabajos, comprometido en su lucha contra el fascismo desde principios de la década de 1930 y que terminó con su exilio de su tierra natal. Seguidor del Partido Comunista francés, Capa trabajó con regularidad en sus publicaciones, sobre todo durante la guerra civil española, donde realizó su estudio de gran potencia visual sobre la desmovilización de las Brigadas Internacionales. Disparada desde un ángulo bajo para enfatizar la postura heroica del soldado, esta fotografía muestra la afinidad emocional y política con la persona fotografiada. Sigue la regla y trata de identificarte todo lo que puedas con tu modelo.

Domina las verticales

Charles Sheeler *Exterior de la fábrica de coches Ford en Detroit, Michigan*, 1927

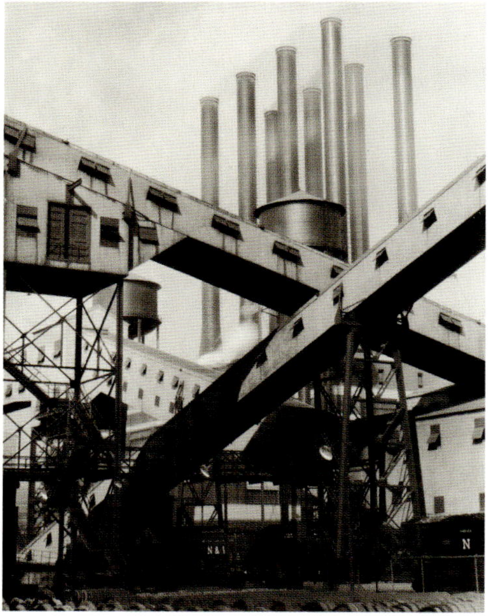

Cuando fotografiamos edificios, las líneas convergentes pueden ser difíciles de evitar y son capaces de convertirse en una distracción y estropear una fotografía perfecta. Charles Sheeler demuestra cómo solucionar este problema: intenta no separar la cámara de la vertical y mantén el plano de la parte trasera de la cámara tan paralelo como puedas a la imagen frontal del edificio. Alejarse y disparar con una distancia focal más corta también puede ayudar a corregirlo. Las cámaras de campo de gran formato permiten realizar varios movimientos paralelos: descentramiento lateral y vertical, y bascular. Todos estos movimientos se realizan en el revés de la cámara o en el objetivo. Los objetivos con descentramiento y basculamiento también se pueden encontrar para cámaras réflex de objetivo único (SLR) que replican los movimientos de la cámara de campo, pero son muy especializados y caros. Algunas cámaras tienen una retícula en el visor para centrar las líneas verticales y horizontales con precisión. Si las combinas con un trípode, podrás obtener resultados perfectos.

La fotografía es siempre manipulación

David LaChapelle *Objetos perdidos*, 2012

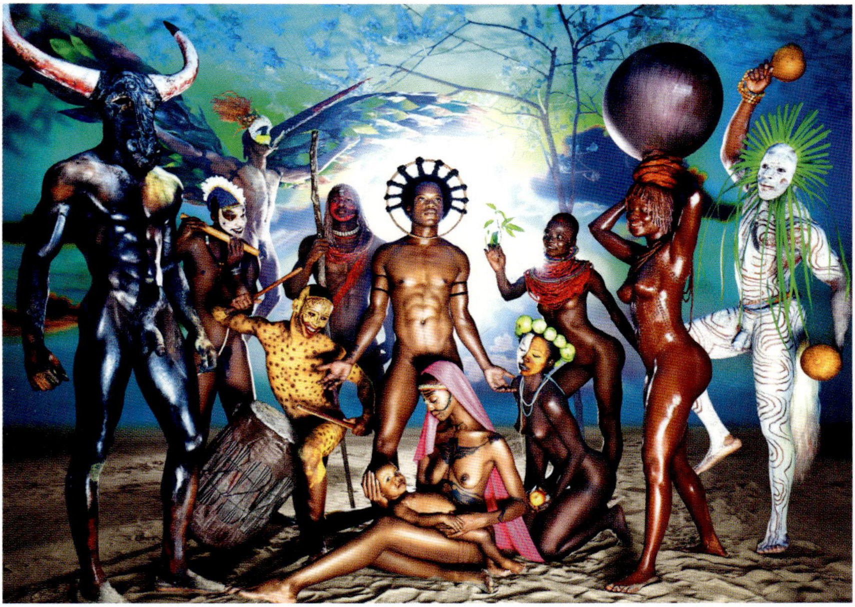

Las complejas y coloridas pinturas vivientes de David LaChapelle están llenas de ingenio y mensajes sociales, además de componer un lúcido estudio de la realidad que se oculta tras la fachada de los famosos. Sus imágenes son fruto de una producción artística y una escenificación muy sofisticadas en las que el fotógrafo acepta que su control sobre la escena constituye una declaración de intenciones personal: “La gente dice que las fotos no mienten. Las mías sí. Yo hago que mis fotos mientan”. E incluso va más allá al manifestar que toda imagen es el resultado de una intervención por parte del fotógrafo, y que fingir lo contrario es no reconocer los prejuicios de su autor: “En el momento en el que diriges la cámara hacia algo, estás manipulando la imagen al recortar y dejar fuera todo lo que queda a su derecha e izquierda. En el momento en el que iluminas a alguien, manipulas la imagen”. Lo importante es ser consciente de nuestra propia postura y cuestionarla.

Haz una lista

Tony Ray-Jones *La City, Londres*, 1967

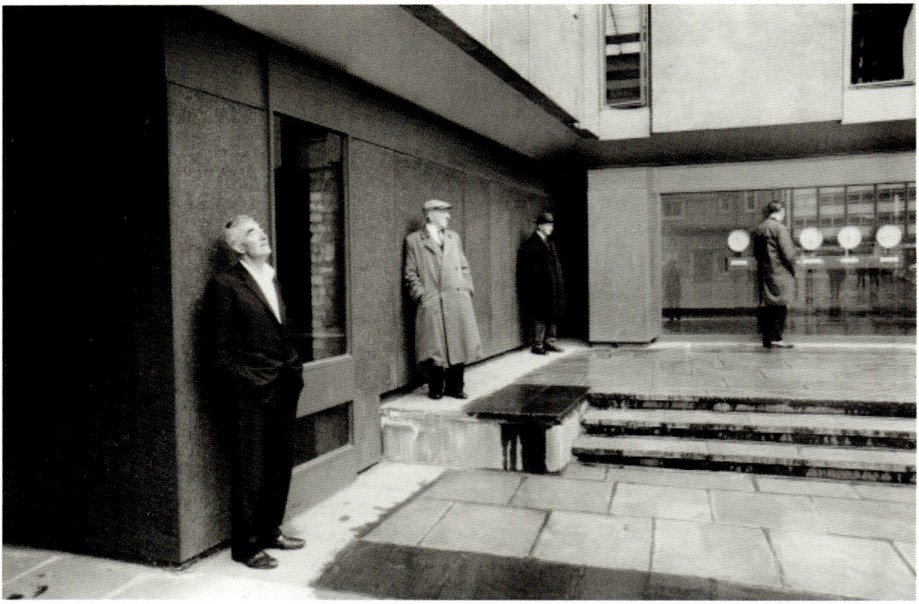

Tony Ray-Jones es uno de los fotógrafos británicos más influyentes. Las ingeniosas y brillantes fotografías de calle que nos ha legado pueden apreciarse en la obra de Martin Parr, Brian Griffin y Paul Reas. Era un fotógrafo obsesivo que llenaba cuadernos con comentarios y hacía listas de ideas de posibles proyectos e imágenes futuros. Una de sus listas de recordatorios más valiosa es la que reproducimos a continuación:

1. Sé más **agresivo**.
2. **Participa** más (habla con la gente).
3. Quédate con tu modelo (sé **paciente**).
4. Toma fotografías más **simples**.
5. Comprueba si todo lo que aparece en el fondo se relaciona con el tema.
6. Cambia las composiciones y los **ángulos**.
7. Sé más consciente de la **composición**.
8. No hagas fotos **aburridas**.
9. **Acércate** más (utiliza un objetivo de 50 mm).
10. No **muevas** la cámara (dispara a 1/250 de segundo o más).
11. No dispares demasiado.
12. Evita que todo esté a nivel del ojo.
13. No uses la media distancia.

Fija tu mirada

Walker Evans *Fachada de chapa ondulada, Moundville, Alabama*, 1936

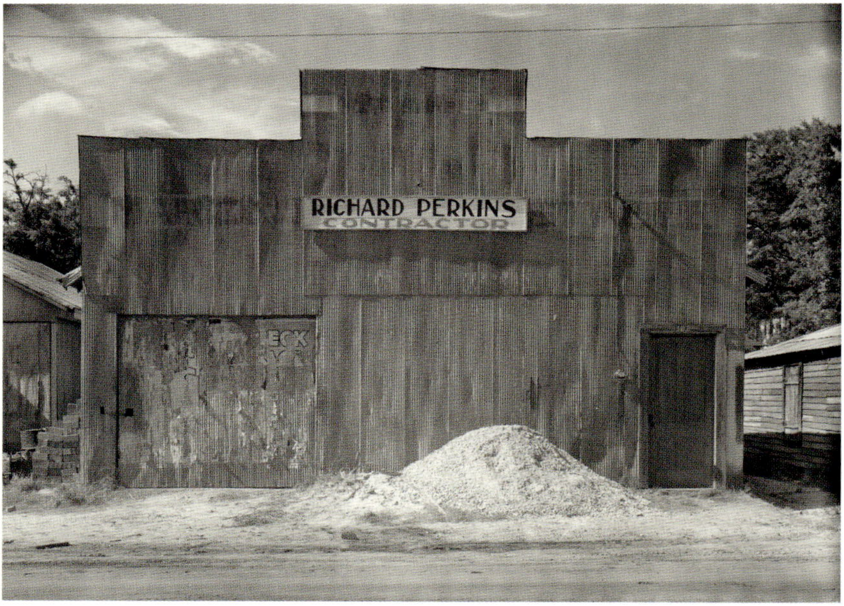

Walker Evans fue un maestro de la observación silenciosa, de dejar que el tema hablara por sí mismo de un modo en apariencia transparente que, en realidad, ocultaba una visión personal y un intelecto verdaderamente potentes. Su consejo se refiere a la esencia de la mirada fotográfica: "Mira fijamente. Es la manera de educar tu mirada, y más aún. Mira fijamente, fisgonea, escucha, escucha sin ser visto". A menudo engañosamente simples, sus fotografías muestran el poder de presentar el mundo tal como es, de observar con una mirada intensa y selectiva, devorando todo lo que hay a su alrededor. Su afirmación de que "el ojo del artista debe mostrarse ávido, y el mío lo es" nos anima a salir ahí fuera con apetito voraz a celebrar aquellos momentos de comunión entre nuestros ojos, nuestro cerebro y el mundo.

Compón de fuera hacia dentro

David Hockney *Autopista de Pearblossom, 1*, 1986

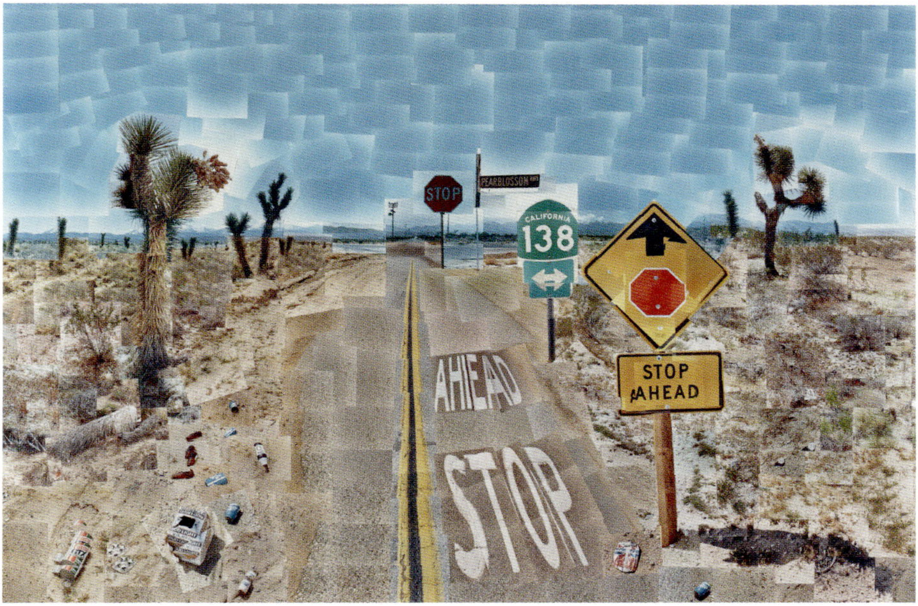

El artista David Hockney ha explorado la relación entre fotografía y pintura, y lo hace en este caso particular superponiendo múltiples imágenes para formar un conjunto utilizando la técnica del *collage*. Incide en que todo lo que se incluye en la parte central de la imagen se sostiene gracias a los bordes del encuadre, y afirma que "una regla fundamental de la fotografía es que, cuando coges la cámara y miras a través del visor, tomas conciencia clara de los bordes. Son estos los que posibilitan la composición de una fotografía y los que te permiten ver las cosas que quedan en el centro". Salgamos a disparar para poner esto en práctica y centrémonos especialmente en lo que queremos encuadrar, para ser conscientes de lo que dejamos fuera del encuadre: componer de fuera hacia dentro en vez de hacerlo del centro hacia fuera.

El retrato no es la persona

Rineke Dijkstra *Kolobrzeg, Polonia, 26 de julio*, 1992

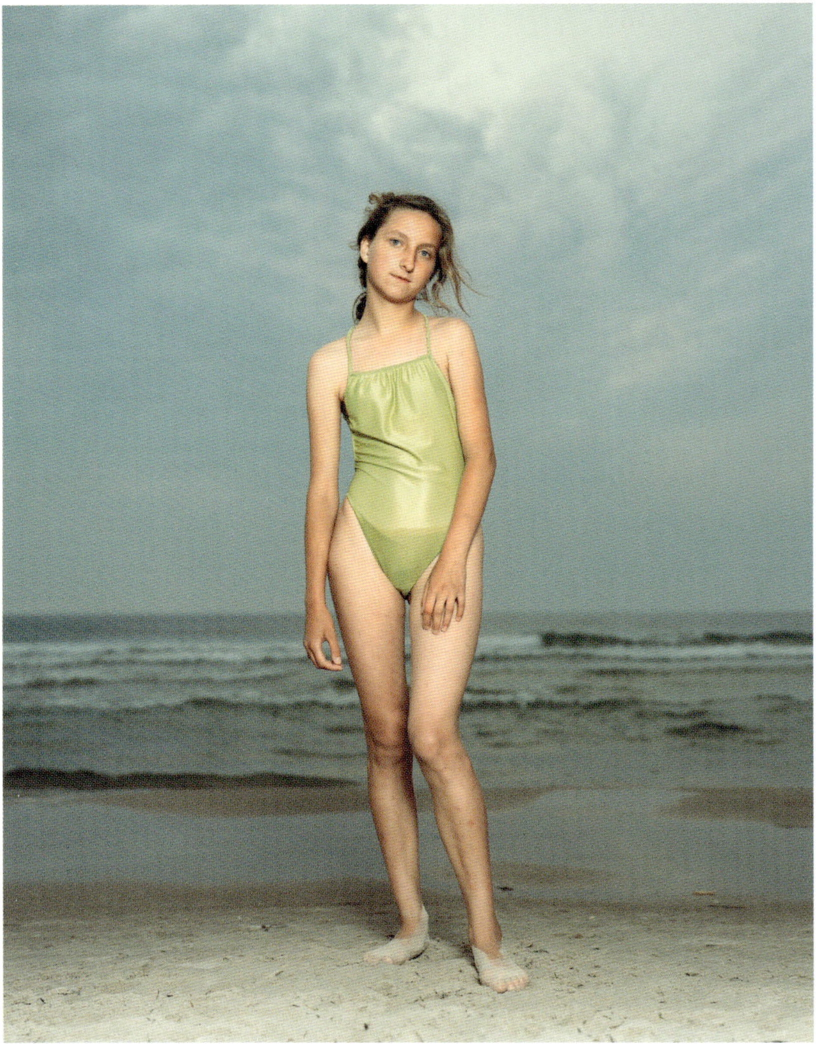

"Cuando le tomas una foto a alguien, trabas una relación con la imagen, no necesariamente con esa persona. A la mayoría de esas personas no vuelves a verlas en tu vida".

La fotógrafa holandesa Rineke Dijkstra es famosa por sus agudos estudios de la juventud, a la que retrata con una cámara de gran formato. Mantiene que el encuentro fotográfico siempre conlleva algo de realidad ensimismada y explica que "una foto siempre te dirá la verdad, pues solo capta una fracción de segundo". La intervención del fotógrafo en esa situación amplía o enfatiza un momento determinado y lo convierte en otra realidad. Observa cómo quiere mostrar lo que puede pasarnos desapercibido en la vida cotidiana. "Siempre busco un destello de individualidad concentrándome en gestos, posturas y expresiones. En esos momentos de descuido hallo la verdad que habita en algún punto entre la pose y la naturalidad". Una vez tomada la imagen, lo que queda no es el encuentro en sí, sino su registro. "Cuando le tomas una foto a alguien, trabas una relación con la imagen, no necesariamente con esa persona. A la mayoría de esas personas no vuelves a verlas en tu vida". Debemos ser conscientes de la naturaleza fugaz del retrato fotográfico y de que esa imagen es una versión de nuestra experiencia con la persona, no de la persona en sí misma.

Dispara en manual

Paul Lowe

"Cambiar a manual, al menos durante un rato, nos ayudará a mejorar como fotógrafos al hacer que cobremos conciencia de cómo utilizar las funciones de la cámara de una forma más creativa".

Aunque todas las cámaras modernas cuentan con sofisticados modos automáticos y dan prioridad al tiempo de exposición, es importante comprender la relación entre el obturador, la abertura y el ISO, y tomar el control creativo de las decisiones sobre cómo interactúan con el fin de crear la fotografía final. Los programas automáticos están diseñados para ajustar la exposición perfecta, pero esto funciona cuando se toma un conjunto de valores medios. Si queremos controlar todo el proceso fotográfico, la única forma de lograrlo es disparar en manual. Podemos elegir si queremos que la imagen sea más oscura y dramática con subexposición —para conseguir un efecto en clave baja— o con sobreexposición —para obtener un efecto más etéreo—. Además, podemos escoger la profundidad de campo que queremos seleccionando la abertura más conveniente o controlar la borrosidad y el movimiento ajustando la velocidad de obturación. Cambiar a manual, al menos durante un rato, nos hará mejores fotógrafos al cobrar conciencia de cómo utilizar las funciones de la cámara de una forma más creativa.

Trabaja el tema

Alexander Rodchenko *Pionero*, 1930

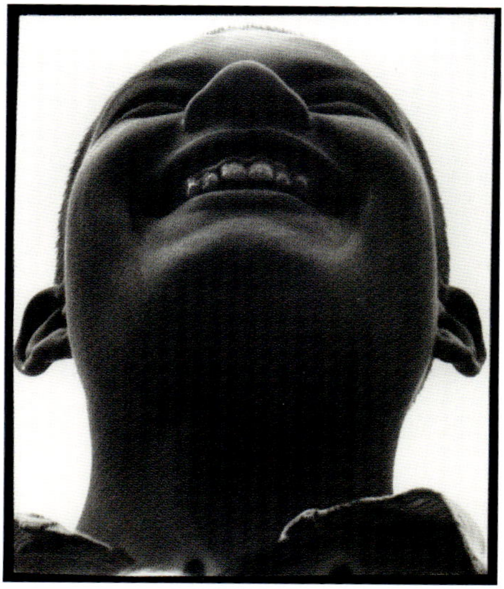

"Hacer diferentes tomas de la persona, desde distintos puntos de vista y en varias situaciones, como si mirásemos en redondo en vez de asomarnos una y otra vez al mismo agujero de la cerradura".

Uno de los fundadores del constructivismo, el polifacético artista ruso de vanguardia Alexander Rodchenko, fue uno de los primeros en defender que la Leica de 35 mm liberaba a la fotografía de la sensación de estatismo que imponían las cámaras de mayores formatos. Rodchenko buscaba ángulos y puntos de vista inesperados, y exploraba cómo la libertad de movimiento de aquel nuevo formato le permitía mostrar escenas de la vida cotidiana desde perspectivas nuevas y, con frecuencia, radicales. Animaba al fotógrafo a "hacer diferentes tomas de la persona, desde distintos puntos de vista y en varias situaciones, como si mirásemos en redondo en vez de asomarnos una y otra vez al mismo agujero de la cerradura". Su consejo es acertado: desafiarnos a buscar un nuevo punto estratégico desde el que disparar. Cuando observamos el mundo desde una posición distinta al nivel de los ojos, pueden surgir de repente patrones y formas visualmente sorprendentes y llamativos.

Usa un trípode

Simon Norfolk Simon Norfolk fotografiando un yacimiento arqueológico a los pies de la Ciudad Vieja [de Jerusalén] con el barrio de Silwan de fondo, 2019 (fotografía de Samir Al-Sharif)

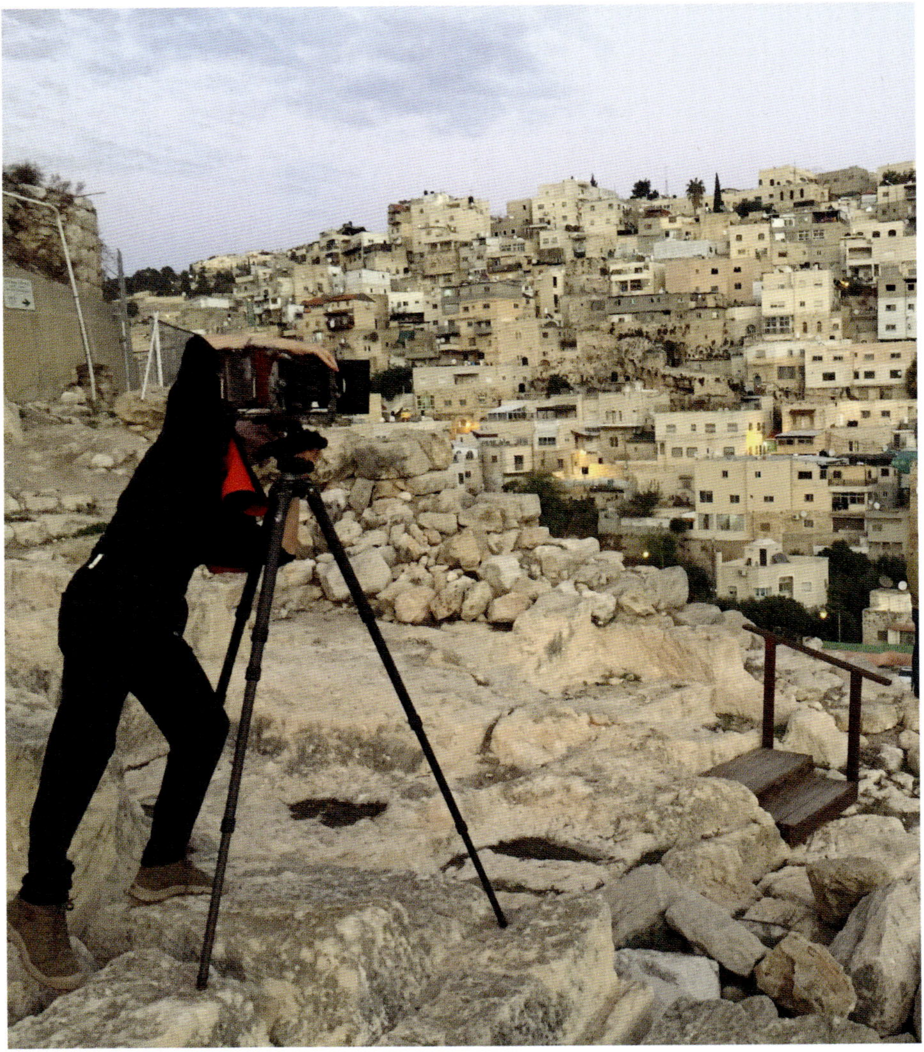

"Un trípode nos obliga a ir más despacio, a pararnos a pensar con detenimiento en todos los aspectos del proceso fotográfico".

Un trípode es un accesorio muy útil no solo para inmovilizar la cámara y evitar que vibre. Este armazón influye en la capacidad de disparar con poca luz y permite exposiciones de segundos, minutos e incluso horas. Una escena a la luz de la luna puede transformarse en un extraordinario paisaje si se usa una exposición larga y un trípode o se pueden crear secuencias de lapso de tiempo que muestren el paso de la luz a lo largo de la escena. También nos permite crear imágenes más definidas, incluso con altas velocidades de obturación, si se mantiene la cámara en una posición fija y estable. Los teleobjetivos suelen contar con un accesorio en la lente para montarla en el trípode y ofrecen más estabilidad.

Pero lo más importante es que usar un trípode nos obliga a ir más despacio, a pararnos a pensar con detenimiento en todos los aspectos del proceso fotográfico. Esto nos ayuda a plantearnos la relación que existe entre la velocidad de obturación, la abertura y la profundidad de campo, y a tener más cuidado y ser más precisos con la composición y el encuadre. Salir a tomar fotos con nuestra SLR digital y un trípode e imaginar que llevamos una cámara de gran formato es una disciplina fantástica porque hace que nos esforcemos en lograr imágenes perfectas. Disparar con la cámara montada en un trípode también puede modificar la dinámica en una sesión de retratos, ya que transforma el proceso en una interpretación formal.

Mira con los ojos de un niño

Rinko Kawauchi *Sin título*, de la serie *Utatatne*, 2001

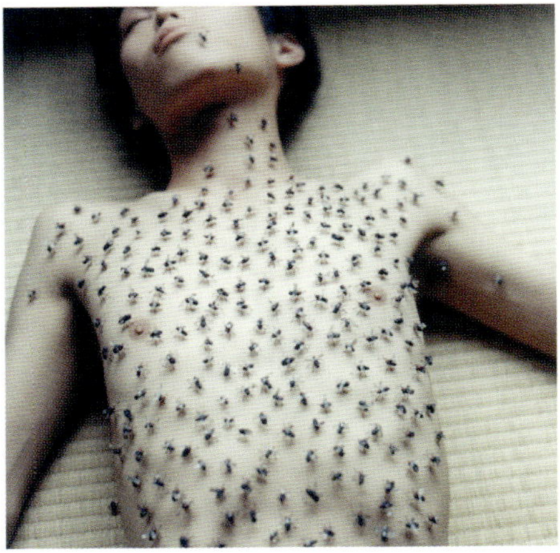

"Parte del trabajo del fotógrafo consiste en ver con mayor intensidad que la mayoría de las personas".

Una de las ventajas de la fotografía es que nos permite ver cosas que, de otro modo, nos pasarían desapercibidas. Tal como señaló Bill Brandt, "parte del trabajo del fotógrafo consiste en ver con mayor intensidad que la mayoría de las personas. Debe tener y conservar algo de la receptividad del niño que observa el mundo por primera vez o de la del turista que llega a un país desconocido". Algunos fotógrafos parecen ser capaces de entrar en otro nivel de conciencia y encontrar momentos sorprendentes en el día a día, como la japonesa, Rinko Kawauchi. Ella atribuye una parte importante de su personal y única visión a esta perspectiva infantil, y señala: "Veo que las hormigas se apelotonan alrededor de un trozo de azúcar o me fijo en los caracoles cuando quiero refugiarme porque se ha puesto a llover. Son estas las cosas que hacemos de pequeños, ¿no? Yo siento una sensibilidad similar". Debemos cultivar ese sentido de la inocencia en nuestro trabajo y tratar de observar el mundo que nos rodea con la misma capacidad de maravillarnos que muestran los niños que ven algo por primera vez.

La cámara lo capta todo

Berenice Abbott *Herald Square, Nueva York*, 1935

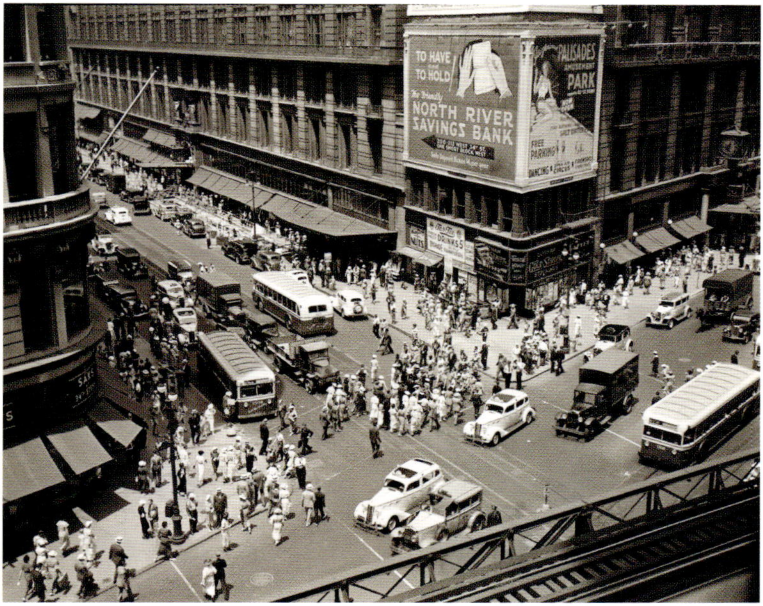

Cuando vemos el mundo, normalmente no nos fijamos en todos los detalles ni en la complejidad de lo que nos rodea. El ojo humano es falible y tendemos a ver solo lo que queremos: nos llama la atención lo obvio y lo que nos interesa. El objetivo de la cámara, sin embargo, recoge todo lo que pasa por delante de nosotros con el mismo interés y claridad. Para ser un buen fotógrafo, es necesario aprender a ver como la cámara, ser consciente de las relaciones entre lo que está en primer plano, en un plano medio y en el fondo que puedan pasar desapercibidas al ojo humano, pero que queden patentes en la fotografía final. Como nos recuerda Berenice Abbott, "lo que el ojo humano observa casualmente, sin curiosidad, el ojo de la cámara lo registra con una fidelidad implacable". Cuando salimos a tomar fotos, tenemos que examinar a fondo el encuadre en busca del detalle más insignificante hasta estar completamente seguros de que queremos que todo eso salga en la foto. En lo posible, debemos intentar que todo lo que sale y lo que se deja fuera del encuadre responda a una elección voluntaria y consciente.

El mejor zum son tus piernas

Ernst Haas *Puertas giratorias*, 1975

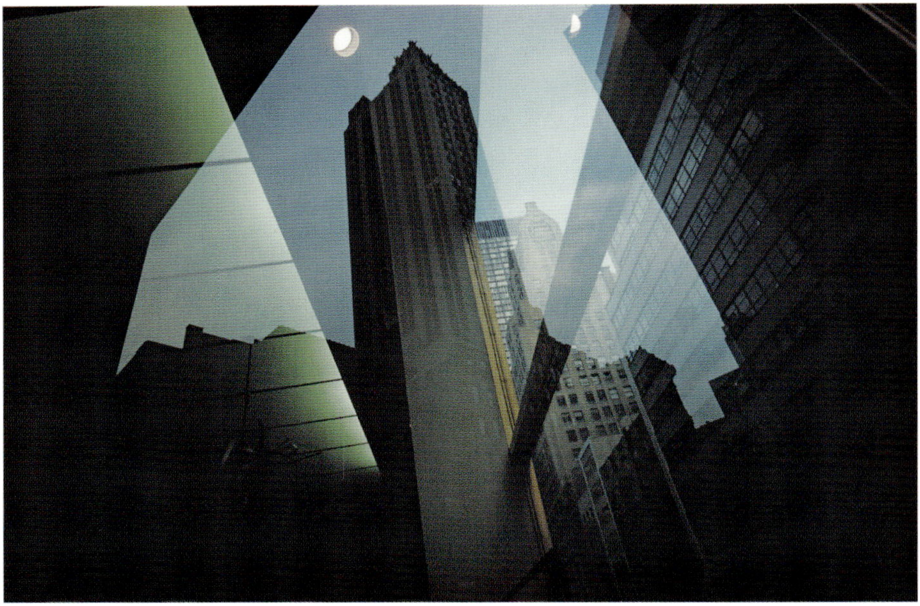

Los modernos objetivos zum son una maravilla de calidad y practicidad que, en una fracción de segundo, nos permiten cambiar el punto de vista y la perspectiva de la cámara entre un amplio abanico de posibilidades. Sin embargo, también pueden fomentar la pereza, ya que, sin moverte, puedes cambiar la distancia focal que determinará la imagen. Ernst Haas, maestro de la técnica fotográfica, sostenía que debía moverse el fotógrafo, no el objetivo, y señalaba: "¿Los mejores objetivos gran angular? Retroceder dos pasos. Buscar hasta que digas 'ajá'". Los objetivos de distancia focal fija pueden ayudarnos a ser más disciplinados con las composiciones, pues somos nosotros quienes debemos ajustar la posición de forma consciente para conseguir el encuadre adecuado, en vez de hacer zum constantemente. De ese modo, nosotros tomamos la foto, no la cámara. Si solo tenemos un objetivo zum, es mejor seleccionar una distancia focal fija y salir a hacer fotos durante un día para reproducir el efecto de un objetivo de distancia fija.

Encuentra la emoción en el paisaje

Aletheia Casey *Después de la disculpa*, 2008

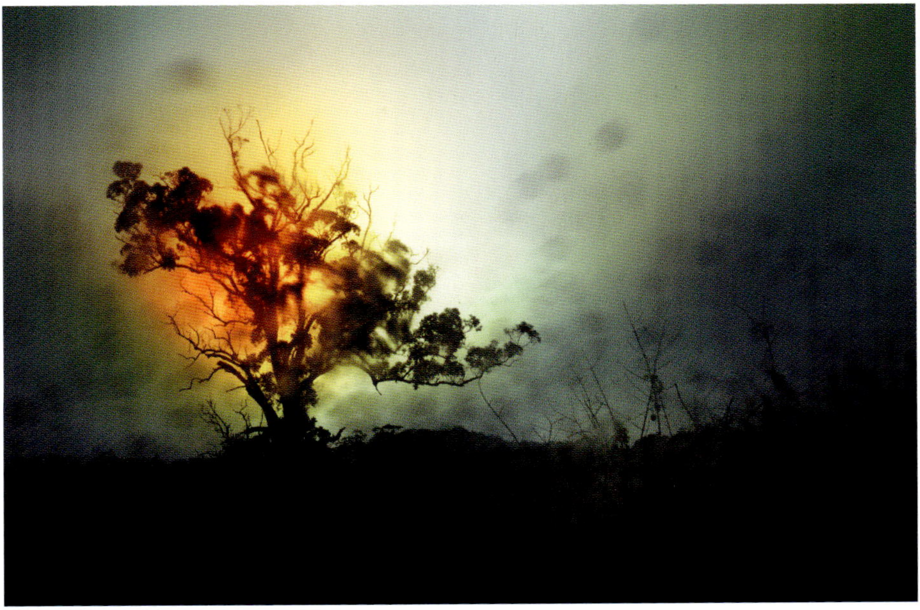

La fotógrafa documental australiana Aletheia Casey es conocida por sus evocadores y emotivos trabajos tanto en los retratos como en los paisajes que fotografía. Pero no los trata como géneros distintos, sino que los afronta con la misma actitud. Cuando fotografía un paisaje, intenta poner el foco en la emoción que le suscita, igual que haríamos con un retrato.

El fotógrafo tiene que sentarse dentro del paisaje y esperar al momento justo para disparar, a la luz perfecta. Es su oportunidad para reflexionar sobre lo que hace que un paisaje sea tan interesante y decidir cuál debería ser el punto focal. Al mirar el paisaje como si fuera un retrato, Casey piensa en el punto focal emocional como si se tratara de los "ojos" del paisaje. Con los cambios de luz y clima, cambia también la escena, igual que las expresiones faciales de las personas. La fotógrafa afirma: "Si te sientas pacientemente a esperar que llegue el momento adecuado, el paisaje te mostrará su innato aspecto emocional".

No recortes

Mary Ellen Mark *Niños en un asentamiento gitano, Barcelona, España*, 1987

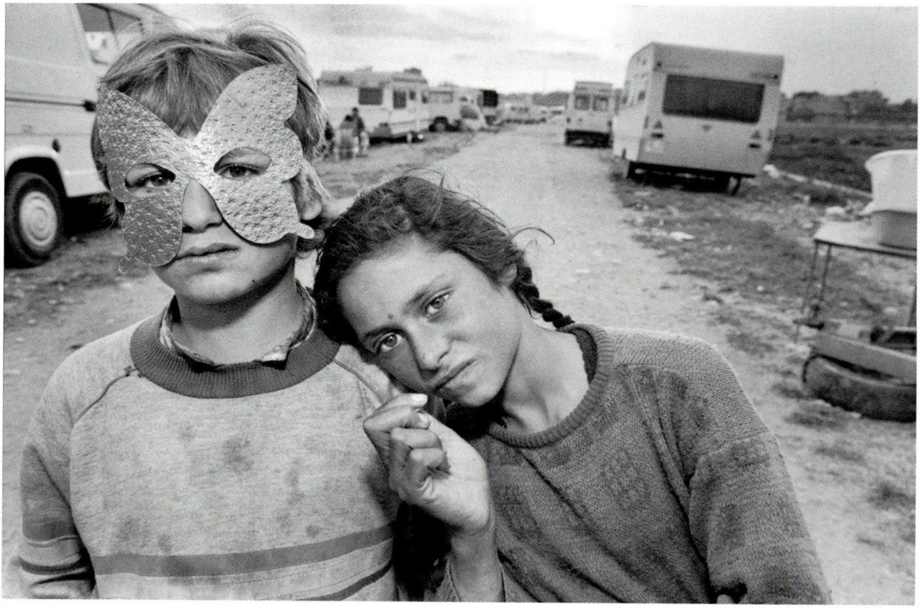

Aunque la resolución de las modernas cámaras digitales es lo bastante alta como para dejar que recortemos la imagen en la etapa de posprocesamiento, en general es mejor hacerlo bien al sacar la foto con la cámara en el momento de la exposición. Cartier-Bresson se jactaba de que nunca recortaba sus fotografías, y la fotógrafa documental estadounidense Mary Ellen Mark siguió su ejemplo, hasta el punto de afirmar: "Yo no recorto mis fotografías. Cuando tomo la foto, tengo en cuenta el marco entero. Es una disciplina que aprendí cuando empecé en esto". Es lo que deberían hacer todos los fotógrafos. Podemos tomárnoslo como un juego en el que perdemos si no logramos que entre en el marco todo lo que queremos, un poco como conseguir la puntuación más alta en un videojuego. Con el tiempo, este autocontrol nos ayudará a mejorar los bordes del encuadre de forma automática para asegurarnos de que no estamos malgastando el espacio.

Haz fotos sin prisas

William Albert Allard *Vaquero T. J. Symonds, IL, Cow Camp, Nevada*, 1979

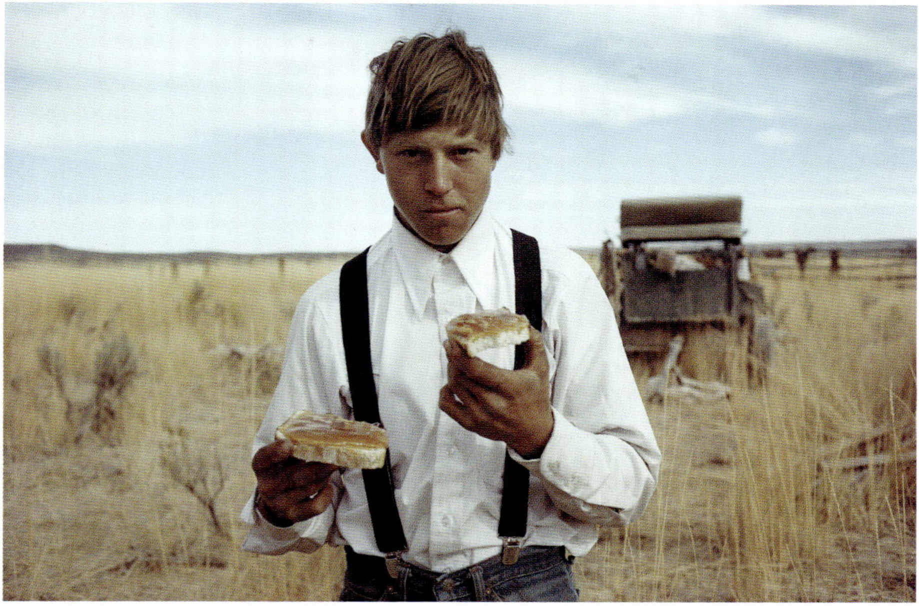

Las fotografías de William Albert Allard están llenas de visuales y emotivas sutilezas que provocan que la magia aparezca con suavidad. Las imágenes no desafían al espectador con vistosos alardes técnicos o ángulos dramáticos. Al contrario, Allard se decanta por un punto de vista más tranquilo, matizado, porque afirma que cree "en la excelencia y el poder de suspensión de las fotografías tranquilas". Nos ofrece estos consejos prácticos para que nos acepten en grupos muy cerrados: "Si sabemos que un tema es delicado, no podemos entrar como un elefante en una cacharrería. Hay que establecer cierto tipo de presencia y comprensión", ofrecer al sujeto el derecho a decidir si quiere dejarnos entrar en su vida. "Fotografiar a las personas requiere estar dispuesto a que nos digan que no. Por eso creo que la mejor manera de acercarnos es siendo sinceros y directos". Cuando fotografiamos a alguien desde muy cerca, hay que tomarse un tiempo para ganarnos su confianza y ralentizar un poco el ritmo de la fotografía, de modo que tomemos instantáneas tranquilas y evitemos los excesos dramáticos y técnicos.

Dispara en modo RAW

Paul Lowe

"Disparar en modo RAW es el equivalente digital de las tiras de negativos en las fotos analógicas que guardábamos en un archivador".

Para conseguir la mayor calidad de imagen posible, es mejor disparar en el archivo de imagen RAW de la cámara. El formato de este archivo permite capturar todos los datos que registra el sensor, lo que no sucede con el formato JPEG, en el que la información se comprime y se pierde para reducir el tamaño del archivo. El modo RAW consigue captar más detalles de la imagen. Por ejemplo, un archivo JPEG tiene 256 niveles de brillo, mientras que un archivo RAW alcanza hasta 16.384 niveles. Podemos calibrar el balance de blancos y sobreexponer o subexponer con más facilidad en modo RAW, además de tener acceso a algoritmos para enfocar y reducir el ruido en programas como Lightroom o Photoshop, mucho más potentes que los que vienen en la cámara. La edición no destructiva también se utiliza en los archivos RAW. Cuando hacemos ajustes en el archivo, en realidad no estamos editando los datos originales; de este modo, si cambiamos de parecer en el futuro el archivo original se mantiene. Disparar en modo RAW es el equivalente digital de las tiras de negativos de las fotos analógicas que guardábamos en un archivador.

Encumbra lo banal

Lewis Baltz *Detalle de construcción, East Wall, Xerox, 1821 Dyer Road, Santa Ana*, 1974

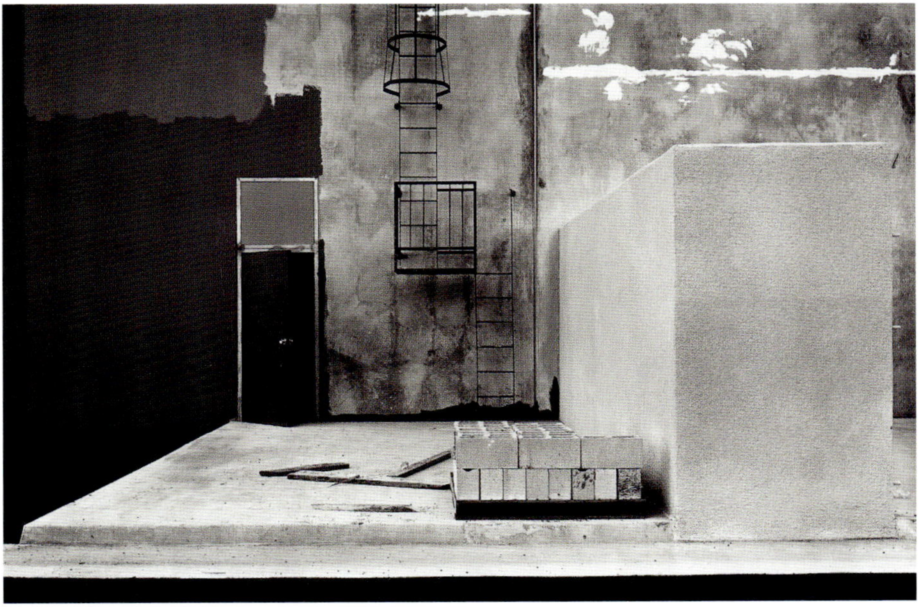

Lewis Baltz ha sido el documentalista por excelencia de los no espacios a lo largo y ancho de los Estados Unidos, transformando los rincones más insignificantes y anodinos del paisaje industrial y comercial en patrones abstractos que invitan al espectador a mirar lo cotidiano con ojos nuevos. En opinión de Baltz, "era necesario estudiar minuciosamente la fotografía, desmantelarla, descartar todos los componentes que no fueran esenciales y empezar de cero con una idea totalmente nueva y más potente de lo que es o podría ser lo 'fotográfico'". Sus fotografías muestran lugares reales, pero invitan al público a contemplar la imagen como si se tratara de un lugar ficticio, como si esas "fotografías ya no incitaran a meditar sobre fenómenos externos, sino sobre las condiciones de una existencia real". Esta idea de que el acto de fotografiar algo puede convertirlo en un objeto valioso es esencial para la capacidad del medio fotográfico de permitir que nos fijemos en aspectos del mundo que, en caso contrario, pasarían desapercibidos. Como Baltz insistía, "todo es fotogénico cuando se fotografía".

Arráncale la máscara

Philippe Halsman Philippe Halsman fotografiando a Salvador Dalí, 1954 (fotografía de Yale Joel)

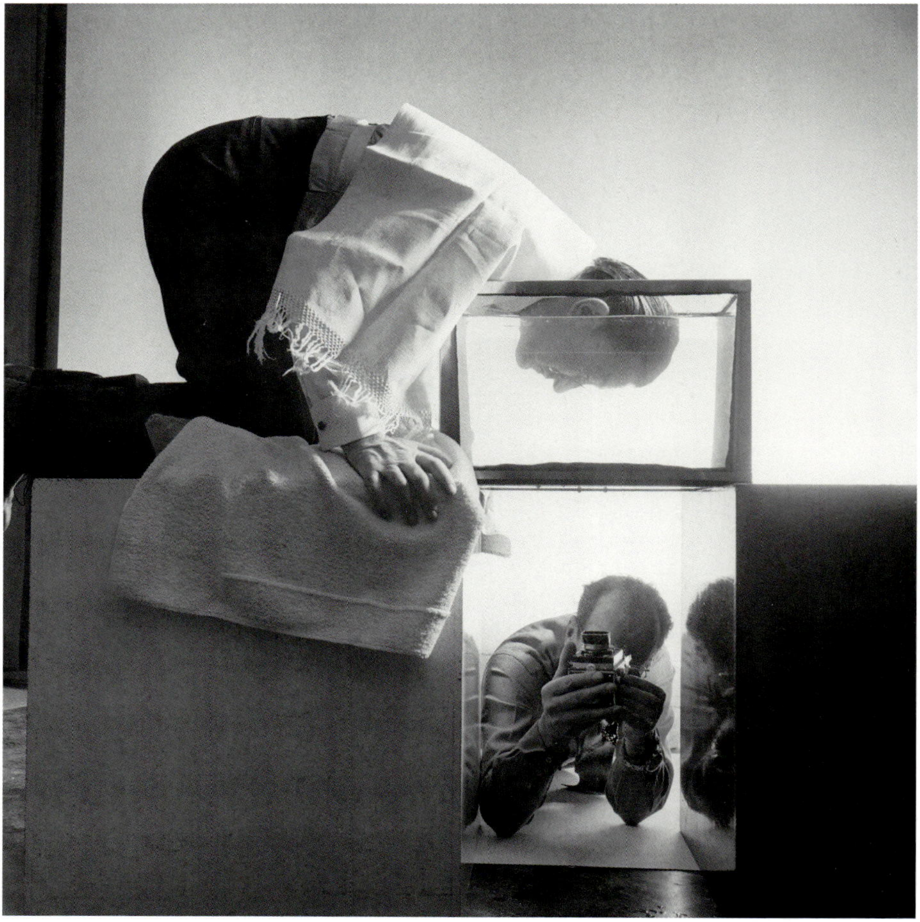

"Yo no dirijo a la persona. Lo único que intento es ayudarla a superar sus miedos e inhibiciones. Intento capturar lo que siento, que refleja algo de cómo es por dentro".

Philippe Halsman explicaba que él siempre intentaba encontrar la forma de conectar con el ser interior de sus modelos y afirmaba: "Yo no dirijo a la persona. Lo único que intento es ayudarla a superar sus miedos e inhibiciones. Intento capturar lo que siento, que refleja algo de cómo es por dentro". Sin embargo, dominaba a la perfección métodos muy inteligentes para ahondar en la personalidad del modelo y alegaba: "La mayoría de las personas se ponen rígidas porque les da vergüenza posar. La iluminación y un buen equipo fotográfico no sirven de nada si el fotógrafo no es capaz de arrancarles la máscara, aunque sea un momento, para captar en la película su personalidad y su carácter intactos". Entre las técnicas que empleaba para conseguirlo se incluye "provocar a la víctima, entretenerla con bromas, tranquilizarla con silencio o plantearle preguntas impertinentes que su mejor amiga temería hacérselas en voz alta". Tal vez sea un poco exagerado cuando estás retratando a alguien, pero buscar el modo de romper el hielo con nuestros modelos es esencial.

Toma fotos malas

Gueorgui Pinkhassov *Centro comercial de Bluewater*, 1999

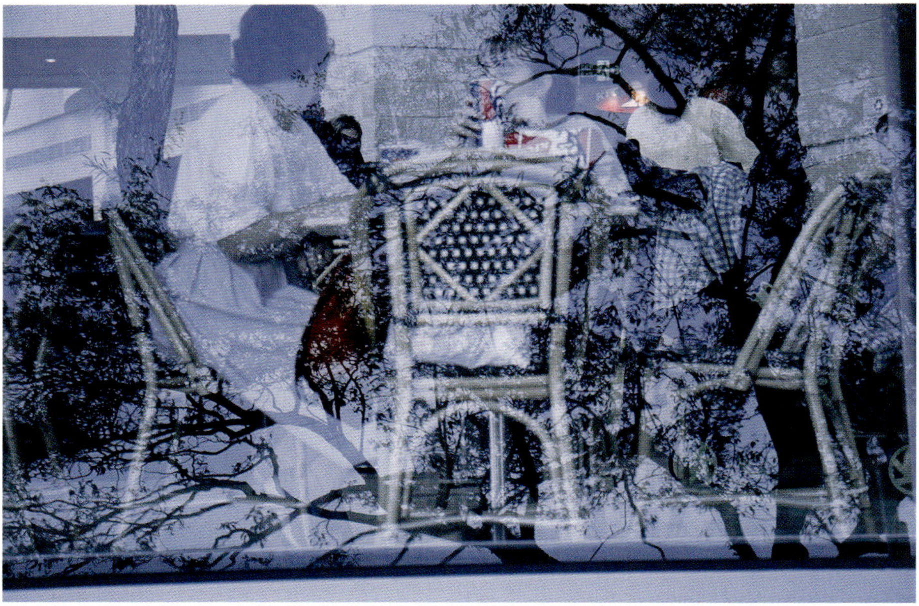

Gueorgui Pinkhassov, fotógrafo de Magnum Photos, tiene un ojo único capaz de encontrar una cara oculta y compleja a situaciones cotidianas. Desde su punto de vista, lo importante es aplaudir el error, considerarlo algo necesario para encontrar nuestra visión personal. Aduce que "las grandes fotografías surgen por accidente. Estas grandes fotografías se hacen cuando cambia tu sistema de valores y te fijas en otros nuevos". Obligarnos a experimentar con nuevas estrategias visuales que al principio quizá nos parezcan inútiles puede acercarnos a verdaderos descubrimientos, por lo que Pinkhassov recomienda no "tener miedo de hacer fotos malas, porque las buenas son los errores que surgen de las primeras". Para que suceda, es muy importante que tomemos muchas fotos. En su opinión, "por lo general, de diez fotos solo descartamos un par. Pero el saldo es más eficaz si hacemos cien y descartamos noventa y nueve". Debemos obligarnos a ver como lo hace la cámara, a responder de forma intuitiva al mundo que nos rodea. Gran parte de nuestras fotos serán malas, pero algunas quedarán espectaculares.

Aprecia los colores del blanco y negro

Anders Petersen *Lily Rose y Scar en el Café Lehmitz*, 1970

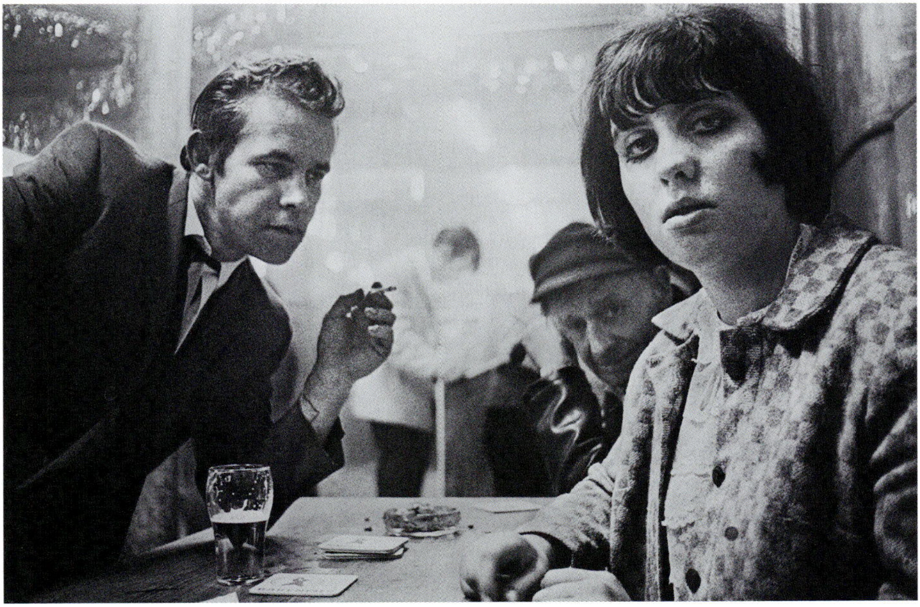

La íntima documentación recogida por Anders Petersen sobre la vida de los clientes habituales de un local nocturno de Hamburgo llamado Café Lehmitz rebosa emoción y drama psicológico del día a día. Disparar en blanco y negro le permite conectar más con la persona. Afirmaba que "en blanco y negro, hay más tonos que en la fotografía en color, porque no te distraen las demás tonalidades cromáticas, de manera que puedes utilizar tus experiencias, conocimientos y fantasía para añadir tu propia gama". La abstracción del blanco y del negro le permite alcanzar un nivel de intimidad más profundo, y sostiene: "No creo en la realidad, es un farol. Pero sí creo en una especie de realidad que existe gracias a todos los anhelos, sueños, secretos y pesadillas, sobre todo a los anhelos. Creo que, sin anhelo, no hay fotografía". El color puede ser una distracción cuando intentamos conectar con la vida de los demás.

Controla tu foco

Julia Margaret Cameron *Yago. Estudio de un italiano*, 1867

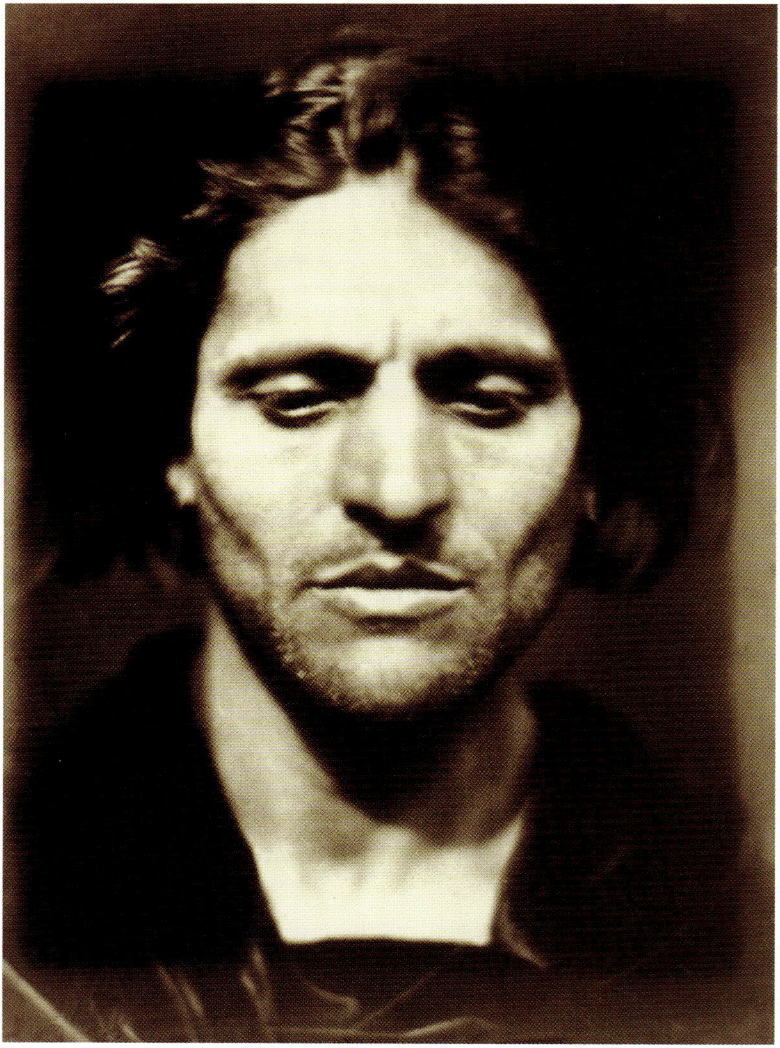

"Desde el primer momento, sostuve entre mis manos el objetivo con una tierna pasión, y se ha convertido para mí en algo vivo, con voz, memoria y vigor creativo".

Uno de los controles más creativos de los que disponemos es el punto que enfocamos y la profundidad de campo que usamos. Al combinar una profundidad de campo escasa con un punto de enfoque cuidadosamente elegido pueden crearse imágenes que atraigan la atención del espectador hacia elementos específicos de la fotografía. Puede ser muy eficaz en la fotografía de retratos y fue una técnica utilizada por una de las pioneras del género, la fotógrafa británica Julia Margaret Cameron. Utilizaba una cámara de gran formato con placas negativas de cristal de 38 × 30 cm, un objetivo Jamin Rapid Rectilinear y un diafragma fijo de f/3.6. Además, trabajaba con una distancia focal de unos 30 cm, lo que le proporcionaba una escasa profundidad de campo en las distancias cortas. Se quedó prendada del objetivo hasta el punto de decir: "Desde el primer momento, sostuve entre mis manos el objetivo con una tierna pasión, y se ha convertido para mí en algo vivo, con voz, memoria y vigor creativo".

Sus primeros intentos con la cámara fueron experimentales, tal como ella misma admitía: "Creo que... aquellos primeros éxitos con imágenes desenfocadas fueron un golpe de suerte. Es decir, cuando enfocaba y me encontraba con algo que era bello a mi ojo, me detenía, en vez de ponerme a trastear con el objetivo para conseguir el enfoque definitivo, como decían otros fotógrafos". Pero el efecto, como demuestra con este potente estudio de un actor que interpretaba el personaje de Yago de una obra de Shakespeare, radica en concentrar nuestra atención en un retrato de una gran intensidad psicológica. Más tarde desafiaría las convenciones del punto de enfoque definido al cuestionar "qué es el enfoque y quién cree que tiene la potestad para decir qué enfoque es legítimo". Pensemos en esto cuando tengamos que decidir dónde situar el punto de enfoque y qué profundidad de campo debemos utilizar. No dejemos que el enfoque y la selección de abertura automáticos nos esclavicen.

Usa la fotografía como arma

John Heartfield *Adolf, el superhéroe: traga oro y da la chapa*, 1932

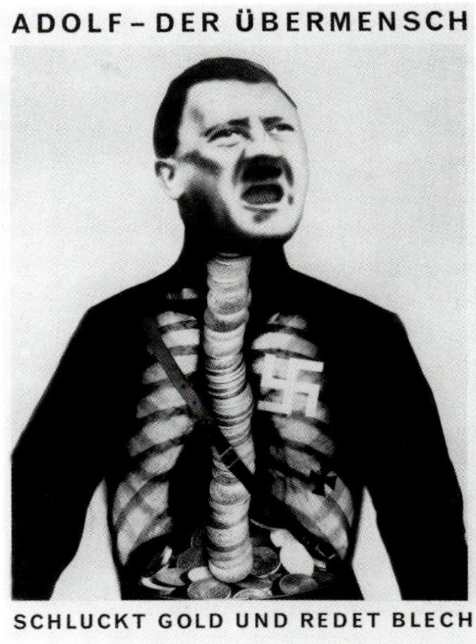

"Si reúno documentos y los yuxtapongo con inteligencia y habilidad, el efecto propagandístico y su influencia sobre las masas será enorme".

John Heartfield era un maestro del fotomontaje político y de lo que se conoce como *agitprop*. Utilizó sus habilidades gráficas para crear potentes imágenes que criticaban el régimen nazi en la década de 1930. Esta capacidad del fotomontaje de combinar texto e imágenes extraídas de diferentes fuentes lo liberaba de la representación literal de la política para crear comentarios satíricos durante el ascenso del fascismo y el capitalismo, tal como él mismo explicaba: "Si reúno documentos y los yuxtapongo con inteligencia y habilidad, el efecto propagandístico y su influencia sobre las masas será enorme". La visión de Heartfield la ha desarrollado el artista británico Peter Kennard, quien ha realizado distintos trabajos en defensa de la Campaña para el Desarme Nuclear. El fotomontaje nos permite explorar hasta qué punto el hecho de combinar imágenes y texto puede convertirse en una poderosa arma para promover causas sociales o políticas.

Sé selectivo

Berenice Abbott *Autorretrato*, 1945

"Seleccionar el contenido adecuado de la imagen resulta de la unión perfecta de un ojo entrenado y una mente imaginativa".

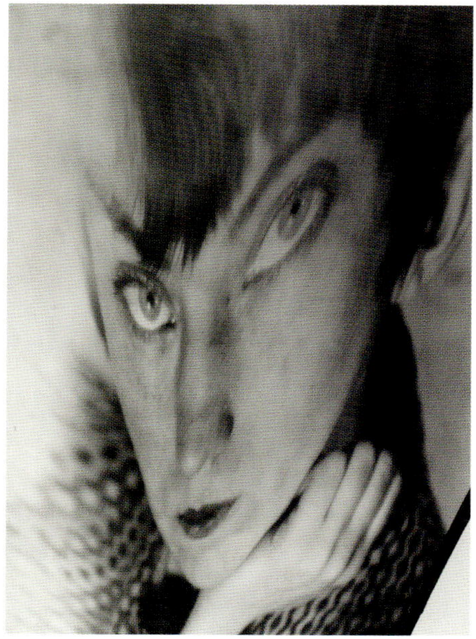

Uno de los elementos clave de la buena fotografía consiste en saber elegir lo que debe ir dentro del encuadre y, muchas veces, menos es más. Una imagen fascinante, sin distracciones, muestra su intención con claridad y eficacia. Para Berenice Abbott, respondía a la combinación de juicio estético y emocional. Mantenía que una fotografía "debía ser un documento importante, una declaración incisiva que puede describirse con un término muy sencillo: *selectividad*". Abbott invitaba a poner el punto de enfoque en "la clase de tema que te impacta de lleno y estimula tu imaginación hasta el punto de que no te queda más remedio que hacer la foto". Al componer nuestras fotografías, debemos preguntarnos si todo lo que está dentro del encuadre aporta algo al mensaje o sensación que queremos transmitir al espectador. Si no es así, es mejor dejarlo fuera y centrarnos en lo esencial. Recordemos el consejo de Abbott: "Seleccionar el contenido adecuado de la imagen resulta de la unión perfecta de un ojo entrenado y una mente imaginativa".

No pienses demasiado

Manuel Álvarez Bravo *La hija de los danzantes*, 1933

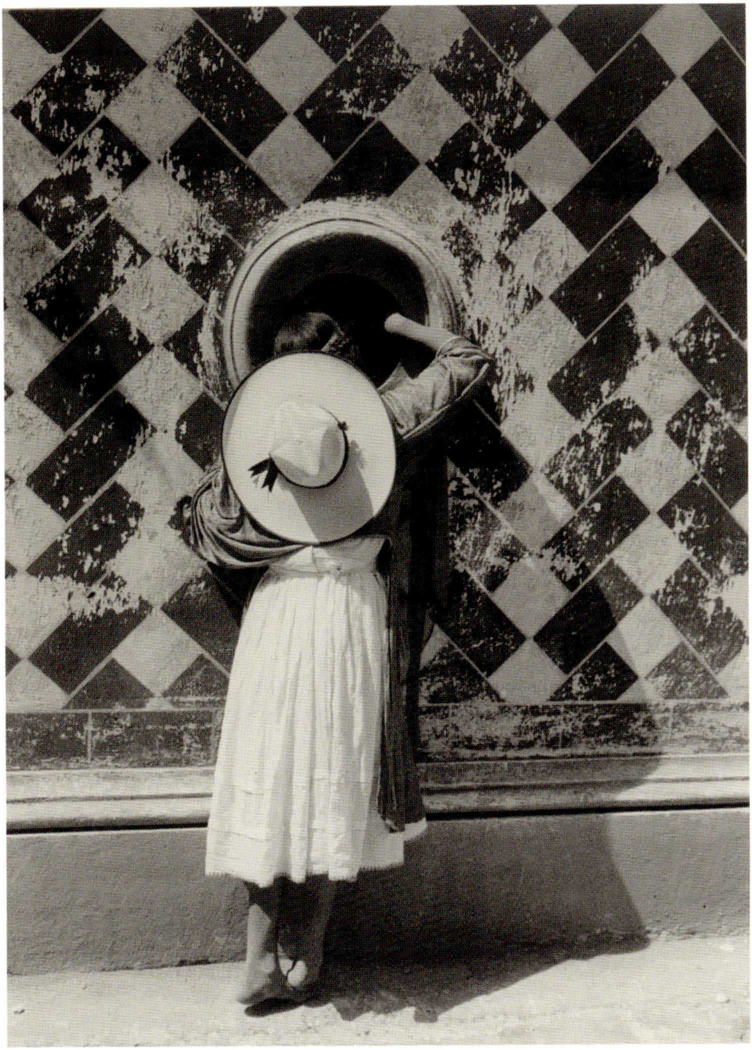

"Por extraño que parezca, muchos fotógrafos eligen utilizar los ojos de otro fotógrafo, anterior o contemporáneo, en vez de los suyos. Estos fotógrafos están ciegos".

La obra de Manuel Álvarez Bravo está profundamente influida por la vida espiritual y psicológica latinoamericana, representada en la forma del realismo mágico que se encuentra en la vida cotidiana en México. Su filosofía era sencilla: no conceptualizar de forma exagerada la escena y fotografiar "lo que ves, no lo que piensas". En su opinión, esto permitía que la situación hablase por sí misma, generando un espacio en el que el espectador puede crear su propia interpretación de la imagen, y sostenía: "Cuando se fotografía, no se piensa en decir algo en particular. No se piensa en hacer una declaración, sino en crear algo visual que más tarde puede tener un significado que no se pretendía transmitir; depende de la interpretación del espectador, pero no necesariamente de la del fotógrafo". Todavía ahonda en este tema al afirmar que muchos fotógrafos copiaban las obras de otros en vez de dejarse guiar por su visión, y opina: "La principal herramienta del fotógrafo son sus ojos. Por extraño que parezca, muchos fotógrafos eligen utilizar los ojos de otro fotógrafo, anterior o contemporáneo, en lugar de los suyos. Estos fotógrafos están ciegos". Si bien es muy útil conocer el canon fotográfico, cada uno debe encontrar su forma personal de ver el mundo.

Los periodistas deberían ser anarquistas

Philip Jones Griffiths *Civil herido, Vietnam*, 1967

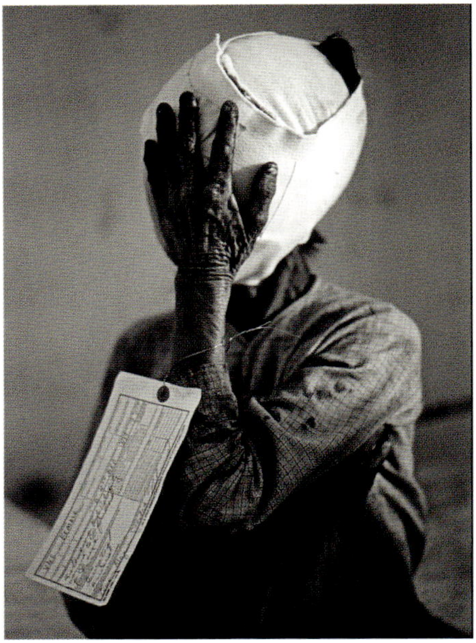

"Los periodistas deberían ser, por naturaleza, anarquistas, profesionales que quieren mostrar cosas que la población generalmente no aprueba. La humanidad ha progresado a fuerza de criticar esa sociedad".

Philip Jones Griffiths, fotógrafo de Magnum Photos, escribió un incuestionable análisis crítico sobre la guerra y la locura imperialista en su libro *Vietnam Inc.*, publicado en 1971. No se ganó precisamente la popularidad entre las autoridades cuando afirmó: "Los periodistas deberían ser, por naturaleza, anarquistas, profesionales que quieren mostrar cosas que la población generalmente no aprueba. La humanidad ha progresado a fuerza de criticar esa sociedad". Combinaba potentes composiciones con situaciones terribles que apoyaba con largos pies de foto para formar una crítica devastadora sobre el papel del ejército estadounidense en el conflicto del sudeste asiático. Resumía de forma sucinta esta combinación diciendo que "el contenido sin más es propaganda; la forma sin más es papel pintado". En el fotoperiodismo, el impacto visual no es nada si no tiene relevancia social.

Entrena el ojo a diario

Eric Bouvet *Sur de Grozny, Chechenia*, 1995

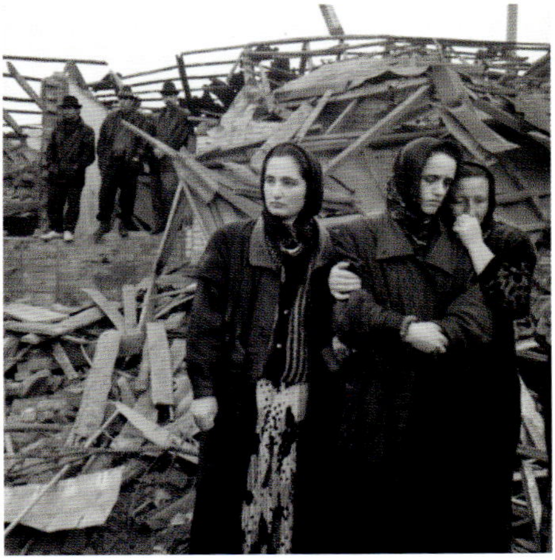

"Debemos entrenar nuestro ojo todos los días, igual que un músico ensaya las escalas. Con nosotros ocurre lo mismo, no hay descanso, no hay vacaciones".

El fotoperiodista francés Eric Bouvet es un férreo defensor de que la única forma de mantener la agudeza en sus golpes visuales reside en la práctica constante y regular. Insiste en que "debemos entrenar nuestro ojo todos los días, igual que un músico ensaya las escalas. Con nosotros ocurre lo mismo, no hay descanso, no hay vacaciones". Llega a sugerir que esto es algo que puede hacerse en cualquier momento y lugar, aunque no llevemos la cámara encima, porque podemos "encuadrar" mentalmente el mundo que nos rodea e imaginar lo que entraría en la fotografía. Se puede tomar como una especie de juego cuyo objetivo consiste en adivinar la exposición correcta para la escena que tengamos delante, la distancia a la que se encuentra o visualizar la imagen final que obtendríamos con el campo visual de un determinado objetivo desde esa posición. Estos ejercicios nos permitirán ser más rápidos y más intuitivos cuando la situación lo requiera.

Sintoniza

Constantine Manos *Atenas, Grecia*, 2003

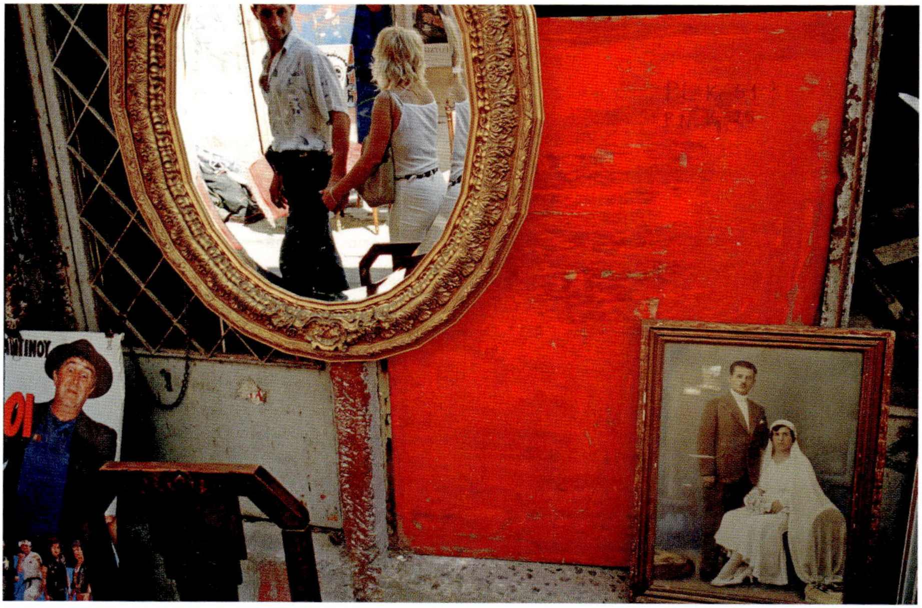

"Hacer buenas fotos es fácil. Hacer fotos muy buenas es difícil. Hacer fotos magníficas es casi imposible".

El fotógrafo de calle Constantine Manos nos hace pensar cuando dice que, si seguimos las "reglas" de la fotografía, quizá consigamos una foto decente en la mayoría de las circunstancias, pero que alcanzar la más alta calidad de imagen en términos de forma y contenido es bastante inusual. Nos recuerda: "Hacer buenas fotos es fácil. Hacer fotos muy buenas es difícil. Hacer fotos magníficas es casi imposible". Cuando trabajamos en un encargo, debemos ser capaces de hacer buenas fotos de forma regular, pero de vez en cuando el mundo nos regala ese instante que nos proporciona una imagen única. Manos sintetiza este proceso al describir cómo el "flujo de personas que hay en una escena, las relaciones cambiantes que mantienen unas con otras y con el medio que las rodea, y sus expresiones y movimientos también cambiantes, se combinan para crear situaciones dinámicas que proporcionan al fotógrafo un sinfín de opciones a la hora de pulsar el disparador. Al elegir la intersección precisa entre el sujeto y el tiempo, es capaz de transformar lo ordinario en extraordinario, y lo real en ilusorio". Debemos intentar estar en sintonía con el fluir del mundo que nos rodea y ser capaces de responder y reconocer ese momento trascendental en que se produce la magia.

Calcula bien con la cámara

Paul Lowe

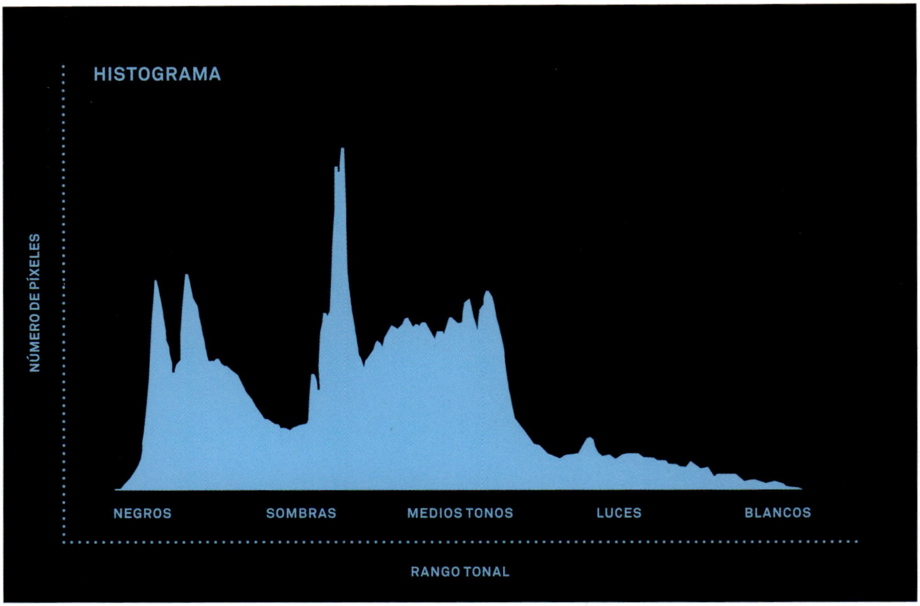

Los programas actuales para edición digital y posprocesamiento —como Photoshop o Lightroom— son tan potentes que hasta una foto con mala exposición puede retocarse y conseguir una buena imagen final. Sin embargo, es aún mejor calcular la exposición justa en la cámara en vez de dejar que el *software* arregle una imagen a base de jugar con las luces altas y las sombras. Cuando se usaba película, sobre todo transparencias o diapositivas en color, era imprescindible ajustar la exposición de manera precisa: había poca libertad con la sobreexposición. Obtener una imagen con la mejor calidad desde el principio resultará en una imagen final de la mejor calidad tras la fase del posprocesamiento, pues contaremos con más cantidad de información útil en el archivo original. Además, nos ahorrará tiempo de posprocesamiento, ya que recuperar una mala exposición requiere mucho tiempo.

Sé tenaz

Joe McNally *Donald Trump*, 1987

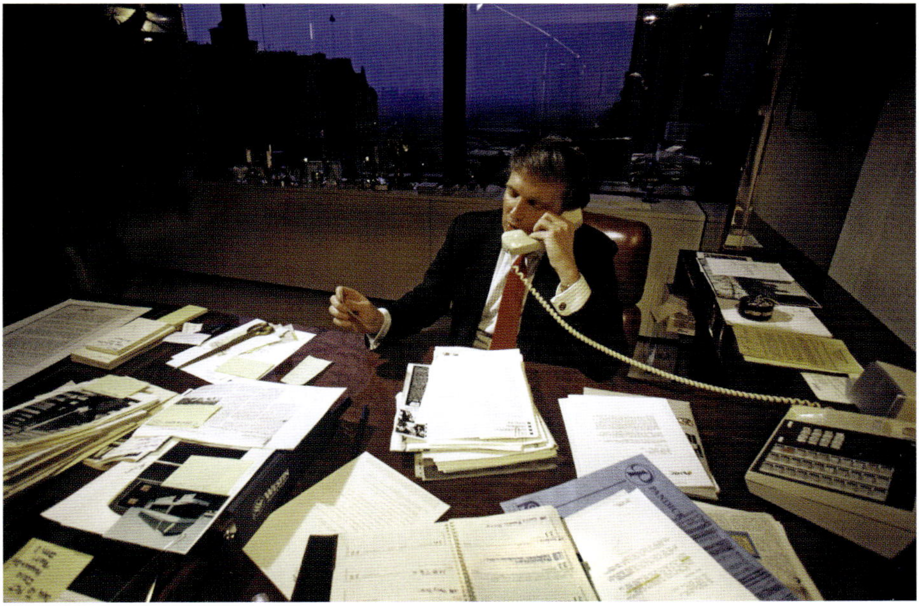

El fotógrafo estadounidense Joe McNally es un maestro de la luz y de los aspectos técnicos del medio, capaz de conseguir imágenes espectaculares y visualmente muy llamativas en casi cualquier situación. Gran parte de su éxito reside en el trabajo duro y el esfuerzo, en no rendirse. En su opinión, "cualidades que suelen subestimarse son la constancia, la tenacidad y la determinación de perseverar. El tiempo que pasamos tras la cámara es tremendamente importante". Haríamos bien en seguir su consejo: "No guardes la cámara hasta que abandones la escena". En muchos casos, la oportunidad de tomar una foto impresionante se presenta de repente, en el momento más inesperado, y debemos estar preparados para cuando suceda.

Domina la técnica hasta que dejes de pensar en ella

André Kertész *Washington Square*, 1954

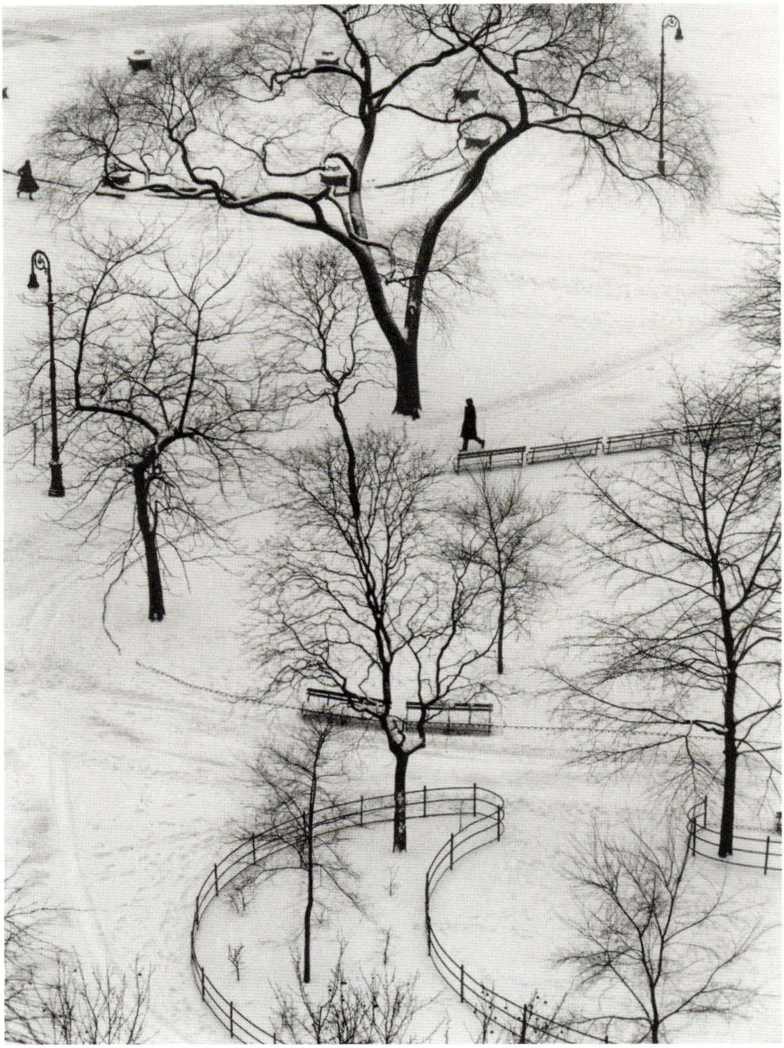

"La técnica es lo mínimo en fotografía. Es el punto de partida. Creo que hay que ser un experto conocedor de la técnica para expresarte como quieras; entonces ya puedes olvidarte de ella".

Comprender las cuatro fases de la competencia es importante si queremos llevar nuestras habilidades fotográficas al siguiente nivel. Debemos estar tan familiarizados con el equipo que utilizarlo se convierta en algo natural que nos permita trabajar por instinto. Como nos dice el maestro húngaro André Kertész, "la técnica es lo mínimo en fotografía. Es el punto de partida. Creo que hay que ser un experto conocedor de la técnica para expresarte como quieras; entonces ya puedes olvidarte de ella". Debes practicar sin descanso y de forma regular con todos los controles de la cámara para superar las cuatro fases y pasar de la incompetencia inconsciente —en la que sabemos que algo no va bien, pero no sabemos solucionarlo— a la competencia consciente —en la que seguimos concentrados para hacerlo bien, hasta que lleguemos a ese nivel de competencia inconsciente o de dominio en el que la técnica pasa a ser algo natural.

Busca la claridad

Sam Abell *Irlanda*, 1994

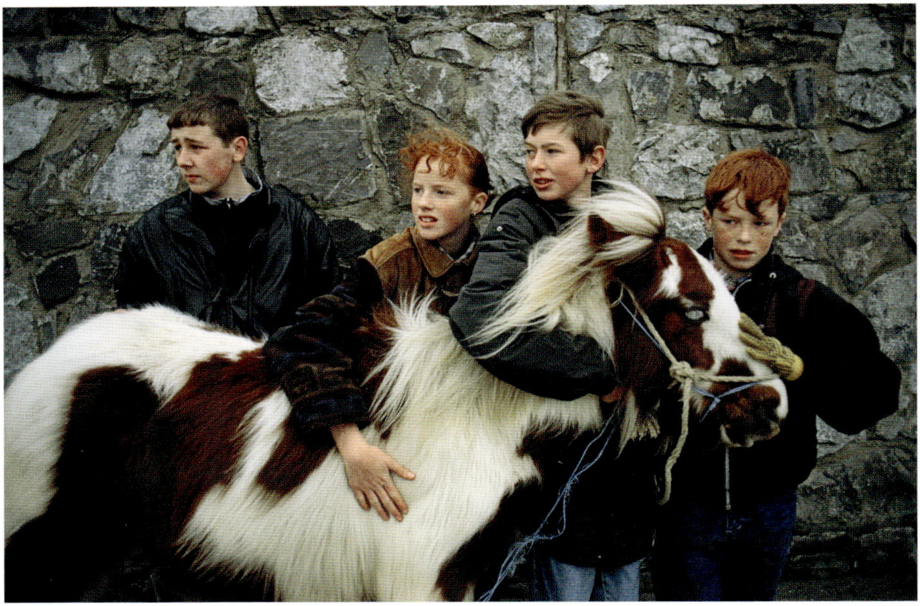

Sam Abell fotografió más de veinte historias para *National Geographic* durante sus más de treinta y siete años de carrera como fotógrafo de la revista, y es conocido por la belleza serena de sus fotografías documentales. Un aspecto clave en su forma de buscar esos momentos en los que el significado de la situación queda patente es, según él mismo explica: "Mi prioridad a la hora de hacer fotos es que sean claras. Un buen fotógrafo documental transmite la información de una situación con absoluta fidelidad". Sin embargo, para él esto no solo implica que el contenido de la fotografía sea evidente, ya que lo que pretende es "presentar una imagen que despierte la curiosidad del espectador, o mejor aún, que lo incite a pensar, a plantearse preguntas o, sencillamente, a observar pensativo y maravillado". Según Abell, un gran fotógrafo informa y emociona al espectador al mismo tiempo, ofrece la "clase de fotografía que te hace querer coger tu cámara de nuevo y salir a trabajar".

Inspírate en la luz

Ruth Bernhard *En la ola*, 1945

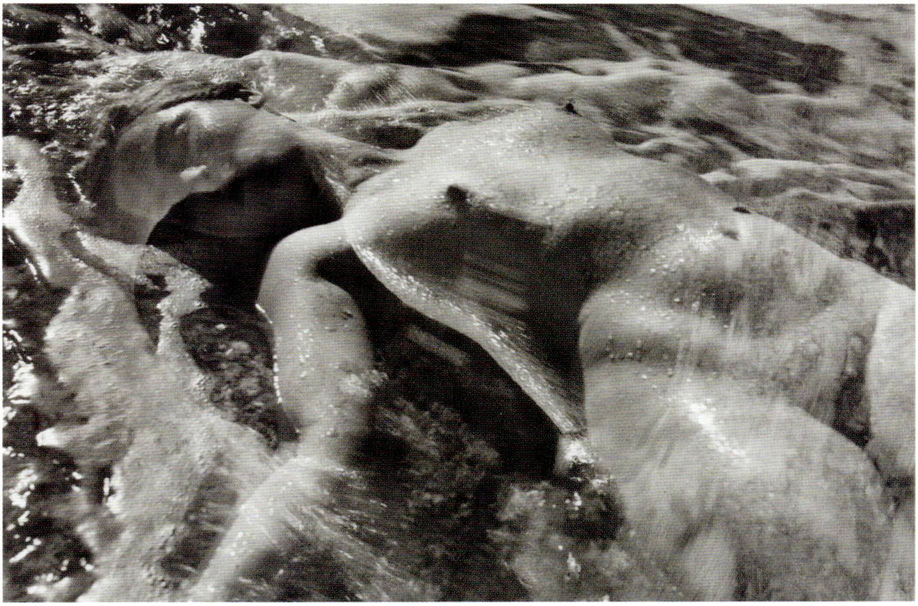

Ruth Bernhard fue una de las fotógrafas de desnudos más importantes, y se deleitaba con la exploración de las cualidades siempre cambiantes de la luz. Para ella, era su "inspiración, mi pincel y mi pintura", y afirmaba que constituía la base de la estructura de sus fotografías, con su capacidad de "acariciar las curvas y las líneas superlativas esenciales". Hacía hincapié en que, en su trabajo, su objetivo, "a través de la magia de la luz y la sombra, consiste en aislar, simplificar y enfatizar las formas con la máxima claridad". Quería aprender a mirar la luz de verdad, comprender que, según la fuente, se pueden conseguir distintos efectos de suavidad o dureza, de sombras oscuras o absoluta luminosidad. Una forma de dominar la luz es componer un sencillo bodegón encima de una mesa y comprobar que diferentes tipos de iluminación pueden producir cambios radicales en el objeto fotografiado, que variarán según la intensidad y la dirección.

Usa la luz del norte

Irving Penn *Truman Capote, Nueva York*, 1948

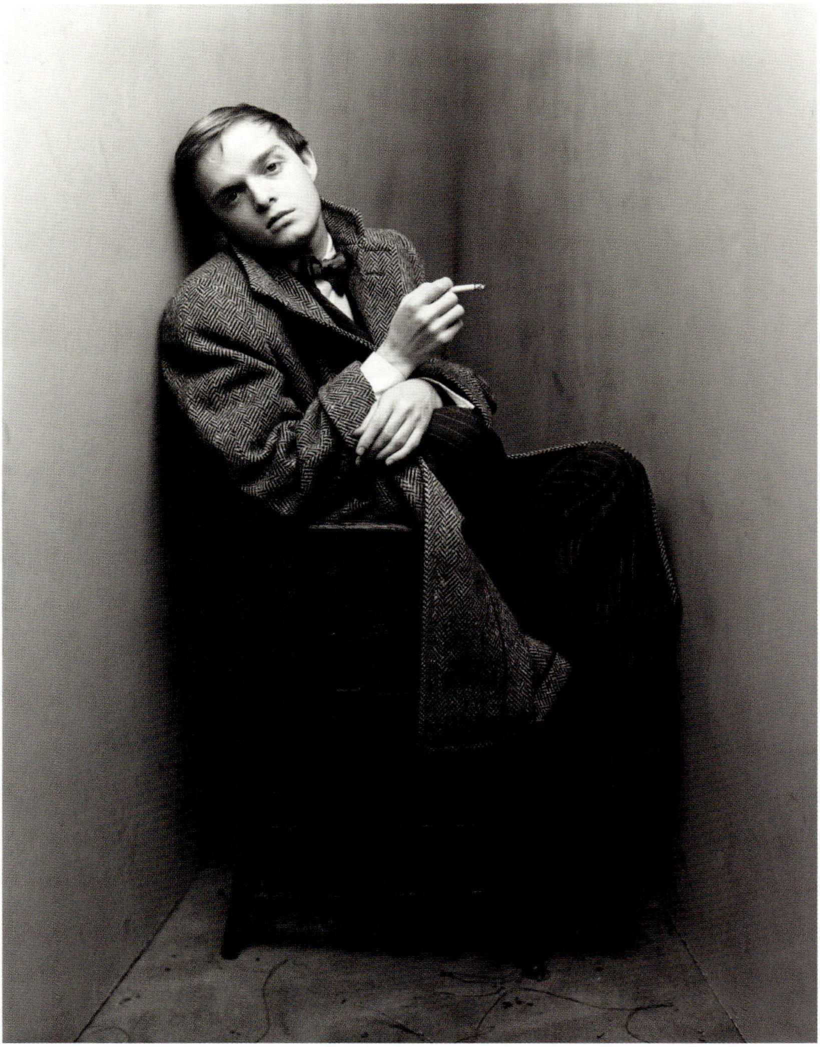

“Es una luz de una claridad tan penetrante que un simple objeto, tirado por ahí, adquiere un resplandor interior, voluptuosidad casi, cuando le da esta luz”.

Desde los albores de la fotografía, cuando la pasión por los daguerrotipos dio lugar a estudios construidos con techos de cristal, la “luz norte” ha sido el estándar utilizado para hacer retratos. Uno de los precursores en el siglo XX fue el fotógrafo estadounidense Irving Penn, quien elogiaba la “dulzura y constancia de la luz que entra en un estudio desde el norte, que lo ilumina como ninguna otra. Es una luz de una claridad tan penetrante que un simple objeto, tirado por ahí, adquiere un resplandor interior, voluptuosidad casi, cuando le da esta luz”. Su personalísimo método para fotografiar a su modelo contra un fondo plano, con frecuencia acorralado en un rincón del estudio, le permitía explorar la asombrosa manera en que esa luz del norte proporcionaba una sensación tridimensional y sólida a la persona. Aunque construirse un estudio orientado al norte no está al alcance de la mayoría de los fotógrafos, podemos recrear el efecto disparando al aire libre contra un fondo blanco con una pantalla abierta, o utilizando una caja de luz de gran tamaño, la mayor que encontremos, que situaremos encima de la persona.

Participa en la vida de los demás

Graciela Iturbide *Mujer ángel, desierto de Sonora, México*, 1979

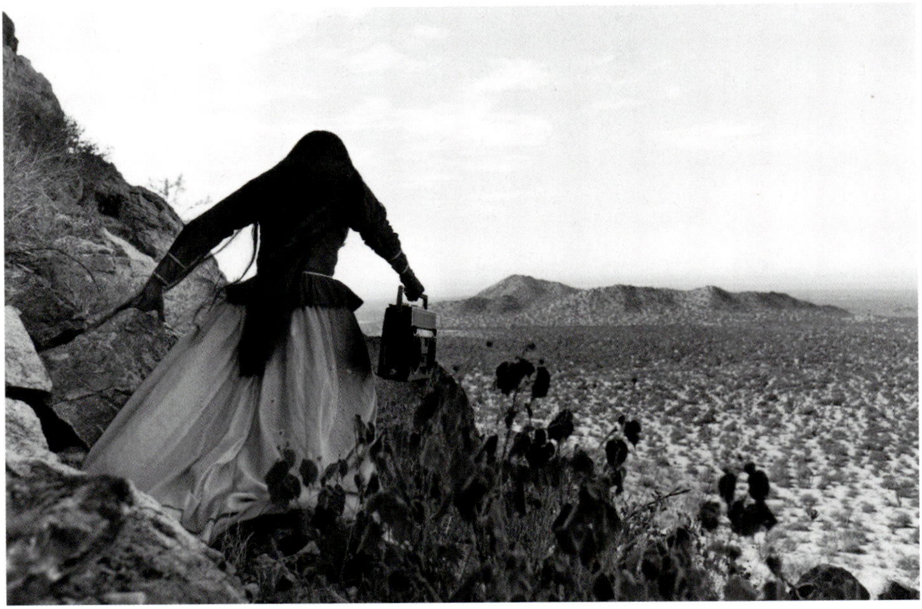

Graciela Iturbide es conocida por su profunda exploración del espíritu de la cultura mexicana. Para ella, "cuando uso mi cámara, soy, ante todo, una actriz que participa en la escena que se esté desarrollando en ese momento, y los demás actores conocen mi papel". La cámara puede ser casi invisible en esas situaciones íntimas, parecidas a una representación teatral: "Cuando hago fotos, me olvido de que llevo una cámara. Cuando disparo, me olvido de todo. La luz llega, la muerte llega, la gente entra y sale vestida para la representación, es como una obra de teatro". Disparar con un gran angular le permite acercarse mucho a sus modelos, tal como ella misma explica: "Nunca he usado un teleobjetivo. Necesito estar cerca de las personas. Necesito su complicidad; necesito que sean conscientes de que les estoy haciendo una foto". Trabajar con el equipo mínimo —solo una cámara y un gran angular— y querer formar parte de la representación puede ser el pasaporte necesario para entrar en la vida de los demás.

Dobla tus rodillas

Vanessa Winship *Residente, fotógrafa: Katie Troyer, comunidad amish, Pinecraft, Florida, EE. UU., febrero, 2019*

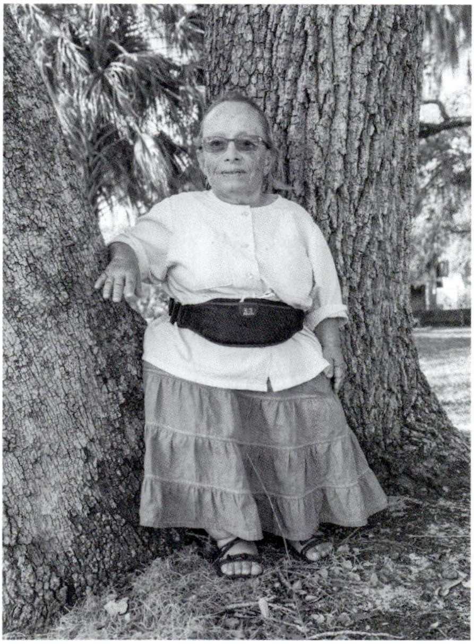

"Recuerda que eres un animal que suele caminar sobre dos patas; a veces tienes que agacharte y arrodillarte, tumbarte en el suelo y sentir lo que es mirar hacia arriba desde ahí abajo".

Vanessa Winship posee una habilidad única para conectar desde un plano emocional y psicológico con sus modelos, buscando puntos de contacto con las personas con las que se encuentra por el camino, muchas de las cuales no las conoce hasta que las fotografía. Le gusta emplear la sencilla metáfora de "doblar las rodillas" para referirse a que no solo es importante bajar la posición de la cámara por debajo del nivel de los ojos para conectar con el sujeto, sino que también debemos pensar en cómo comunicarnos con la persona que tenemos delante como individuo. Su consejo para los fotógrafos es el siguiente: "Recuerda que eres un animal que suele caminar sobre dos patas; a veces tienes que agacharte y arrodillarte, tumbarte en el suelo y sentir lo que es mirar hacia arriba desde ahí abajo". Sin embargo, la idea también se refiere al hecho de "estar tendido boca arriba, en la posición de alguien que está a punto de recibir un golpe en la cabeza, o de rodillas, como si fueras muy desgraciado". Como fotógrafos, debemos ponernos al mismo nivel que nuestro modelo para que la conexión con él sea más potente.

Aprende a amar la luz

Lara Jo Regan *Octavia Butler, legendaria escritora de ciencia ficción y ganadora de la beca para genios de la fundación MacArthur, en su casa de Altadena, California*, 1998

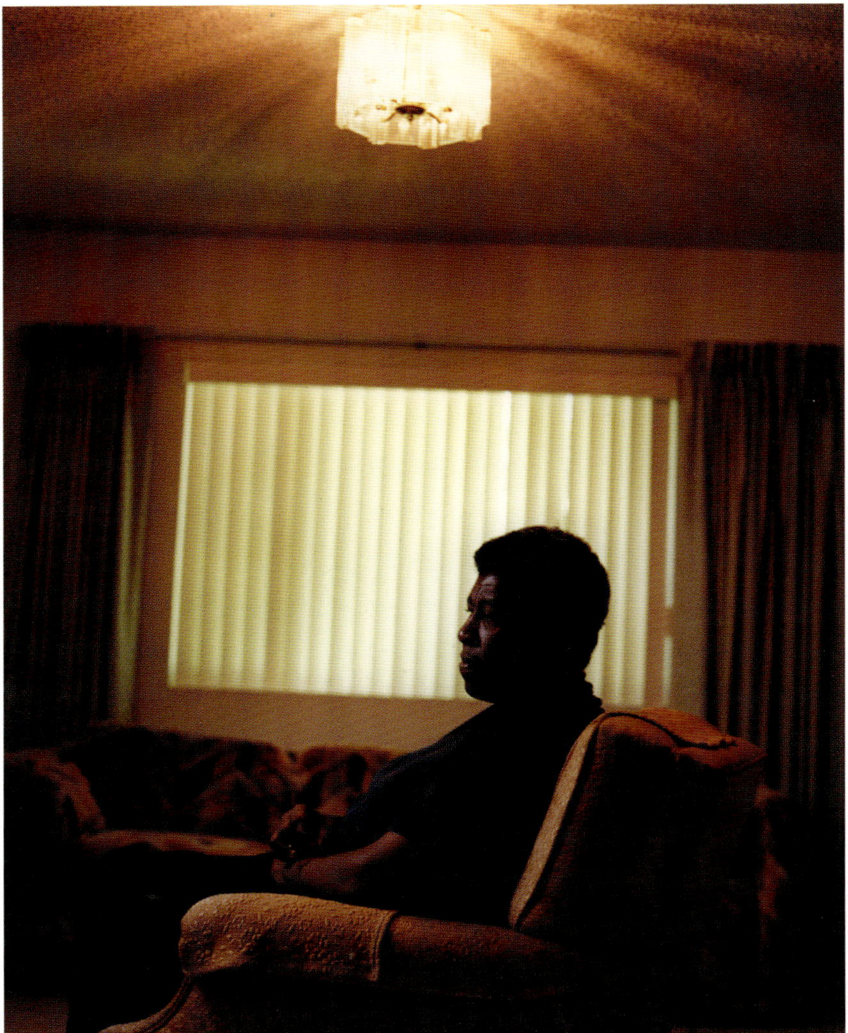

"La luminosidad es un maravilloso lenguaje del espíritu y quieres hablarlo con toda la fluidez y versatilidad posibles".

La fotógrafa documental estadounidense Lara Jo Regan no recomienda usar una iluminación fija sobre la persona, sino que defiende que se debe responder a la luz que haya en ese lugar. Pone el énfasis en que "la iluminación influye en el humor y los sentimientos de un fotógrafo" y recomienda que estos "se abstengan de aplicar las técnicas de iluminación convencionales o modernas a todo lo que fotografíen. Ninguna de estas dos técnicas está trascendentalmente relacionada con la naturaleza del modelo y reducirá sus oportunidades de expresarse de un modo más reflexivo, dimensional y único". La luz posee una energía y una voz propias, y deberíamos recibir con los brazos abiertos su potencial para transformar la imagen, para reconocer que la "interacción de iluminaciones ofrece infinitas posibilidades. La luminosidad es un maravilloso lenguaje del espíritu y quieres hablarlo con toda la fluidez y versatilidad posibles". Cuando salimos a tomar fotografías, debemos buscar la luz y observar cómo cambia según la fuente; salir en diferentes momentos del día, para comprender los distintos cambios de humor que puede producir la luz y dominarlos.

Discreción ante todo

Henri Cartier-Bresson *Domingo en la orilla del río Sena*, 1938

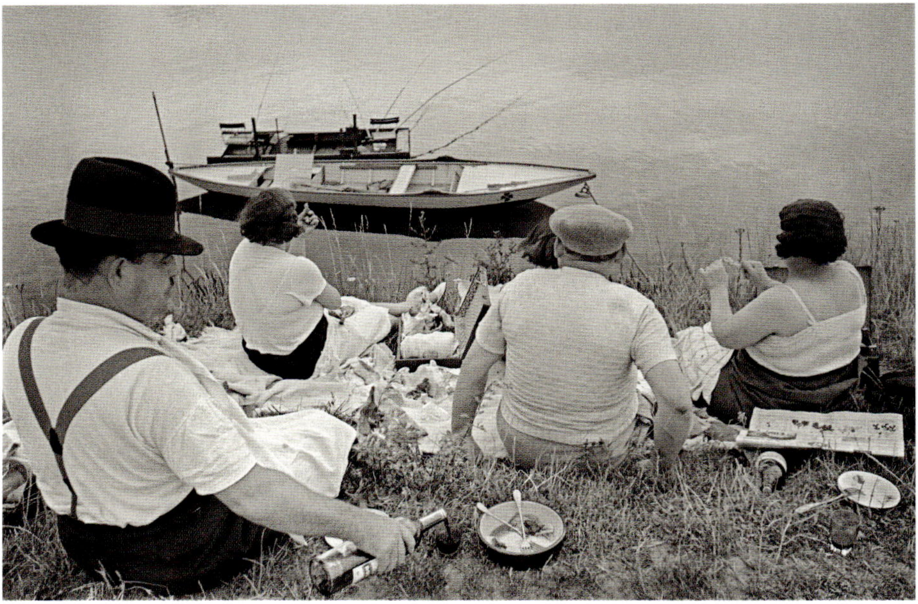

Henri Cartier-Bresson encontró en la Leica de 35 mm la herramienta perfecta para su estilo observador de fotografiar: le permitía disparar rápidamente, con discreción y pasar desapercibido. Buscaba un acercamiento delicado a la persona, y decía que "uno tiene que moverse de puntillas y acercarse sigilosamente a su presa; no remueves el agua cuando pescas". Trabajaba de manera intuitiva y espontánea, pero también con gran inteligencia y control formal, y aconsejaba que todo el mundo debería "pensar en la foto antes y después, no durante. El secreto reside en tomarse su tiempo. No apresurarse. Esa persona debe olvidarse de ti. Pero entonces sí que hay que ser rápido". Tal vez su consejo más poético a este respecto tenga que ver con la fotografía de retratos, en la que él sentía que "debes intentar poner la cámara entre la piel de una persona y su camisa". Trabajar con cámaras telemétricas o con un móvil nos permite mezclarnos con la gente con discreción.

Dispara hacia la hora dorada

Simon Norfolk *La ciudad de Matera, Basilicata, Italia*, 2015

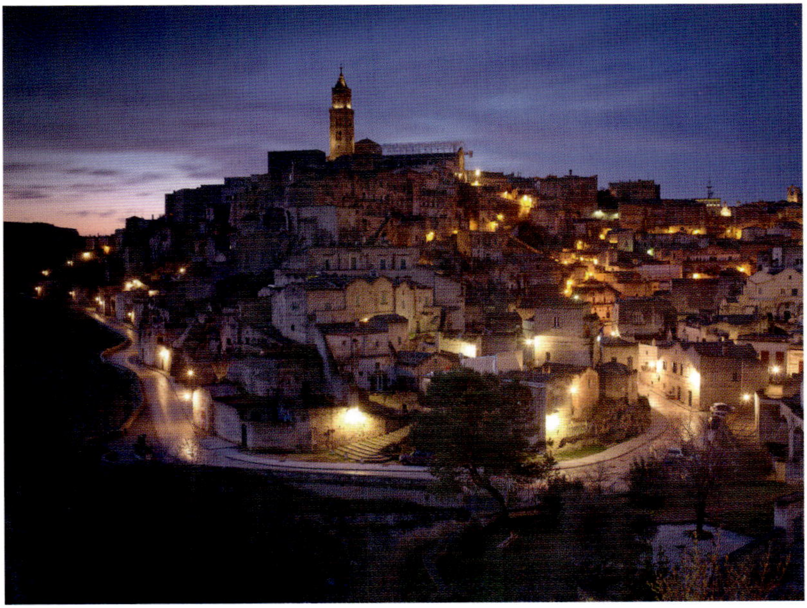

Se conoce como "hora dorada" ese momento justo después del amanecer y justo antes del atardecer, cuando la luz diurna se llena de amarillos y rojos que aportan una atmósfera cálida a la luz. La dirección de la misma es baja, lo que ofrece relieve a la escena y arranca sombras alargadas de un gran dramatismo que pueden utilizarse con eficacia como elementos de la composición. Hay quien la llama "luz *National Geographic*", ya que es la iluminación característica de muchas de las fotografías de esa revista. Es un momento ideal para salir con la cámara, porque obtendremos fotos rebosantes de colores saturados y se percibirá claramente la línea entre la luz y la oscuridad. También pueden hacerse magníficas fotos en el momento de "luz azul", la que se produce justo antes y después de la hora dorada, ya que la luz suave y difusa puede crear un efecto etéreo, y los modernos sensores digitales funcionan bien con poca luz, como sería el caso. Lo ilustra a la perfección esta fotografía de Simon Norfolk disparada con la ayuda de un trípode: muestra la ciudad de Matera, situada en lo alto de una colina.

Trabaja los límites de la situación

William Albert Allard *Cowboys viendo un rodeo en Texas*, 1982

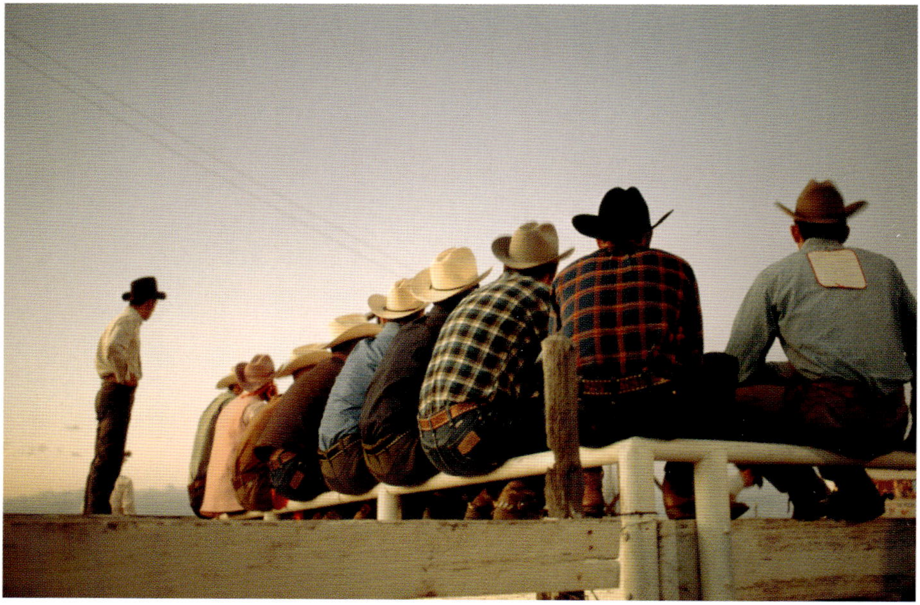

En su larga carrera como fotógrafo del *National Geographic*, William Albert Allard ha demostrado con creces su extraordinaria habilidad para introducirse en el corazón emocional de la historia, consiguiendo esos conmovedores momentos en los que la estética del color y la forma se combinan con la humanidad de las personas. Un aspecto clave de su estilo fotográfico consiste en apartar la mirada del principal foco de atracción. Para Allard, las "mejores imágenes suelen estar en los límites de la situación; no me parece que fotografiar la situación que tengo delante sea tan interesante como fotografiar lo que sucede en sus límites". Dar la espalda a lo obvio a propósito puede resultar una manera eficaz de encontrar la perspectiva única de cada uno. El propio Allard recomienda: "Esfuérzate más. Empieza a buscar esas fotos que nadie hace. Coge las herramientas que tienes a tu disposición y escarba un poco más". Si nos encontramos en una situación en la que hay otros fotógrafos y todos retratamos la misma escena, una buena idea es apartarnos un poco y buscar nuestro punto de vista desde la periferia.

Las mejores imágenes son simples y complejas a la vez

Anne Williams

"Las imágenes más extraordinarias, memorables y efectivas combinan simplicidad y complejidad, tanto en el plano visual como en términos de comprensión. Poseen un carácter de inmediatez que atrapa al espectador. En el nivel más básico, esto suele significar que dos o más ideas, sentimientos o estéticas se tocan por algún lado, formando una sorprendente yuxtaposición, lo familiar con lo desconocido y viceversa, y dejan al espectador la tarea de resolver el acertijo, posiblemente insalvable, de su relación. El texto o los pies de foto también pueden anclar [al espectador] o reducir la distancia con su significado. La sutileza y la economía de medios son clave".

Anne Williams es una de las docentes y comisarias más influyentes de la fotografía británica. Explica cómo las imágenes más simples pueden transmitir un mensaje profundo.

Busca lo sorprendente en lo corriente

David Burnett David Burnett en la audiencia sobre el *impeachment*, 2019 (fotografía de Chip Somodevilla)

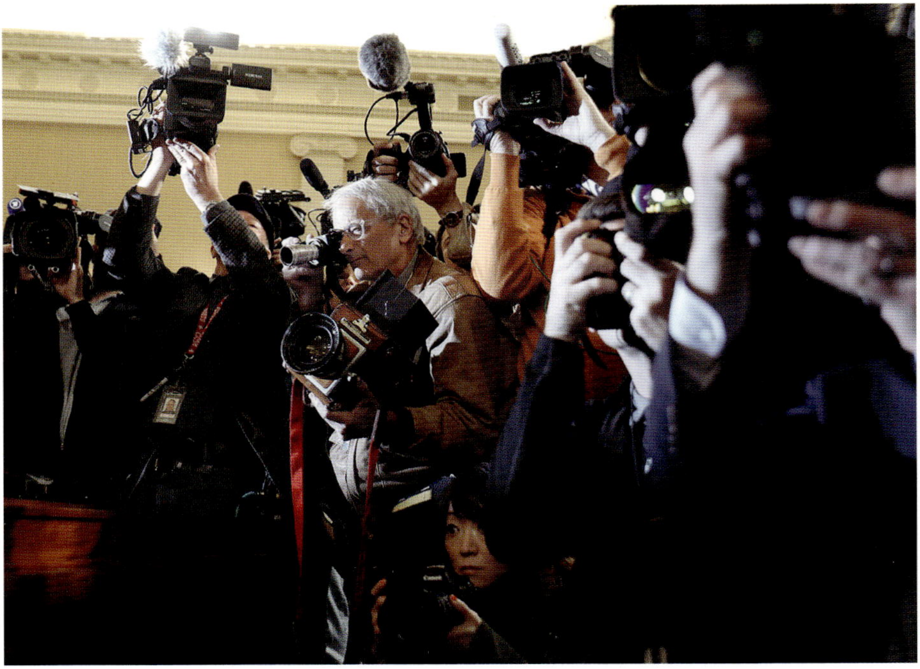

"Cuando llevas mucho rato disparando desde el mismo lugar, debes esforzarte para no dejarte llevar en piloto automático".

David Burnett es una de las leyendas del fotoperiodismo cuyo trabajo ocupa un lugar destacado en las revistas más importantes de todo el mundo desde la década de 1970. Es un maestro a la hora de encontrar la manera de hacer que lo obvio parezca distinto e inusual, desafiándose a buscar nuevas interpretaciones a temas conocidos, sintiendo que "el ojo y el cerebro reaccionan a lo desconocido, de manera que, cuando llevas mucho rato disparando desde el mismo lugar, debes esforzarte para no dejarte llevar en piloto automático". Uno de los mejores ejemplos de cómo aplica su creatividad en una situación conocida es la cobertura de los juegos olímpicos, que lleva fotografiando desde los Juegos de Los Ángeles de 1984. Llevado por su deseo de "encontrar nuevas técnicas o localizaciones físicas desde donde conseguir una foto más sorprendente", y al contrario que los fotógrafos deportivos convencionales, con sus teleobjetivos superlargos y sus cámaras digitales en modo disparo continuo, Burnett ha recuperado una cámara de una generación anterior. Su Speed Graphic de 1940, con placas de 10 × 12 cm, necesita láminas de película y trabaja con una profundidad de campo reducida cuando dispara en espacios abiertos para crear esos extraordinarios paisajes deportivos, en los que la acción parece quedar congelada, como si la viéramos desde la perspectiva de un niño. Deberíamos plantearnos cómo podemos utilizar esta técnica o posición de la cámara para hacer que lo familiar se convierta en algo nuevo y emocionante.

Usa objetivos de distancia focal fija

Paul Lowe

"Su mayor ventaja es que permiten saber con exactitud cuál es el campo de visión para esa distancia focal en particular y comprender cómo puede afectar a lo que te rodea cuando tomas la foto".

Los objetivos de distancia focal fija, también llamados "objetivos fijos", ofrecen algunas ventajas respecto a los zums modernos de alta calidad y gran rango focal. Un objetivo fijo suele ser más rápido, ligero y compacto, y, por lo general, proporciona mejor calidad de imagen. Algunos objetivos fijos en su momento exóticos, como el famoso Noctilux-M 50 mm de Leica, pueden alcanzar aberturas de f/0.95, y f/1.4 empieza a ser la abertura habitual en los grandes angulares, como uno de 35 mm. Estas aberturas más amplias permiten disparar con poca luz y pueden conseguirse retratos de efecto dramático en los que la reducida profundidad de campo hace que gran parte de la imagen salga desenfocada, concentrando así la atención en los ojos del modelo. Los objetivos fijos permiten también imágenes más nítidas y reducen la distorsión, las viñetas y la aberración cromática. Pero su mayor ventaja es que permiten conocer con exactitud el campo de visión para esa distancia focal particular y comprender cómo puede afectar a lo que te rodea cuando haces la foto.

El desenfoque es tu aliado

William Klein *Bailando en Brooklyn*, 1955

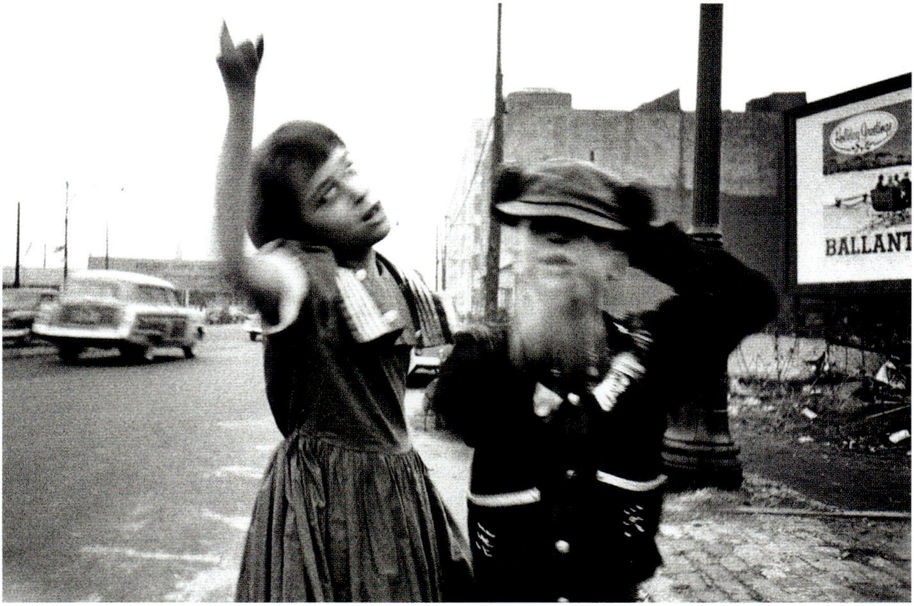

Una de las principales variables que debe tenerse en cuenta en fotografía es la velocidad de obturación. Normalmente, cuando hay movimiento en la escena, la velocidad será alta para congelar el movimiento y conseguir una imagen nítida. Sin embargo, también puede usarse una velocidad más baja, de más de 1/30 de segundo, para crear una sensación visceral de energía. En la década de 1950, William Klein utilizó este método con el cual rompió con todas las convenciones y produjo imágenes con grano, contraste y ángulos exagerados que aportaban una sensación de urgencia y dramatismo. Afirmaba que el movimiento forma parte de la energía de la ciudad y que capturarlo en la película era un aspecto esencial a la hora de documentar la cultura urbana. Explicaba: "Si miras detenidamente la vida, ves borroso. Mueve la mano. El desenfoque forma parte de la vida". Hay que experimentar con diferentes velocidades de obturación para crear un efecto más o menos desenfocado hasta encontrar ese punto justo de distorsión que aporte a la imagen sensación de energía pero sin perder la marca del modelo.

Recuerda que la fotografía es fácil y difícil al mismo tiempo

Edward Steichen *Greta Garbo*, 1928

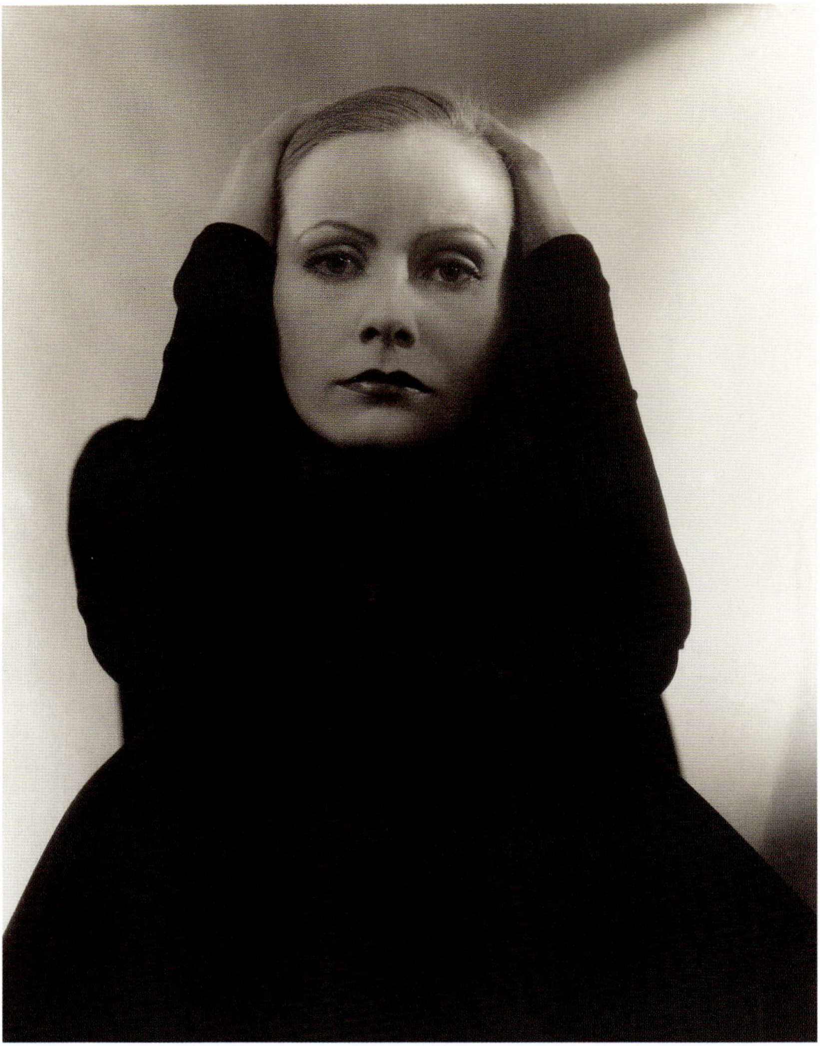

"[El fotógrafo es el] único creador de instantáneas que parte de una imagen completa. Sus emociones, conocimientos y talento natural se concentran y se fijan más allá del recuerdo cuando se cierra el obturador de su cámara".

Todo el mundo cree que es fotógrafo por el mero hecho de tener una cámara o un *smartphone* en la actualidad. Hacer una foto es tan sencillo como apuntar con el aparato automático a la escena y pulsar un botón. ¿O no? Como decía el editor y maestro estadounidense de la fotografía Edward Steichen, la fotografía es un "medio de formidables contradicciones. Es tremendamente fácil y terriblemente difícil a la vez". Señalaba lo contradictorio de que, aunque "cualquiera con unas instrucciones básicas puede dominar fácilmente los rudimentos técnicos", el verdadero desafío radica en encontrar el encuadre para captar el momento, al contrario que el artista, que "parte de una superficie en blanco y, gradualmente, va dando forma a su idea". Steichen señalaba que el fotógrafo es el "único creador de instantáneas que parte de una imagen completa. Sus emociones, conocimientos y talento natural se concentran y se fijan más allá del recuerdo cuando se cierra el obturador de su cámara". Ser capaz de previsualizar lo que la óptica y los controles de la cámara traducirán en un mundo bidimensional es una habilidad que requiere práctica y perfeccionamiento. Necesitamos conocer al dedillo los controles de nuestra cámara para ser capaces de utilizarlos por instinto.

Busca cada detalle

Francis Frith *Templo, Egipto*, 1858

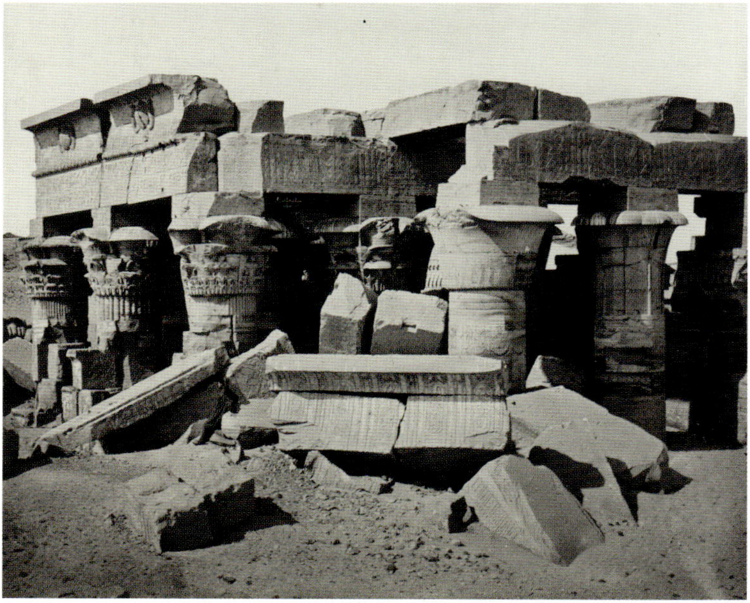

Una de las propiedades más importantes de la cámara es que puede registrar hasta el menor detalle de una escena con una resolución casi infinita. El célebre explorador y fotógrafo de viajes Francis Frith escribía en 1859: "Cada piedra, cada diminuta perfección o daño, hasta el más mínimo detalle, que en un dibujo normal y corriente no merecería especial atención, en fotografía se convierte en algo que merece la pena estudiar". Explicaba que este nivel de precisión ofrecía al espectador la oportunidad de examinar detenidamente la imagen, con calma, hasta el punto de que, "con frecuencia, hemos observado que estas fieles imágenes nos brindaban más y mejores ideas sobre los detalles que el hecho de inspeccionar a los propios sujetos". Montar la cámara en un trípode —como habría hecho Frith— y mirar con sumo cuidado a través del objetivo buscando la forma de incluir en el encuadre todos esos diminutos detalles nos ayudará a desarrollar la habilidad de ver como lo hace la cámara.

Quédate con la esencia

Richard Avedon Richard Avedon en su estudio de Nueva York, 1975 (fotografía de Jack Mitchell)

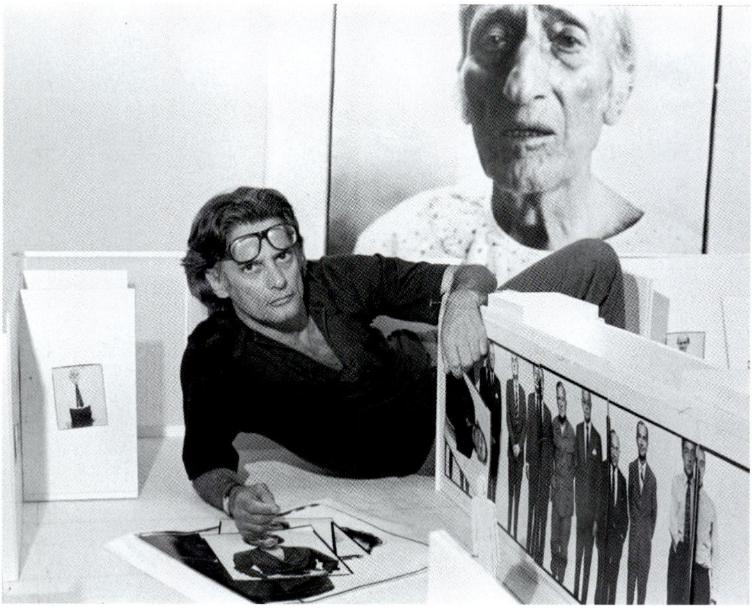

Richard Avedon tenía un extraordinario talento para llegar al interior de una persona solo con mirarla a la cara. Su estilo era minimalista, un equipo básico, el sujeto y el fotógrafo, como él mismo explicaba: "He establecido una serie de noes. No a la luz exquisita, no a las composiciones aparentes, no a la seducción en las poses o la narración. Y todos esos noes me conducen a los síes. Tengo un fondo blanco. Tengo a la persona que me interesa y la relación que se establece entre nosotros". La intensidad de este encuentro le permitía encontrar en las expresiones de la gente la que marcaba su carácter. Avedon lo explicaba de una forma sencilla pero profunda: "El rostro es el libro de cuentas de nuestra experiencia". La disciplina y la simplicidad de aislar a la persona contra un fondo blanco nos obligan a conectar con el modelo.

Utiliza una velocidad de obturación mayor que la distancia focal del objetivo

Paul Lowe

"Practica con una velocidad de obturación lenta y te sorprenderá hasta dónde puedes llegar".

Para evitar la vibración de la cámara y el desenfoque, la regla que hay que seguir es establecer una velocidad de obturación, al menos, un paso más rápida que la distancia focal del objetivo que estemos usando. Por ejemplo, si estamos disparando con un teleobjetivo de 135 mm, utilizaremos una velocidad de obturación de, al menos, 1/250 de segundo, incluso más rápida. Sin embargo, si sujetamos la cámara con los brazos pegados al tronco o usamos algo que nos sirva de apoyo y controlamos la respiración, podemos dominar las velocidades lentas. Esto se da sobre todo cuando trabajamos con grandes angulares con los que es más fácil que vibre la cámara. Practica con una velocidad de obturación lenta y te sorprenderá hasta dónde puedes llegar, sobre todo si tu cámara cuenta con estabilizador de imagen.

Trabaja deprisa

Jacques-Henri Lartigue *Mi prima Bichonnade*, 1905

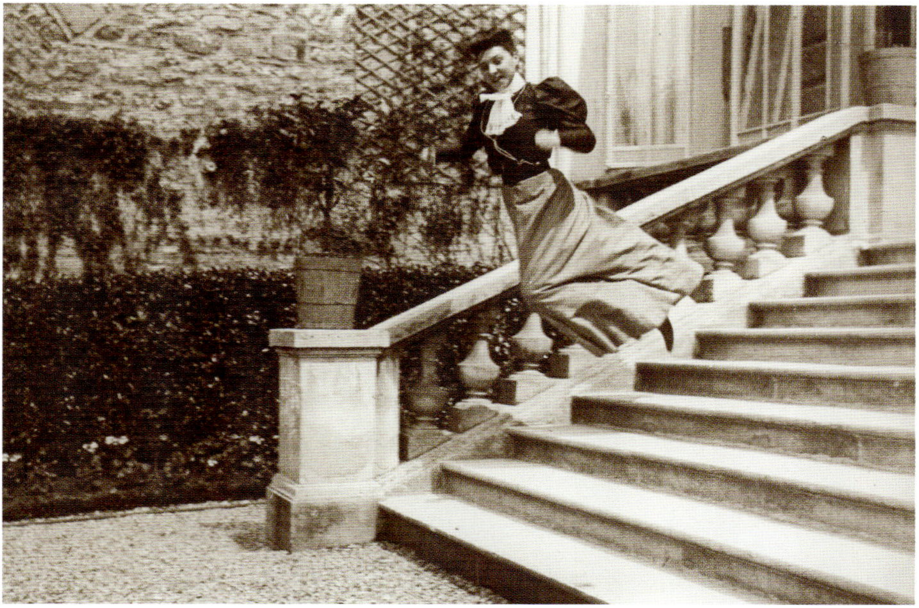

Es fundamental que los fotoperiodistas y los fotógrafos callejeros y deportivos sean capaces de trabajar con eficiencia y rapidez. El fotógrafo francés Jacques-Henri Lartigue poseía la envidiable capacidad de capturar una acción que se producía a gran velocidad, en especial si tenemos en cuenta que usaba una cámara con placas de cristal y una Kodak Box Brownie. Su regla de oro era la siguiente: "Trabaja rápido. En cuanto al encuadre, la composición y el enfoque, ahora no tienes que dudar; confía en tu intuición y en la agudeza de tus sentidos". Aunque no aspiremos a convertirnos en fotógrafos de escenas de acción, hacer fotos de deporte puede ser una forma muy útil de entrenar los reflejos, igual que trabajar en situaciones donde hay mucha gente, como los festivales o las ferias en las que los asistentes están constantemente en movimiento. También podemos disparar mientras nos movemos, lo que nos obligará a ajustar el enfoque y la composición mientras caminamos.

Sé paciente

Alfred Stieglitz *Invierno, Quinta Avenida*, 1893

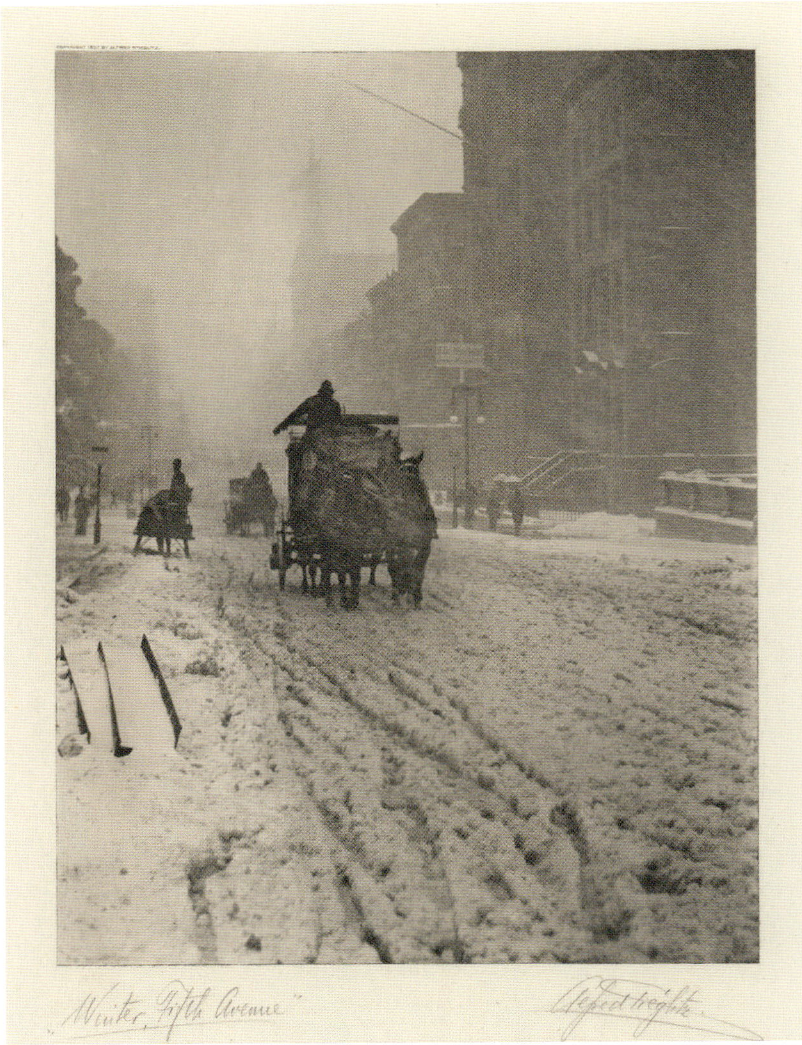

“Para obtener imágenes con una cámara de mano, está bien elegir el tema sin tener en cuenta las figuras y estudiar detenidamente las líneas y la iluminación. Una vez determinadas estas cuestiones, observaremos a las figuras que pasan y esperaremos a que todos los elementos estén equilibrados, es decir, que visualmente nos satisfagan. Esto implica, con frecuencia, horas de paciente espera”.

Alfred Stieglitz fue uno de los exponentes de la fotografía como forma artística. Ensalzaba las virtudes de la paciencia cuando, sobre una de las escenas más célebres que creó, escribió esto: “Para obtener imágenes con una cámara de mano, está bien elegir el tema sin tener en cuenta las figuras y estudiar detenidamente las líneas y la iluminación. Una vez determinadas estas cuestiones, observaremos a las figuras que pasan y esperaremos a que todos los elementos estén equilibrados, es decir, que visualmente nos satisfagan. Esto implica, con frecuencia, horas de paciente espera. Conseguí la fotografía titulada *Invierno, Quinta Avenida* el 22 de febrero de 1893, después de tres horas de pie en medio de una intensa tormenta de nieve, esperando el momento perfecto. Mi paciencia obtuvo su recompensa. Está claro que el desenlace contó con un elemento de suerte, ya que podría haber pasado allí horas sin conseguir la foto deseada”.

Anda mucho

Alex Webb *Vistas desde una barbería cerca de Taksim Square*, 2001

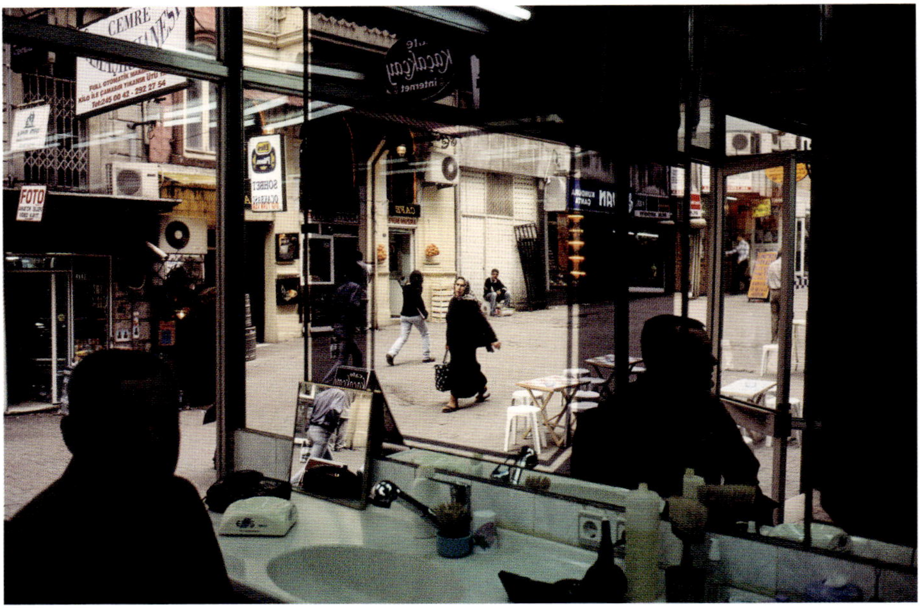

El método de trabajo que sigue Alex Webb, uno de los mayores exponentes de la fotografía en color, es engañosamente simple, tal como él mismo explica: “La única manera que conozco de acercarme a los sitios es andando. Y es que ¿qué hace un fotógrafo sino andar y mirar, esperar y hablar, volver a mirar y esperar un poco más, tratando de no perder la confianza en que lo inesperado, lo desconocido o el secreto corazón de lo conocido aguarda a la vuelta de la esquina?”. Webb vive el proceso de estar en la calle y dice que, al contrario de “los fotoperiodistas tradicionales, que llegan con una idea de lo que van a producir o lo que el editor quiere”, él prefiere “enfocar el tema como fotógrafo de calle y paseante, sin prejuicios. Intento que sea algo extremadamente intuitivo y experimental”. Adoptemos la filosofía de Webb y convirtámonos en *flâneurs* buscando esos momentos irreales e inesperados que revelan el carácter y la cultura de un lugar de un modo que nadie podría predecir.

Innova

Alexey Brodovitch Reunión de maquetación en Harper's Bazaar, 1952 (fotografía de Walter Sanders)

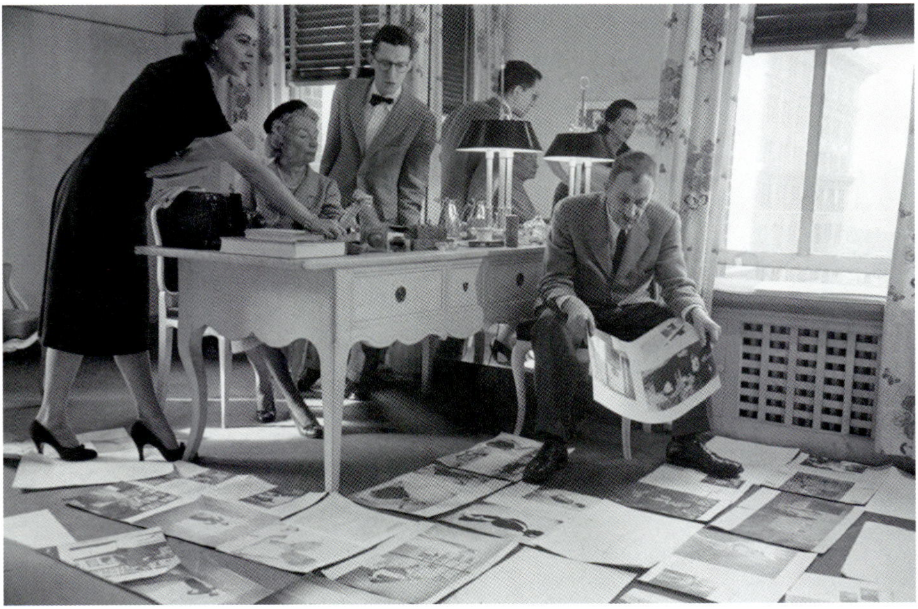

Alexey Brodovitch fue una de las figuras más influyentes de la fotografía moderna que aportó una mirada innovadora y fresca a su papel como director artístico de la revista de moda *Harper's Bazaar* de 1934 a 1958. Fue también un respetado profesor que tuvo entre sus alumnos a fotógrafos como Diane Arbus, Eve Arnold, Richard Avedon, Lisette Model, Garry Winogrand o Tony Ray-Jones. El consejo que daba a los fotógrafos a los que hacía encargos era sencillo: "¡Sorpréndeme!". Reconocía que la fotografía se había convertido en algo estereotipado y repetitivo, y afirmaba que "el mal de nuestra época es el aburrimiento. Un buen fotógrafo debe combatirlo con éxito. La única manera de hacerlo es siendo creativo, por sorpresa". Sigamos su consejo: "Cuando mires a través de tu cámara y veas una imagen que ya has visto antes, no aprietes el disparador". Busquemos nuestra propia reacción, única y personal, a la escena: no copiemos a los demás.

La forma y el contenido son inseparables

Henri Cartier-Bresson *Bruselas*, 1932

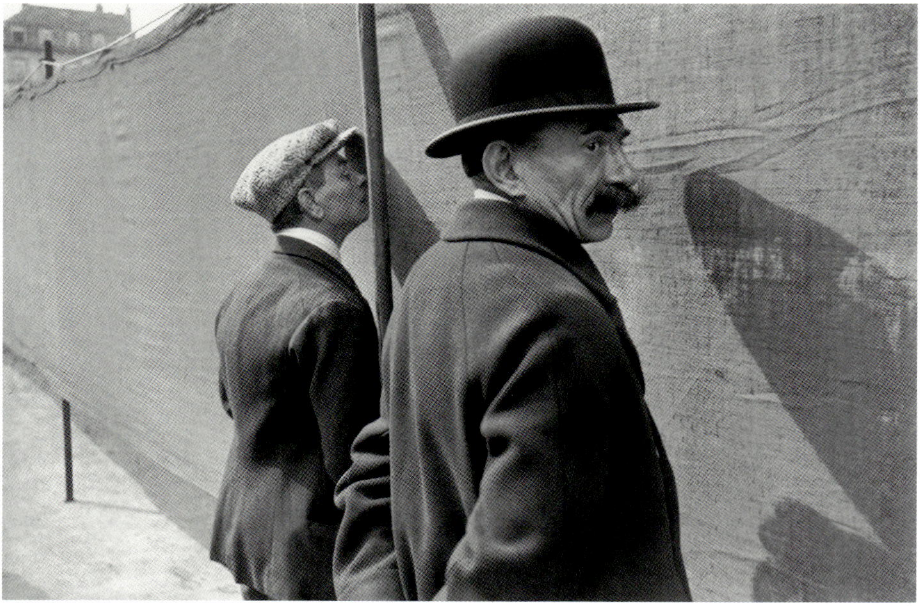

Su libro *Images à la Sauvette* se considera uno de los fotolibros más importantes del siglo XX. Descrito por Robert Capa como la "biblia de los fotógrafos", recoge la estética humanista de Cartier-Bresson.

“Para mí, la fotografía es el reconocimiento simultáneo, en una fracción de segundo, del significado de un hecho, además de una precisa organización de formas que brindan a ese acontecimiento una expresión única. Creo que, mediante el acto de vivir, el descubrimiento personal se produce al mismo tiempo que el descubrimiento del mundo que nos rodea, que puede moldearnos, pero también verse afectado por nosotros. Debemos establecer un equilibrio entre los dos mundos, el de nuestro interior y el del exterior. Como son fruto de un proceso constante y recíproco, ambos mundos forman uno. Y este es el mundo que debemos enseñar a los demás. Pero es solo el contenido de la foto. Para mí, el contenido no puede separarse de la forma. Con forma me refiero a la rigurosa organización de la interacción entre las superficies, las líneas y los valores. Únicamente con esta organización, nuestros juicios y emociones se concretan y pueden comunicarse. En fotografía, la organización visual solo deriva de un instinto desarrollado”.

La mejor cámara es la que te acompaña

Ed Kashi Ed Kashi disparando con su iPhone, Saint-Brieuc, Francia, 2016

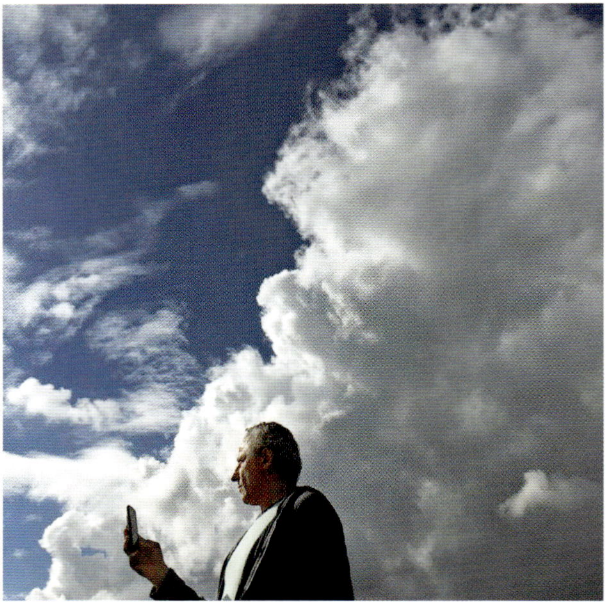

Los modernos *smartphones* cuentan con sensores de una calidad más alta que las mejores cámaras digitales SLR de hace una generación y pueden producir imágenes fabulosas. Ed Kashi suele usar su móvil y nos recuerda que, "con el móvil, siempre llevas una cámara encima. Los *smartphones* actuales son una potente herramienta para hacer fotos y vídeos de alta calidad". También ofrecen otras ventajas sobre las cámaras convencionales, como la discreción y, por lo tanto, pueden "ser también una herramienta eficaz si quieres pasar desapercibido". Nos aconseja "llevar siempre el móvil cargado y con suficiente memoria para capturar imágenes, sobre todo si tenemos la oportunidad de hacer de periodista de a pie, pero también para capturar la vida cotidiana". Los móviles actuales ofrecen resultados profesionales, así que no los infrautilicemos limitándolos a selfis e instantáneas.

Aprende a manejar el *flash*

Paul Lowe *Mujeres chechenas rezando en la carretera frente a los soldados rusos para detener su avance hacia la ciudad de Grozny*, 1994

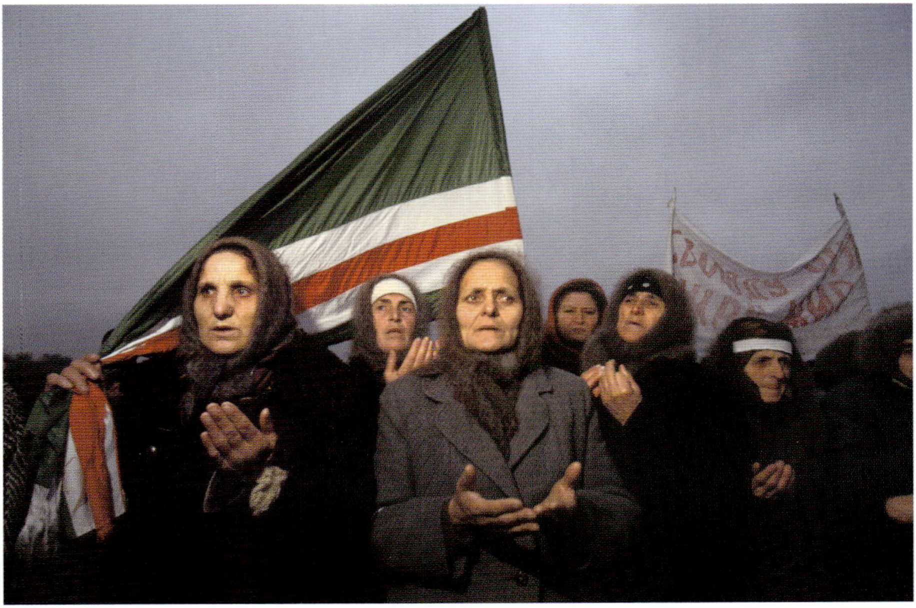

Decir que es como si llevaras el sol en el bolsillo es una forma de describir la utilidad del *flash*, y también es la clave para saber utilizarlo. El *flash* puede dar una luz cruda, direccional o una iluminación tenue y suave. Es mejor evitar el *flash* que viene en la cámara, ya que marca mucho los bordes, crea un contraste alto, aplana los rasgos del modelo y puede producir el indeseable efecto de los ojos rojos. El *flash* directo es útil cuando se usa como luz de relleno para reducir el contraste en un modelo o un tema iluminado por detrás; si no es así, lo mejor es desmontarlo de la cámara. Utilizarlo desde un lado, sosteniéndolo con una mano y la cámara con la otra. Así se creará una interesante luz direccional que proporcionará una mayor profundidad a la imagen. La otra forma de utilizar el *flash* es rebotándolo en el techo o las paredes de la habitación en la que nos encontremos, lo que producirá una luz tenue y uniforme que llenará todo el espacio. Aprender a utilizar el *flash* de forma creativa nos permitirá perfeccionar nuestra capacidad de trabajar en situaciones con diferentes tipos de iluminación.

Cómo convertirse en fotógrafo

Encuentra imágenes en cualquier parte

Elliott Erwitt *EE. UU., Nueva York*, 1953

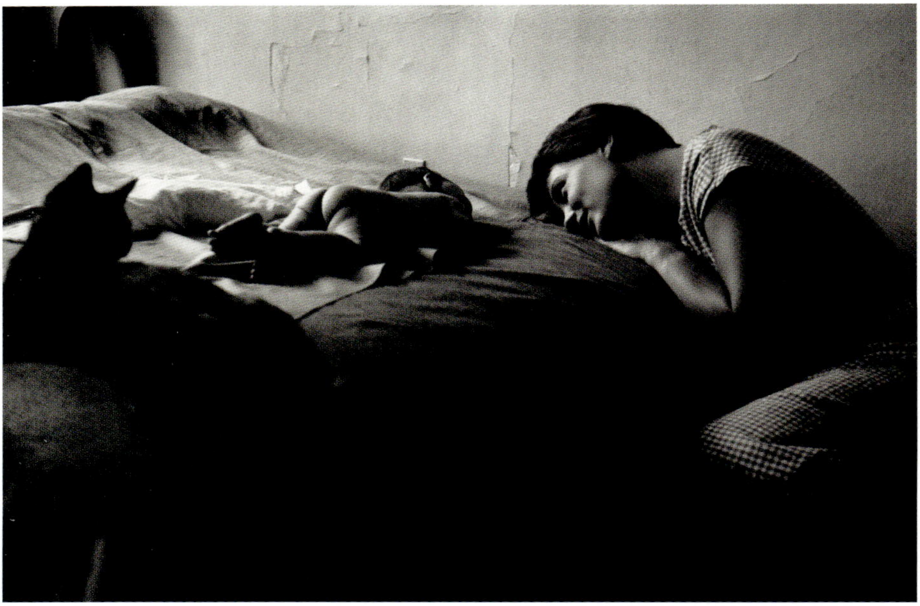

Erwitt es uno de los mayores exponentes del engañosamente sencillo acto de la observación fotográfica, y señala que, para él "se trata de ver, al menos el tipo de fotografía que me interesa. O ves, o no ves". Su consejo es que debemos mantenernos abiertos al infinito potencial del día a día, y afirma que "puedes encontrar imágenes en cualquier lugar. Es cuestión de fijarse en las cosas y organizarlas. Solo tienes que preocuparte por lo que te rodea e interesarte por la humanidad y la comedia humana". Merece la pena estudiar detenidamente el trabajo de Erwitt para darnos cuenta de su capacidad para encontrar el elemento humano en casi cualquier situación, por insignificante que sea. Observemos el mundo que nos rodea pensando en las conexiones que existen entre los elementos que están dentro del marco, busquemos las yuxtaposiciones y los contrastes que aportan significado.

Rompe las barreras

Martine Franck *Francia, Provenza, ciudad de Le Brusc. Piscina diseñada por Alain Capeilleres*, 1976

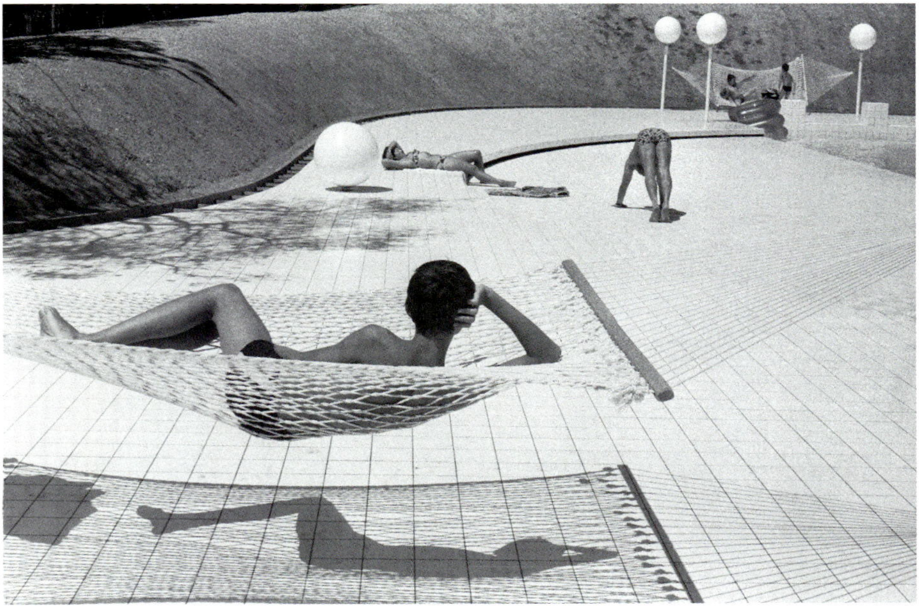

La fotógrafa de Magnum Photos Martine Franck utilizaba la fotografía para superar su timidez. Recordaba: "Me costaba hablar con la gente. Con una cámara en la mano, tenía una función, una razón para estar donde fuera, era testigo, sin ser actor". Ella cuenta que la fotografía puede ser un vehículo para romper barreras: "En sí misma, la cámara es una frontera, una barrera que debemos derribar constantemente para acercarnos al tema. Al hacerlo, sobrepasamos nuestros límites: da un poco la sensación de atrevimiento, de ir más allá, de ser grosero, de querer ser invisible. La única manera de cruzar es olvidar por un momento quién eres, mostrarte receptivo a los demás; así, como fotógrafa, me encuentro en dos mundos al mismo tiempo. No puedo explicar de otra manera lo que siento cuando fotografío; el resto permanece en los dominios del subconsciente. La transgresión es el mundo que he buscado todo este tiempo".

Colabora con tu modelo

Aletheia Casey *Ella en Callala Bay*, 2018

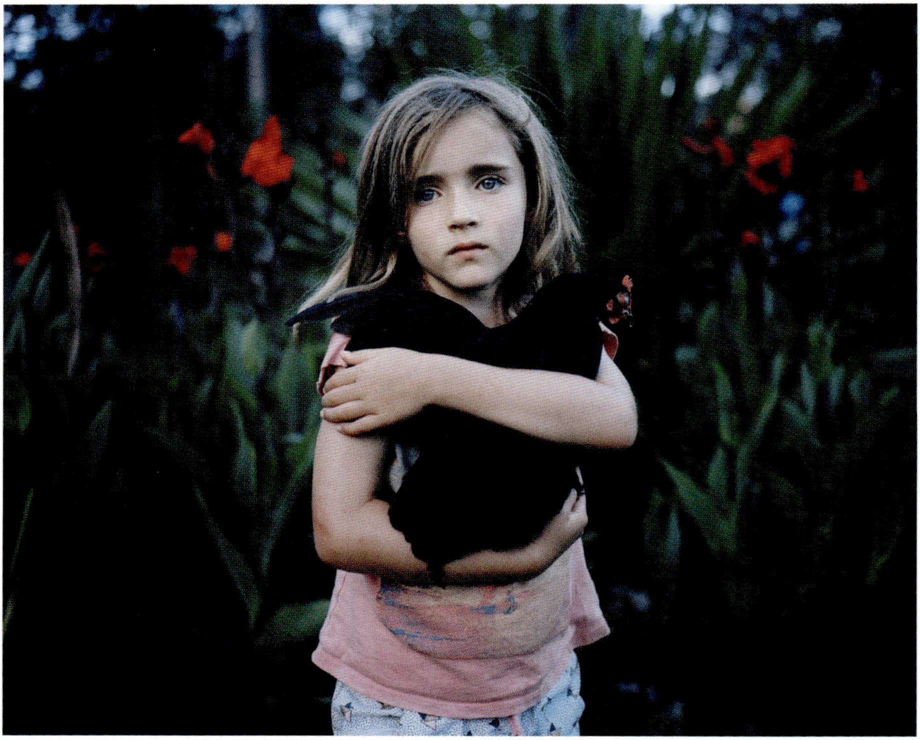

"Los seres humanos se imitan mutuamente de forma inconsciente, desde las expresiones faciales a los estados emocionales o el lenguaje corporal. Los niños lo hacen con sus padres y con las personas que los cuidan, y los adultos, inconscientemente, también "copian" las expresiones faciales y el lenguaje corporal de los demás. Es algo que ocurre de una manera muy marcada cuando hacemos retratos. [...] Como fotógrafo, debes ser consciente de que tu modelo, sin darse cuenta, te imitará. Un retrato habla de la relación entre el fotógrafo y el modelo. Un buen retrato es una colaboración en la que algunos aspectos de uno se reflejan en el otro, y en el que, si despiertas tu intuición, puedes llegar a aquellos rincones de la persona que, con frecuencia, se mantienen ocultos".

Aletheia Casey es una consumada fotógrafa de retrato que utiliza la composición, el color y el encuadre para crear potentes estudios del carácter humano en los que se aprecia la profunda conexión psicológica que entabla con sus modelos. Nos explica por qué la interacción entre fotógrafo y modelo es esencial para lograr un buen retrato.

Posiciónate

Danny Lyon *Manifestación que toma un nuevo giro cuando la policía se lleva a rastras a los manifestantes y usa gases lacrimógenos*, 1964

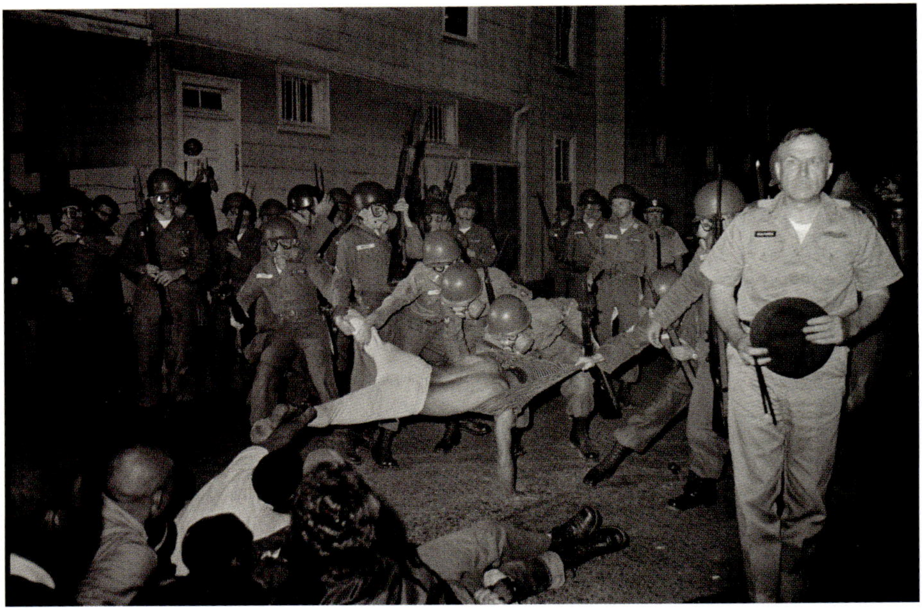

Danny Lyon fue el primer fotógrafo en plantilla que trabajó para el Comité Coordinador Estudiantil No Violento, una de las organizaciones estadounidenses del Movimiento por los Derechos Civiles que se formó en la década de 1960. La difusión indiscutible que hizo de la lucha contra la segregación y a favor de los derechos de los afroamericanos marcó un hito en la militancia de la fotografía comprometida. Lyon solía meterse siempre en el meollo de las protestas, no miraba desde la barrera. Insistía en que "el lugar más inseguro, ya sea que la gente lance piedras o balas, es en el centro. Tienes que tomar partido, aunque solo sea para tener un lugar en el que estar y un momento de paz para enfocar". También decía: "Soy totalmente responsable de lo que veo. Soy totalmente responsable de lo que fotografío". Pensemos en nuestras ideas políticas cuando trabajemos sobre el terreno, seamos conscientes de nuestros prejuicios y recelos, pero permitamos que lo que juzguemos como ético dirija nuestra postura.

Espera siempre lo inesperado

Louie Palu *Kandahar, Afganistán*, del libro *Front Towards Enemy*, 2017

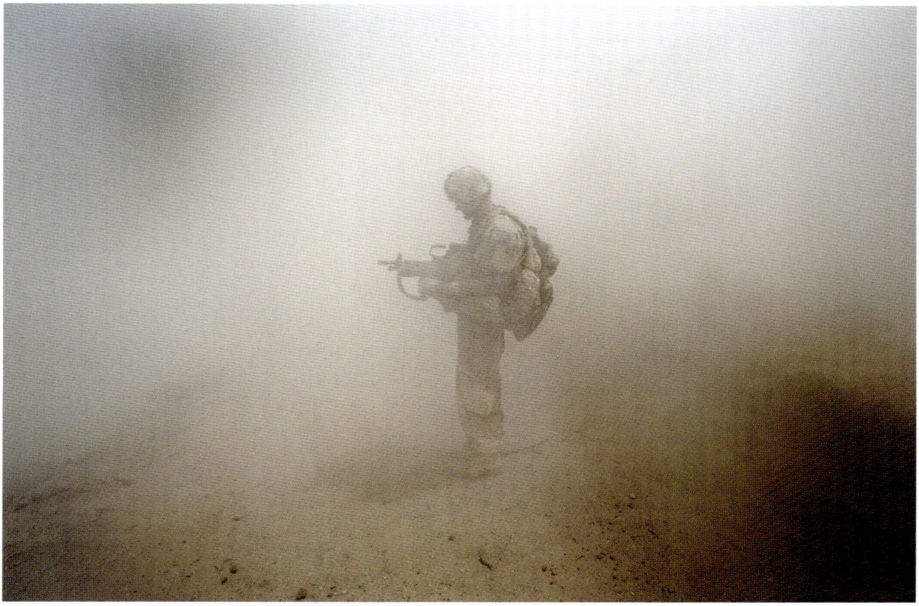

Louie Palu es un fotógrafo documental y director de cine conocido por dejar patentes historias con trasfondo sociopolítico, como la guerra y los derechos humanos. Entre 2006 y 2010, cubrió la guerra en Kandahar, Afganistán; y, entre 2011 y 2012, la guerra de los cárteles de la droga en la frontera entre los Estados Unidos y México.

"Antes y durante un trabajo suelo pensar en lo que sucederá si todo sale mal. En primer lugar, cómo retomaré mi profesión y, en segundo, cómo mantendré la moral alta y seguiré nutriendo mi lado creativo cuando las cosas no salgan según lo planeado o se presente un obstáculo inesperado. Créeme, en zona de guerra, que las cosas se tuerzan es el pan de cada día. De hecho, algunas de mis mejores imágenes han surgido en momentos de adversidad y después he pensado en cómo corregir el problema".

Juega con ideas preconcebidas

Philip-Lorca diCorcia *Brent Booth, 21 años, Des Moines, Iowa, $30*, 1990

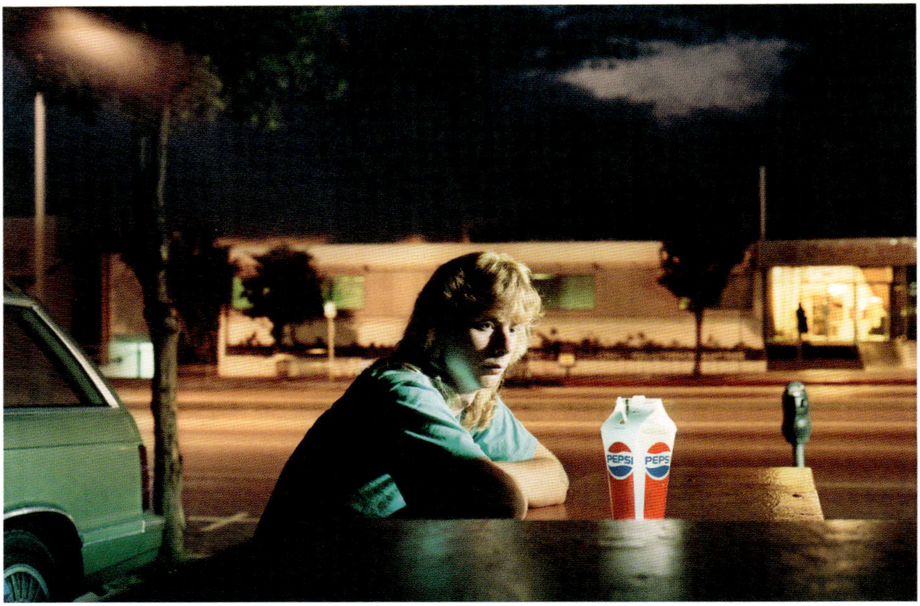

El trabajo de Philip-Lorca diCorcia es un ejercicio de equilibrismo entre la realidad y la ficción, con imágenes que tiran de una amplia gama de fuentes para crear complejas fábulas sobre la condición humana. El fotógrafo juega con las suposiciones y las ideas preconcebidas de la gramática visual del medio y después las altera, de manera que lo que vemos no es la realidad. Su observación de que "la fotografía es un lenguaje extraño que todo el mundo cree hablar" se refleja en la contradicción de que parece un acto engañosamente sencillo, pero en realidad es complejo y está lleno de matices con un complicado sistema de códigos y estructuras. Explica: "La fotografía une lo obvio y lo inconsciente a un nivel liminar, es decir, la frontera entre lo que vemos y lo que sospechamos". Su trabajo demuestra que la fotografía es capaz de introducirse en ese espacio que hay entre la palabra y la imagen, creando capas de significado e interpretación que, a menudo, siguen siendo complicadas de articular, pero no por ello están menos presentes.

Rompe las reglas de una en una

Sara Terry *Plegaria por los muertos, viuda de Srebrenica*, 2015

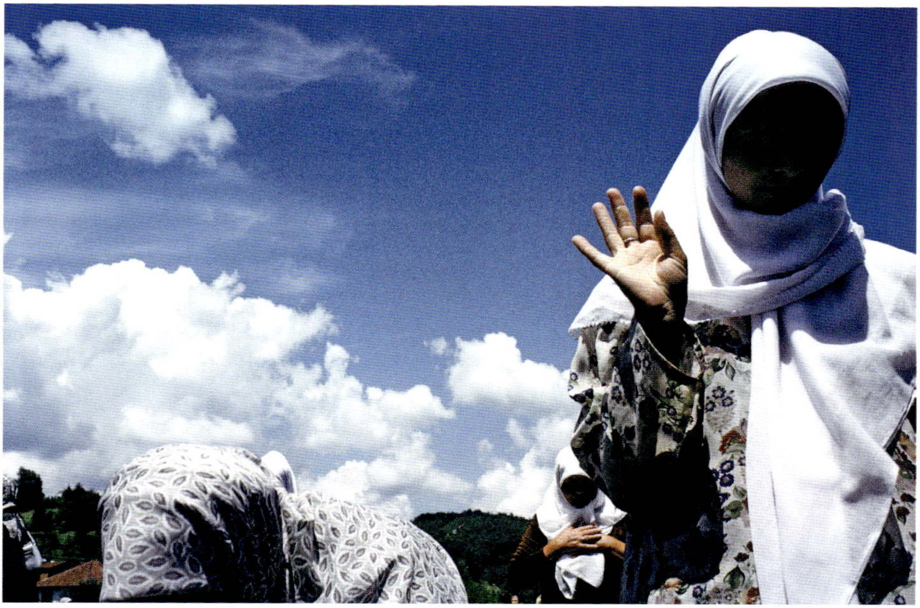

Tras una larga carrera como articulista, Sara Terry llegó a la fotografía y a la realización de documentales desde el periodismo, y sostiene que debemos dominar los aspectos básicos de la profesión para buscar después nuestra voz única y personal: "Estudia las normas. Aprende composición y la regla de los tercios, y ajusta manualmente la exposición y el enfoque. Estudia a los maestros: cuando una foto te llame la atención, dedícale tiempo. Piensa en dónde tuvo que ponerse el fotógrafo para hacerla, en los obstáculos que tal vez tuviera que superar, en la fuente de luz y en el encuadre. Vive las reglas hasta que las integres en tu práctica diaria, en tu forma de ver y hacer fotos. Después, rómpelas. Pero de una en una. Observa qué ocurre y, a continuación, elige las reglas que te apetece cumplir y crea otras nuevas".

Mira en tu interior

Roger Ballen *Dresie y Casie, gemelos, oeste de Transvaal*, 1993

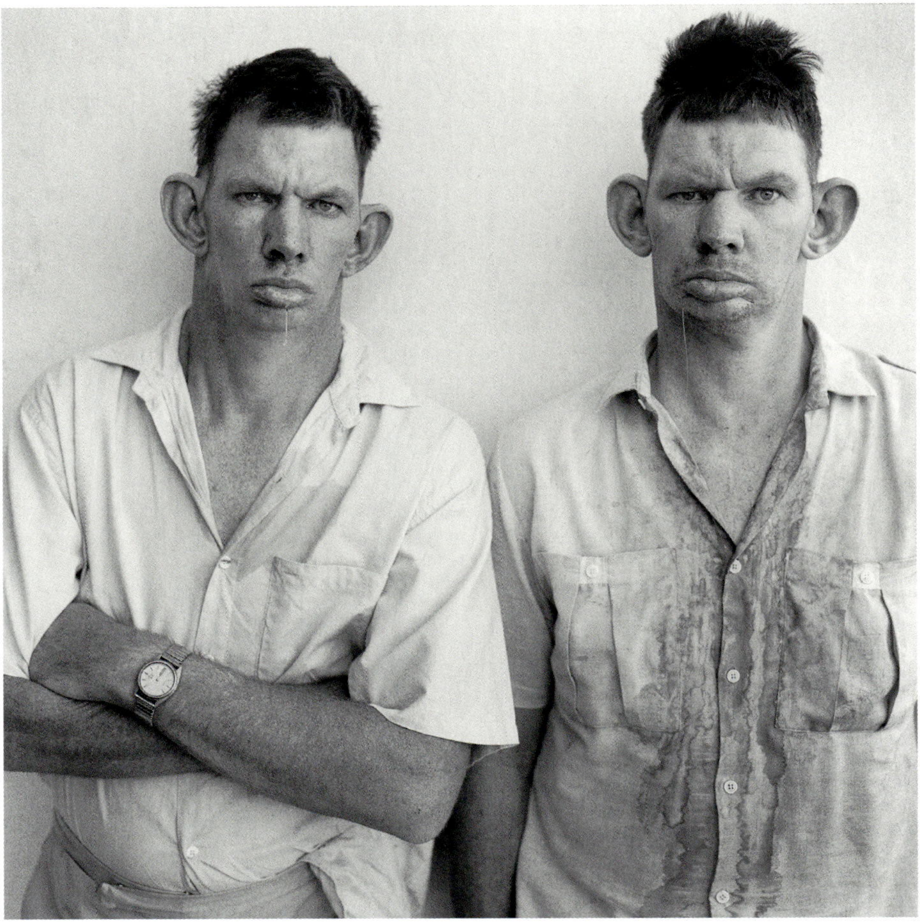

"La fotografía es un medio tan sencillo de dominar desde el punto de vista técnico, especialmente con las cámaras actuales, que la gente no se da cuenta de que no consiste en coger una cámara y ya está".

Los potentes estudios psicológicos de Roger Ballen enfrentan al espectador con cuestiones perturbadoras sobre la sociedad sudafricana. Sin embargo, sostiene firmemente que las imágenes nacen de sus deseos, no solo de los temas que elige, y siente que, en los últimos cuarenta años: "Mi propósito a la hora de hacer fotos ha sido definirme. Fundamentalmente, ha sido un viaje psicológico y existencial". Para él, los fotógrafos debemos reflexionar sobre nuestras propias experiencias y motivaciones para encontrar la motivación para trabajar, y nos recomienda que es importante "viajar a lo más profundo de uno mismo para crear una buena foto". La aparente simplicidad de la tecnología enmascara la verdadera complejidad de hacer fotos: "La fotografía es un medio tan sencillo de dominar desde un punto de vista técnico, especialmente con las cámaras actuales, que la gente no se da cuenta de que no consiste en coger una cámara y ya está. Cuando levanto la cámara para hacer una foto, he tenido que dar miles de pasos para llegar a este punto. Eso es lo que ves: una visión del mundo compleja a través de mi imaginación, de mis experiencias".

Fotografía siguiendo tus ideologías

Sebastião Salgado *Refugiados en el campamento de Korem, Etiopía*, 1984

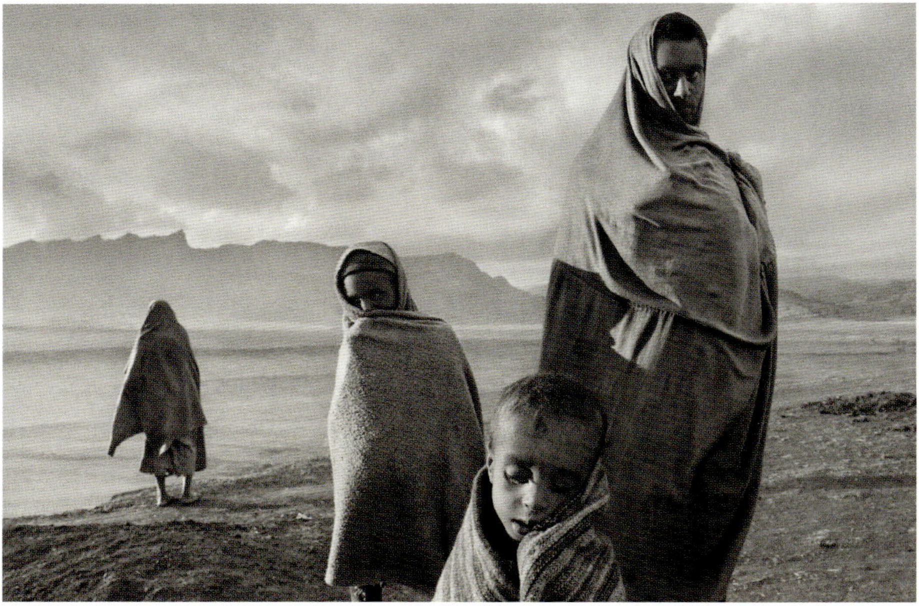

A lo largo de las últimas cuatro décadas, Sebastião Salgado se ha convertido en uno de los principales fotógrafos documentales del mundo; pretende documentar el impacto del cambio social y económico en el ser humano y en el mundo natural. Con su trabajo, Salgado siempre ha buscado el respeto hacia sus modelos. "Si haces una foto de un ser humano que no muestra su nobleza, no hay necesidad de hacerla". Sostiene que debemos tener un punto de vista sólido, una ideología, y que ese aspecto se apreciará en nuestro trabajo, pero llega un punto en el que el trabajo es colaborativo: "Cuando pasas más tiempo en un proyecto, aprendes a entender a tus modelos. Llega un momento en el que no eres tú quien hace las fotos. Ocurre algo especial entre el fotógrafo y las personas a las que fotografía. Se da cuenta de que ellas le están dando las fotografías". La fotografía es un intercambio entre el fotógrafo y la persona: debemos darles espacio para que se muestren como seres humanos dignos.

Trabaja en la frontera

Sally Mann La fotógrafa Sally Mann se relaja con su perro Honey, 2004 (fotografía de Michael Williamson)

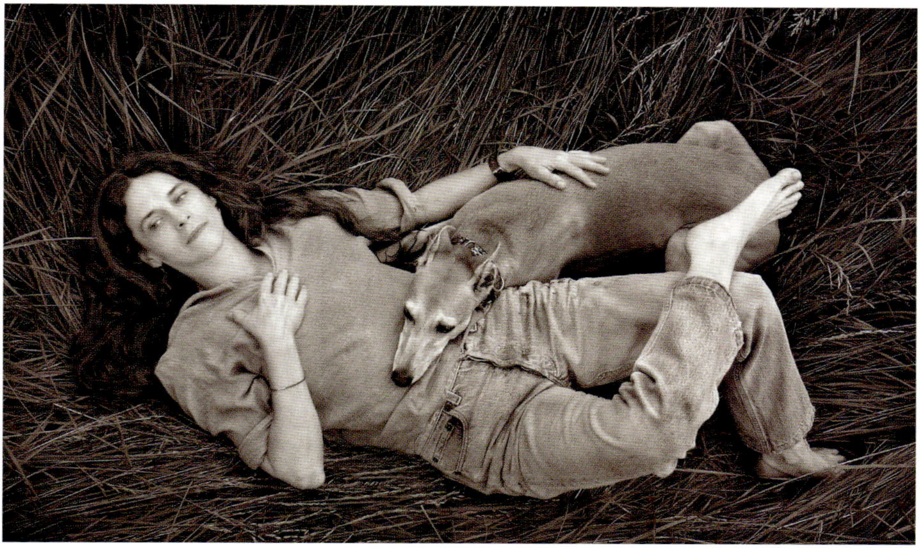

Las instantáneas con una gran carga emocional y psicológica suelen surgir de momentos en los que la presencia del fotógrafo interviene en la escena un poco más de lo debido para conseguir esa energía que muestra la imagen final. En el conjunto de su íntima e intensa obra, Sally Mann reconoce esa tensión cuando afirma: "La explotación está en la base de todo gran retrato, todos lo sabemos. Hasta la foto más simple de alguien es compleja desde el punto de vista ético". De hecho, trabajar siempre en la frontera permite que el encuentro cree las fotografías más potentes, y sostiene: "Si la transgresión se encuentra en el corazón de la fotografía de retrato, el producto final ideal —belleza, unidad, verdad, bondad— mitiga la ofensa". Se necesita experiencia trabajando de forma íntima con los demás para saber hasta dónde podemos presionarlos en una situación concreta, pero con frecuencia es necesario ir un poco más allá de lo que nos parecería apropiado para conseguir las mejores imágenes.

Te costará encontrar tu propio estilo

Chuck Close

"Creo que, a pesar de que la fotografía es el medio más fácil para ser competente, quizá sea también el más complicado para desarrollar un punto de vista personal. Es el medio más difícil si quieres distinguirte de todos los que hacen cosas bastante buenas y encontrar una voz personal, una visión única, y hacer algo que sea realmente tuyo y de nadie más. Un estilo fotográfico con una firma inconfundible es tremendamente difícil de conseguir... La fotografía no es un medio sencillo. Quizá sea el más complicado de todos".

Con sus retratos de gran formato, Chuck Close tiende un puente entre el mundo del arte y la fotografía, lo que le otorga la autoridad necesaria para hablar sobre lo difícil que puede ser encontrar un estilo único.

Busca los extremos

Lauren Greenfield *Jackie y sus amigas con bolsos de Versace en la inauguración privada de la tienda Versace, Beverly Hills*, 2007

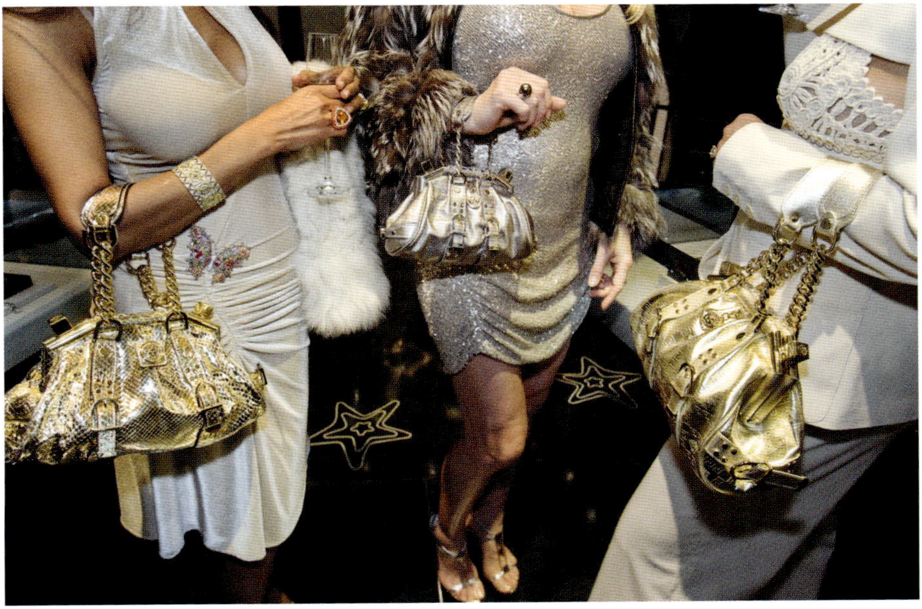

La fotografía suele retratar a los que componen los extremos de la humanidad, ya sean ricos o pobres. Para la fotógrafa documental, este fenómeno es una buena estrategia, y Lauren Greenfield los utiliza como espejo en el que se refleja el resto de la sociedad. "En mi trabajo he recurrido muchas veces a los extremos para hablar sobre la tendencia general. Creo que, a veces, un tema en el que estoy trabajando, como la cultura popular, está tan presente en todo lo que nos rodea que nos cuesta verlo. Es como si te digo: ¿ves el aire que respiras? ¿Ves cómo te afecta?". Greenfield ha explorado la vida de gente muy rica de los Estados Unidos y ha desarrollado una estética que combina colores saturados y *flash* para resaltar el exceso en el que viven. "Constantemente trato de deconstruir lo que veo y mostrar la belleza y la atracción que hay en ello. Uso colores brillantes y *flash* para conseguir ese reflejo. Quiero expresar la atracción que ejerce la riqueza. Pero también busco esa capa que revela que la riqueza no cumple lo que promete".

Escucha

Giles Duley *Shamah Darweesh, más de 90 años, Homs*, 2016

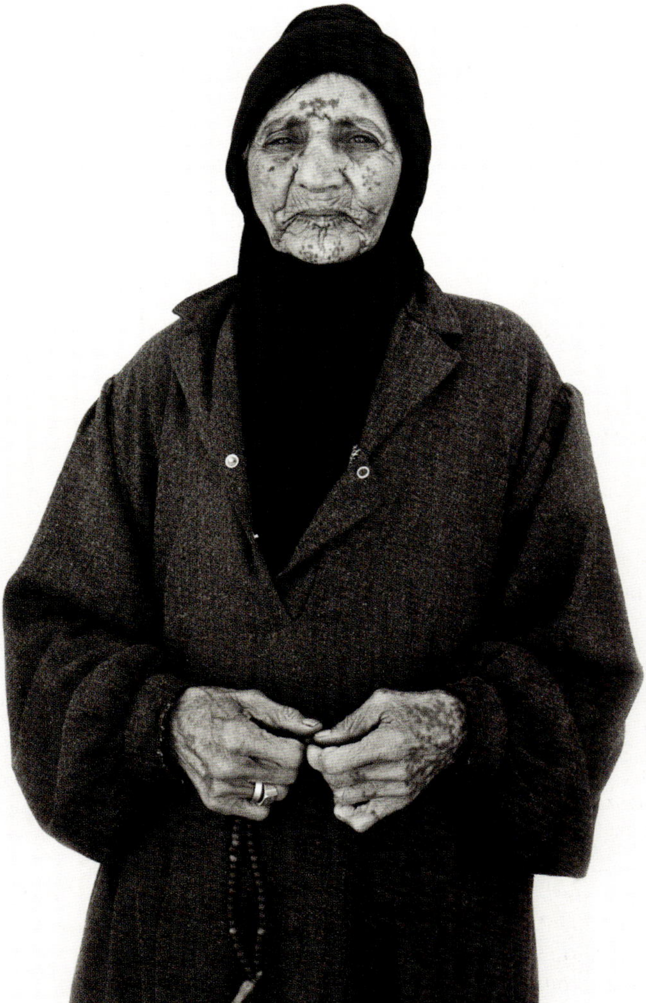

"Escucha. Tal vez sea raro decirle esto a un fotógrafo, pero, para capturar la historia de una persona, primero hay que escucharla. Son demasiados los fotógrafos que llegan, miran a la persona a través del visor y piensan que con eso ya saben cómo será la imagen. Considero que es un error; yo primero escucho, comprendo la historia y, tal vez después, averiguo cómo contarla. No hagas fotos solo porque creas que es lo que otros quieren ver. Dispara cuando veas algo que te guste de verdad, que te apasione, que conozcas".

En 2011, Giles Duley perdió las dos piernas y el brazo izquierdo al pisar un artefacto explosivo casero en Afganistán mientras fotografiaba a los que se habían visto atrapados en el conflicto. Le dijeron que no volvería a caminar y que su carrera había terminado. Sin embargo, con la testarudez que lo caracteriza, Duley les dijo a los médicos que lo atendían: "Sigo siendo fotógrafo". Volvió a Afganistán poco antes de que se cumpliera un año y medio de lo sucedido. Lleva tiempo trabajando en su proyecto, *Legacies of War*, documentando las consecuencias de los conflictos en las sociedades que los sufren, y nos aconseja sobre cómo fotografiar a personas en situaciones tan complicadas.

Dispara cuando algo te enamore

Joe McNally *Thi Kim Phuc Phan y su hijo*, 1995

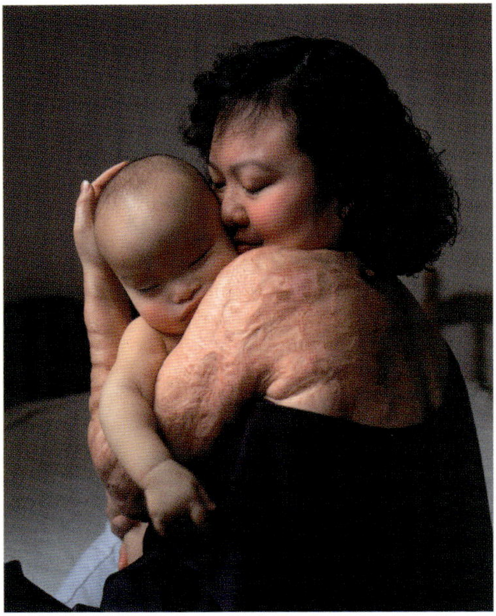

"Recuerda que debes disparar cuando veas algo que te enamore. Es la única manera de que palpite tu corazón de fotógrafo".

El veterano fotógrafo Joe McNally ha recibido una gran variedad de encargos, desde piezas de fotoperiodismo y noticias hasta deportes, publicidad o anuncios. De toda esta experiencia, el consejo más importante que puede darnos es que siempre dejemos espacio para fotografiar aquello que realmente nos enamore. "No importa la porquería que tengas que tragar para mantenerte con vida como fotógrafo, no importan los encargos malos, los días malos, los clientes malos, los presuntuosos, los agentes insufribles, los directores artísticos desquiciados, los desastres técnicos, los errores de la mente, el cuerpo y la voluntad, todos los 'debería', 'podría', 'habría hecho esto o lo otro' que nos bloquean y se cuelan en nuestros sueños. Recuerda que debes disparar cuando veas algo que te enamore. Es la única manera de que palpite tu corazón de fotógrafo".

Déjalas ir

Maggie Steber *Soldados haitianos persiguen a un niño que trata de robar una caja de alimentos de ayuda humanitaria*, 1986

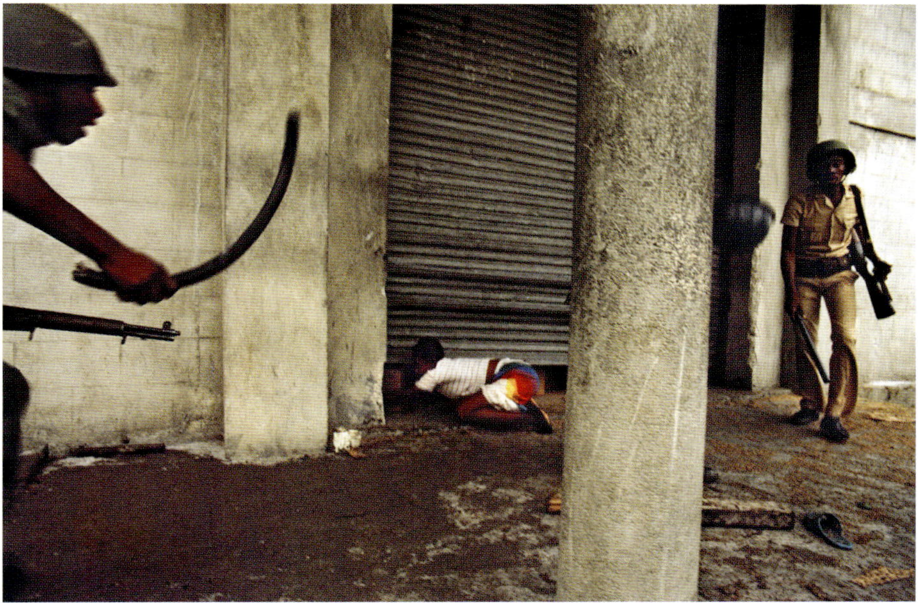

No importa si, como fotógrafos, queremos tener el control absoluto de nuestras imágenes... Desde el encuadre y la edición hasta las plataformas que usemos para distribuirlas, difundirlas y publicarlas, debemos aceptar que llega un momento en que debemos ceder el control sobre cómo reaccionará el espectador ante ellas, y que cada uno le encontrará un significado y la interpretará a su manera. Maggie Steber resume muy bien esto, que es inevitable: "Las fotos son como nuestros hijos. Ponemos lo mejor de nosotros en ellas —lo mejor de nuestra visión, de nuestras mentes, de nuestros corazones— y las mostramos al mundo. En algún momento, quizás justo cuando disparamos, se liberan. A partir de ese momento, dejan de pertenecernos".

Seis reglas

Chris Steele-Perkins *Estudiantes de Oxford en una sesión de hipnosis durante el baile de fin de curso*, 1989

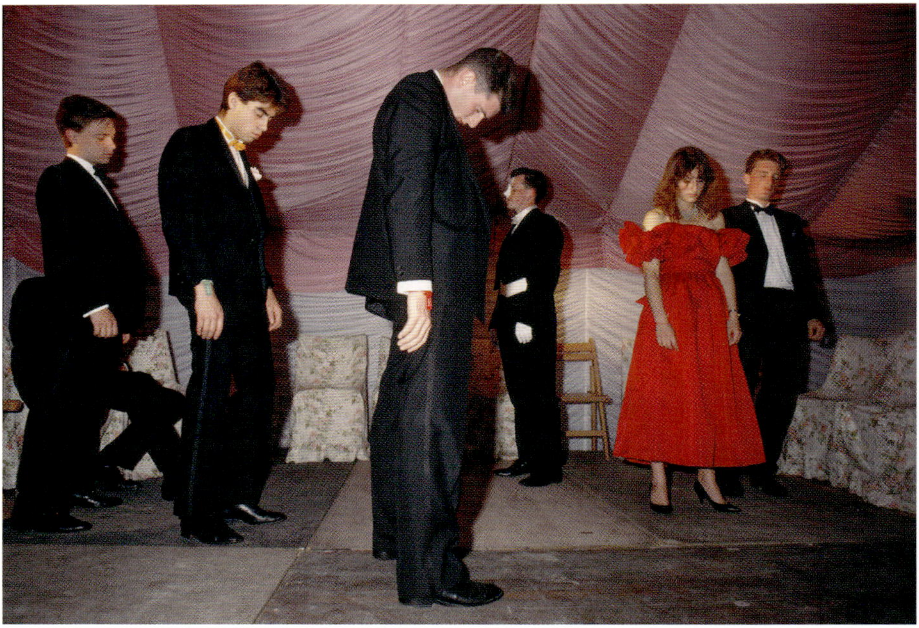

1 Jamás pienses que la fotografía es fácil. Es como la poesía: lo bastante fácil como para escribir algunos versos, pero no lo suficiente como para crear una obra de arte.

2 Estudia fotografía y los éxitos de otros fotógrafos. Aprende de ellos, pero no intentes emularlos.

3 Fotografía lo que realmente te importe, no lo que te sientas obligado a fotografiar.

4 Haz las fotos como creas que están bien, no como creas que tienes que hacerlo.

5 Acepta las críticas, pueden ser muy útiles, pero sigue los valores que consideres fundamentales.

6 Haz fotos, infinidad de ellas. Deprímete con ellas, haz más. Pule tu técnica, sal al mundo e interactúa.

El galardonado fotoperiodista y fotógrafo documental Chris Steele-Perkins, miembro de Magnum Photos desde 1979, ofrece este valioso consejo a todos los que aspiran a ser fotógrafos.

Pase lo que pase, lleva siempre la cámara encima

Lara Jo Regan *Escolares, Los Ángeles, California*, 1993

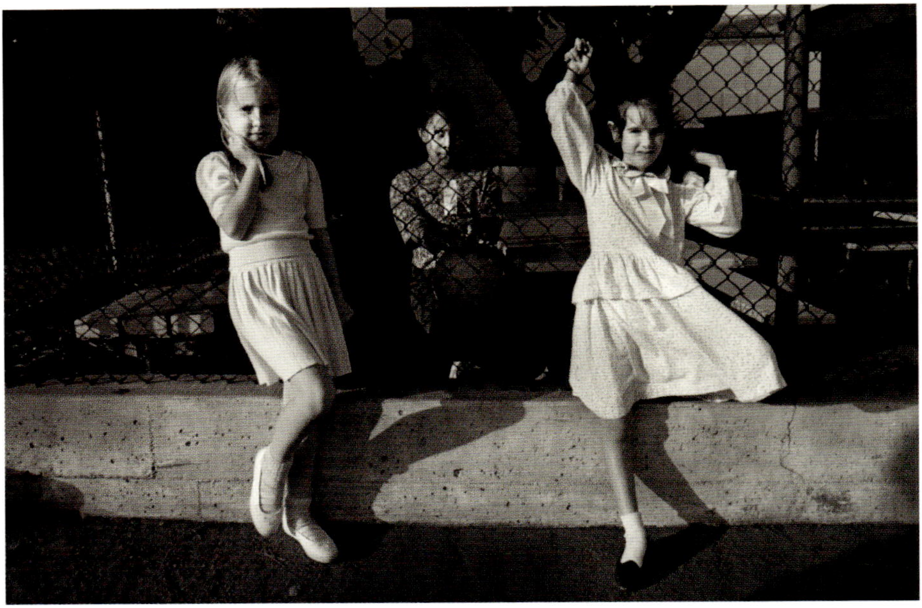

El trabajo de Lara Jo Regan combina la estética pictórica y la observación sociológica. Ha dirigido su cámara a un sinfín de temas, desde un documental de larga duración que realizó en el sur de California hasta a su perrito, Mr. Winkle, que se convirtió en una de las primeras sensaciones virales de internet y adquirió fama internacional después de que la fotógrafa realizara una serie de ingeniosas fotos del perro en situaciones cómicas.

"Si quieres convertirte en un verdadero fotógrafo callejero, lleva siempre la cámara encima, aunque no estés de humor o no te pegue con la ropa. Las situaciones más asombrosas se presentan en los momentos más inesperados e inoportunos. Y, cuando ocurra, haz lo que sea para documentarlas, sin importar lo cansado, tímido, vago o preocupado que estés en ese momento. Si vas conduciendo cuando ves algo que llama tu atención, aparca y sal del coche con tu equipo. A menos que resuelvas los misterios de la física cuántica, no podrás retroceder en el tiempo para tener una segunda oportunidad que te deje capturar lo que viste. Lo que diferencia a la fotografía de cualquier otra forma de arte es esta relación con el tiempo, la capacidad mágica de detener un momento para que se pueda compartir con muchas personas. Sigo arrepintiéndome de todos esos momentos sublimes que dejé escapar y ya no puedo recuperar. Ahora solo viven en mi mente, para siempre".

Una imagen siempre debería contener una crítica

Gemma Marmalade *Horticultora*, de la serie "Seed", 1976

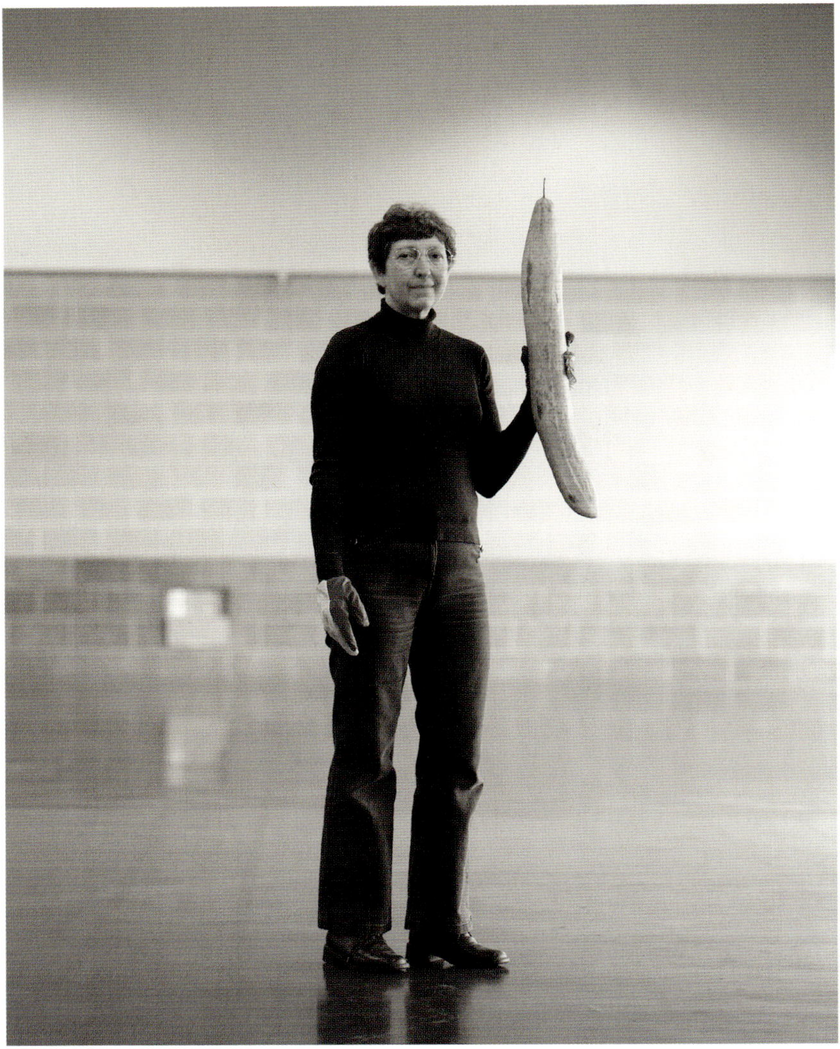

La fotógrafa y educadora Gemma Marmalade habla del valor de la sustancia académica en la producción fotográfica.

"Es importante saber que cualquier imagen se comprende del todo si se tiene en cuenta el lugar que ocupa en la política, la historia, la filosofía y en otras muchas de las influencias culturales que la componen. Igual de acertado es decir que cualquier valor que se le pueda atribuir debería mostrar el compromiso con estos aspectos. Ninguna imagen se forma en el vacío, y la conciencia y la receptividad del fotógrafo a las innegables influencias que rodean el encuadre tienen una relación directa con la eficacia visual. La discusión académica sobre la imagen suele marginarse injustamente porque se considera elitista; en cierto sentido, es como sabotear el proceso creativo inconsciente. Aun así creo que la simbiosis que nace de fusionar el estudio de la investigación académica estratégica con un proceso de creación receptiva es esclarecedor y, en última instancia, satisfactorio. De forma inconsciente, la imagen recibe la influencia de estas autoridades y, a menudo, ofrece la oportunidad de innovar y ser originales. El hecho de estar sentado a hombros de esos gigantes, como sugiere la metáfora, es lo único que impulsa el progreso de vanguardia, visual o del tipo que sea. Teniendo en cuenta la universalidad de la comunicación visual, sobre todo en un mundo saturado de imágenes, el autor tiene la responsabilidad de utilizar su plataforma con un propósito estético y crítico al mismo tiempo".

Registrar la relación

Susan Meiselas *Essex Junction, Vermont, 1973. Lena en el Bally Box*, 1973

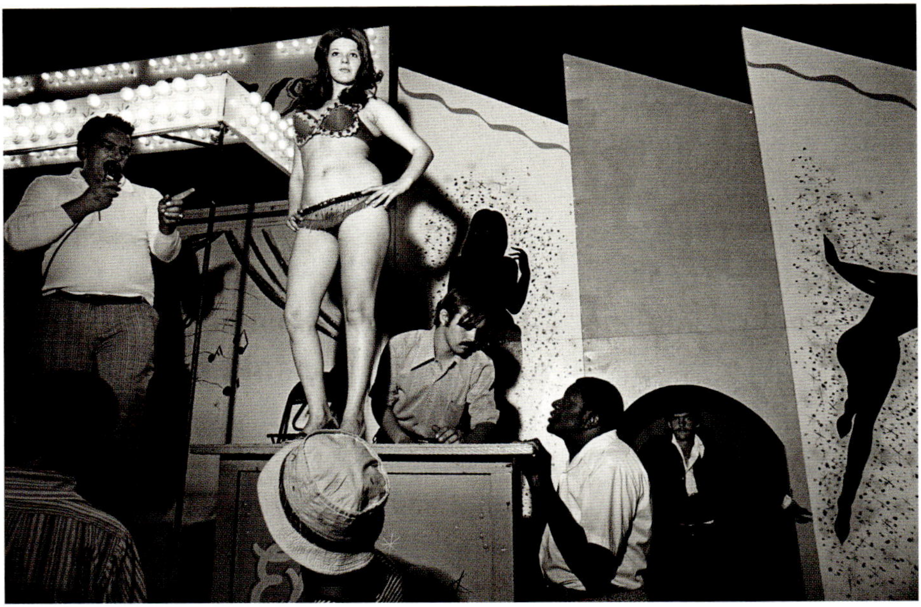

Susan Meiselas es una de las más importantes fotoperiodistas y fotógrafas documentales, con una carrera a sus espaldas de varias décadas cubriendo temas relacionados con los derechos humanos. Desde la serie "Carnival Strippers" que realizó en la década de 1970 hasta su épico proyecto sobre el pueblo kurdo, nunca ha dejado de sentirse fascinada por cómo se relaciona con el mundo, hasta el punto de afirmar que la "cámara es una excusa para estar en sitios a los que no perteneces. Me ofrece un punto de conexión y un punto de separación". Se considera una narradora de historias que se vale de una cámara, pero pretende alcanzar otras formas de evidencia más allá de la visual. Afirma: "Me interesa mucho la fotografía como forma de registrar un encuentro, y me gusta formar parte de una cronología de creadores de imágenes, junto a otros viajeros, como antropólogos, colonos, misioneros o turistas". Debemos plantearnos cómo podemos poner en un contexto más amplio el momento en el que hacemos una fotografía para que revele más sobre la experiencia de estar ahí para los demás.

Escucha a través de tus ojos

Paul Caponigro *Pared de roca, n.º 2*, 1977

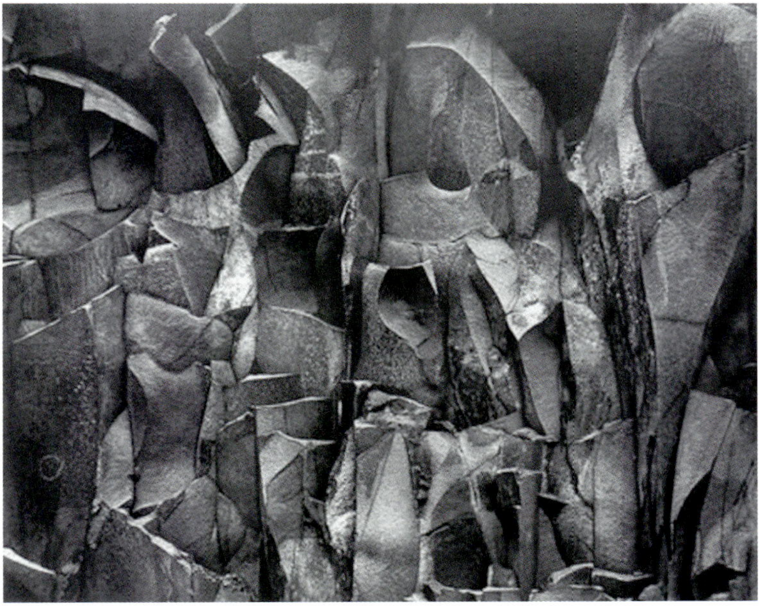

Paul Caponigro consideraba que el impulso creativo radicaba en el deseo de "dar sentido a detalles aleatorios y, a menudo, inconexos". Para él, la fotografía ofrecía una "intersección de tiempo, espacio, luz y actitud emocional". De una forma muy poética, expresaba la relación entre la profesión y la técnica durante el proceso fotográfico y la expresión de las emociones, cuando contaba que él veía los "materiales fotográficos como si fueran un tipo de terreno. Las emulsiones, el revelador, las sales de plata y los fijadores interactúan, y yo construyo un paisaje que primero necesito explorar en mi interior si quiero que se manifieste como una imagen artística en plata". Siguiendo esta premisa, sostenía que si el fotógrafo podía "reconocer de este modo la vida de los materiales" que encontraba a su paso, se abriría ante sí la posibilidad de una conciencia agudizada del mundo que le permitiría "escuchar a través de sus ojos".

Busca un tema que te importe

Mark Power *Scarborough*, de la serie "The Shipping Forecast", 1993

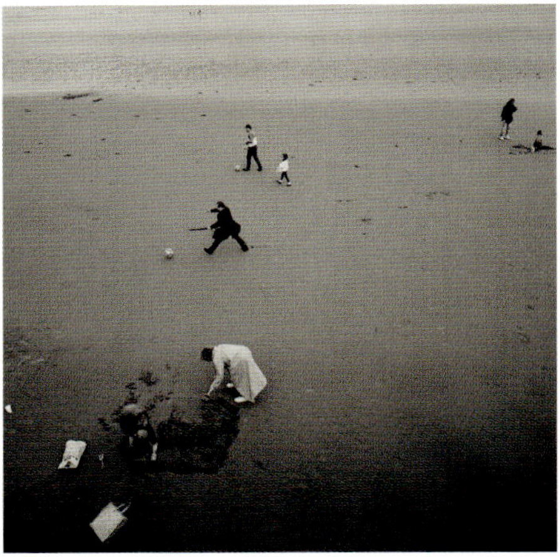

"Si tienes algo que decir y, aún mejor, se te ocurre un modo innovador de hacerlo, las oportunidades están ahí".

Mark Power, fotógrafo de Magnum Photos, cree que, en el competitivo mercado actual, aunque hay más personas que tratan de "ser fotógrafos" que en generaciones anteriores, también hay más oportunidades. Para destacar entre la multitud, ya no es suficiente hacer "buenas fotos"; en la actualidad, "se trata de las ideas y del propósito del trabajo. Si tienes algo que decir y, aún mejor, se te ocurre un modo innovador de hacerlo, las oportunidades están ahí", sostiene. Sobre todo, es necesario que el proyecto nos apasione y que nos comprometamos con él, y por eso anima a los fotógrafos: "Busca temas que te importen, lo que te conmueva. Algo que despierte tus emociones más primitivas. Y ten paciencia".

Just do it

Chloe Dewe Mathews *Mujer bañándose en petróleo en la ciudad balneario de Naftalan*, 2010

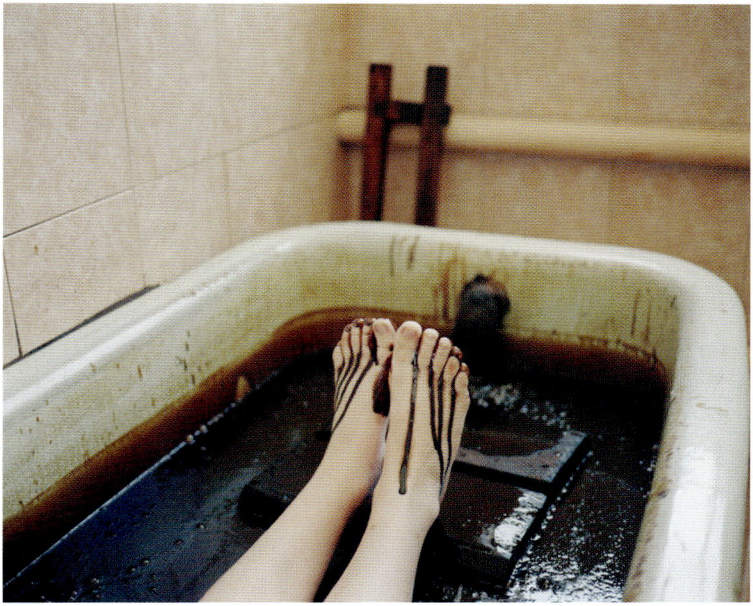

Chloe Dewe Mathews ha trabajado en varios proyectos documentales de larga duración sobre los judíos jasídicos, el mar Caspio y los emplazamientos en los que se ejecutaba a los desertores desde la Primera Guerra Mundial. Su consejo a la hora de empezar un proyecto grande es, sencillamente, que te lances de cabeza. De este modo anima a los fotógrafos: "¡No te lo pienses, hazlo! ¡No dediques semanas y meses a charlar sobre lo que piensas hacer, a preguntarte si es o no buena idea, porque el proyecto evoluciona cuando se trabaja en él". Su motivación procede de querer que el mundo la sorprenda, y aconseja librarse de ideas preconcebidas antes de embarcarse en un proyecto: "Si empiezas con una idea fija, lo más normal es que te pierdas todas las cosas interesantes que ocurren". Debemos comprometernos con un proyecto y empezar a disparar, además de estar abiertos a la serendipia del mundo que nos rodea y a las oportunidades visuales y narrativas que nos ofrece.

Deja la cámara a un lado

Léonie Hampton *Oscuro cristal #1,* de la serie "Mend", 2017

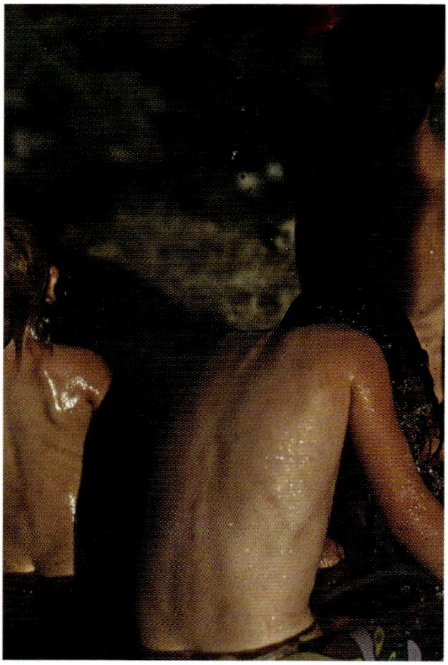

"Recuerda que la fotografía solo es una herramienta para comunicar lo que sientes, lo que ves y lo que quieres decir".

Léonie Hampton ha dedicado más de una década a documentar su relación con su familia, además de los intentos familiares por vaciar la casa de su madre, llenísima de cachivaches. Con una mezcla de fotografía, cine y sonido, *In the Shadow of Things* es un intento de "surcar la marea de emociones que brotaron cuando removimos aquel paisaje de posesiones". Al documentar esta compleja red de relaciones, aprendió a "recordar que la fotografía solo es una herramienta para comunicar lo que sientes, lo que ves y lo que quieres decir". A veces pensaba que podía trabajar con libertad y recoger lo que estaba sucediendo, pero otras simplemente tenía que experimentarlo sin barreras, y entonces se dio cuenta de que, "a veces, es mejor dejar la cámara a un lado, estar presente y conectar más profundamente con lo que tienes delante".

Ríndete a la curiosidad

Eve Arnold *Marilyn Monroe*, 1960

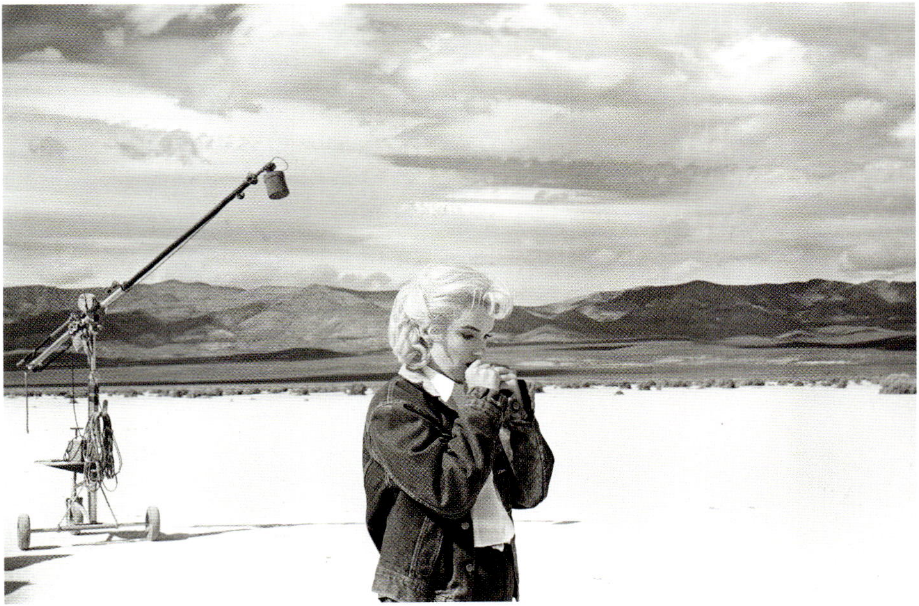

La recomendación de Eve Arnold de que "una curiosidad abrumadora y una buena digestión" eran las cualidades esenciales para ser un buen fotógrafo era engañosamente simple. Para Arnold, "mi pasaporte era mi cámara", y le daba acceso a los momentos más íntimos en la vida tanto de personas normales y corrientes como de famosos. Su amistad con Marilyn Monroe era el epítome de su método de trabajo; para ella, el acto de fotografiar era un intercambio entre un modelo dispuesto a abrirse a la cámara y ella, y describía lo que intentaba hacer como "implicar a la persona que estaba fotografiando. Hacer que se diera cuenta, sin necesidad de decírselo yo, de que ellos decidían lo que estaban dispuestos a darme... Si querían darme algo, yo estaba dispuesta a hacer las fotos". La cámara puede convertirse en una oportunidad para compartir extraordinarios momentos de conexión entre el mundo y nosotros si somos curiosos y sensibles.

Averigua qué quieres hacer

Tina Barney *Reunión familiar con serpiente*, 2007

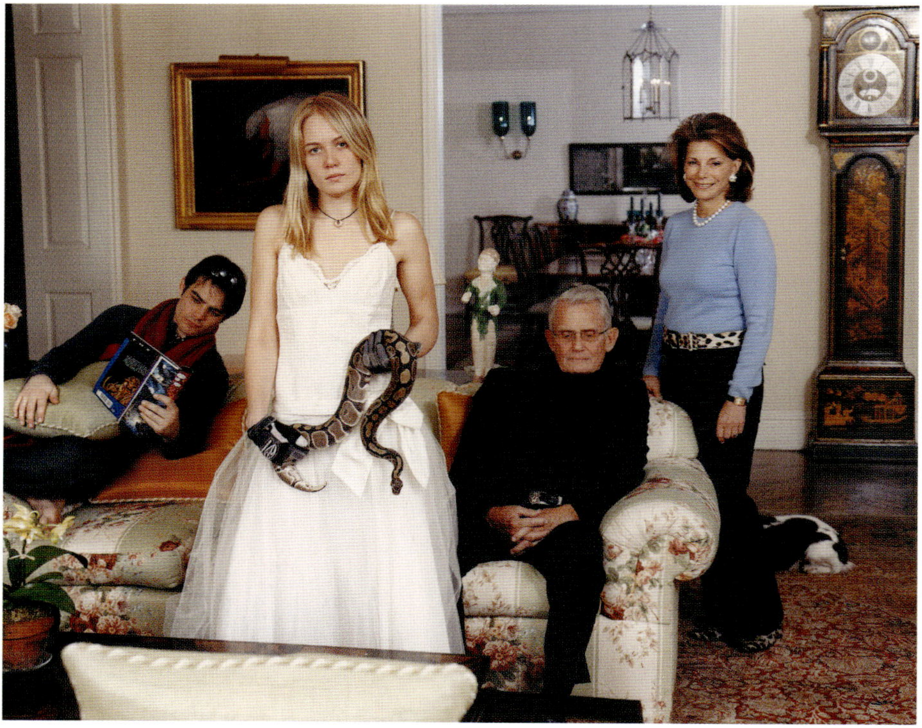

“Ahora sé que, antes de tomar la foto, debo averiguar qué siento por esas personas. Lo que no sé es si debería explicarles lo que estoy haciendo mientras las fotografío”.

Tina Barney lleva décadas plasmando la crónica fotográfica de la vida de los ciudadanos ricos de Nueva Inglaterra y Nueva York, construyendo un retrato coral de esas familias, en algunos casos a lo largo de varias generaciones. Su cámara de gran formato le permite capturar el entorno con un alto grado de detalle, además de proporcionarle una formalidad a la estética de la imagen con tonos pictóricos. Mantiene que es esencial tener un enfoque propio, preguntarte cuál debe ser el punto de partida para las interacciones con el mundo, y recomienda sentarse con “lápiz y papel a pensar en cómo es tu vida. Lo que quieres. No hace falta que tengas la cámara en las manos para decidirlo”. Esto, a su vez, nos muestra cómo nos relacionamos con la gente y las escenas que fotografiamos, aunque mantengamos ocultos nuestros sentimientos. Barney confiesa, además: “Ahora sé que, antes de tomar la foto, debo averiguar qué siento por esas personas. Lo que no sé es si debería explicarles lo que estoy haciendo mientras las fotografío”. Por tanto, mucho antes de ponernos a hacer fotos, es necesario que decidamos qué nos interesa y qué nos motiva e impulsa.

Las fotografías esconden misterios

Diane Arbus La fotógrafa Diane Arbus posa para un inusual retrato en el autoservicio de la Sexta Avenida, Nueva York, c. 1968 (fotografía de Roz Kelly)

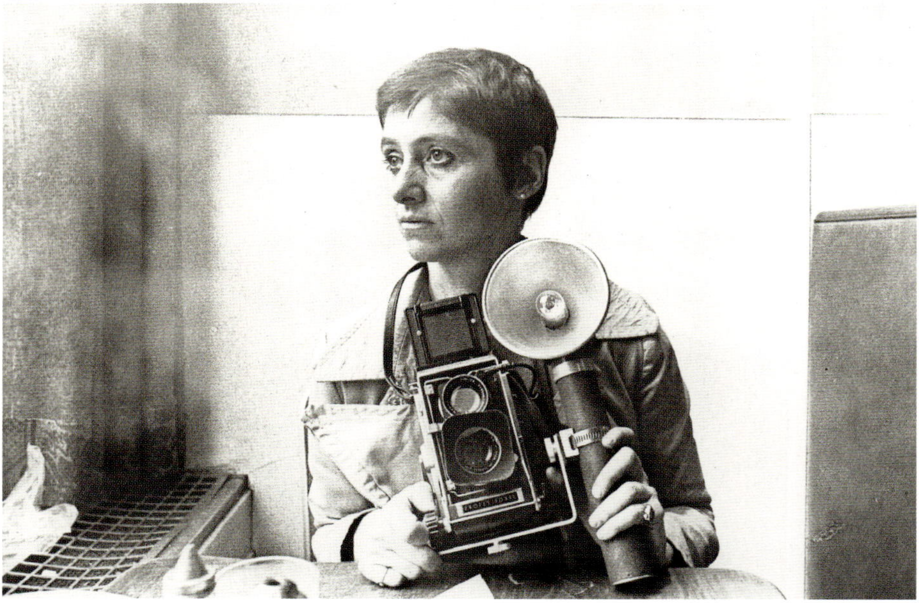

Diane Arbus, una de las fotógrafas más influyentes de todos los tiempos, tenía la capacidad de penetrar en la compleja vida de los demás, sobre todo en la de los más marginados de la sociedad. Para ella, su cámara era el pasaporte que le permitía acceder a lugares que de otro modo no habría visto. En sus propias palabras: "Si solo fuera curiosa, me resultaría muy difícil decirle a alguien: 'Quiero ir a tu casa y que me cuentes la historia de tu vida', porque me responderían: 'Estás loca'. Además, se mostrarían cautos. Pero la cámara te da una especie de licencia". Cuando la persona accedía, era capaz de hacer complejos estudios de carácter que merece la pena ver una y otra vez, provocando al espectador para que imagine aquello que la imagen sugiere, pero no dice. Como ella misma afirmaba con acierto: "La fotografía es un secreto sobre un secreto; cuanto más cuenta, menos sabes". Con frecuencia, el medio quiere decirnos algo, pero no todo, sobre un sujeto o tema, así que deja espacio para que el espectador supla la información que falta con su imaginación.

Trabaja sin ideas preconcebidas

Jocelyn Bain Hogg *Millie y la señora Ansell, residencia para mayores Bon Accord, Hove*, 1983

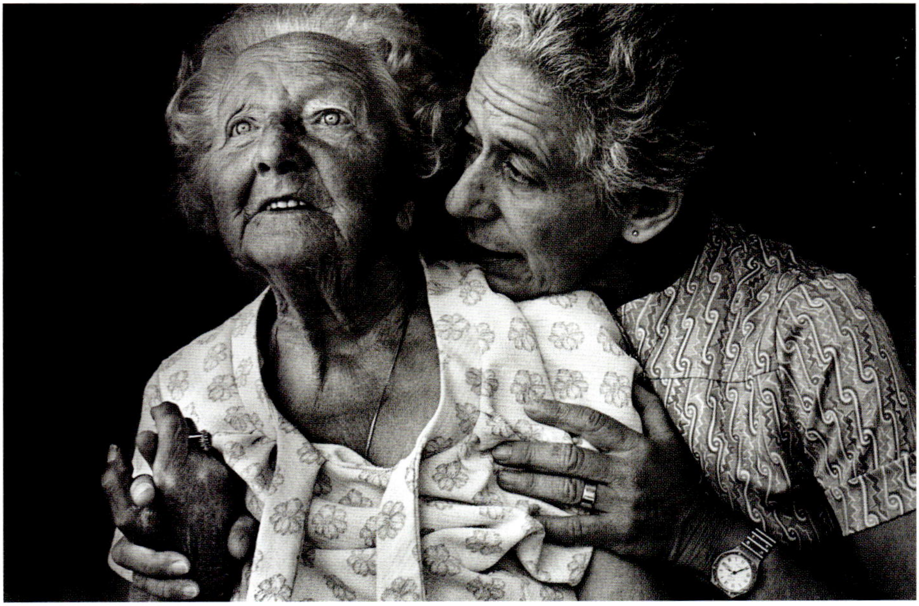

Jocelyn Bain Hogg ha trabajado con personas de todas las profesiones y condiciones sociales, desde la élite de la alta sociedad y la cultura de los famosos hasta los maleantes del East End. A la hora de trabajar con personas de diferentes rangos sociales y políticos, se rige por el principio de mantener siempre la mente abierta y "tratar a todas las personas que fotografía sin juzgarlas, dignificando así su humanidad, y trabajar en todos los proyectos sin ideas preconcebidas". Y pregunta: "Porque, ¿qué derecho tenemos a asumir nada? En cuanto lo hacemos, cambia el paradigma y se esfuma cualquier intento de veracidad documental". Todos somos seres humanos y tenemos nuestras propias opiniones e influencias, pero para Bain Hogg es imprescindible acercarse a las personas sin prejuicios y dispuesto a trabajar según sus condiciones.

Lee más

Tod Papageorge *Central Park*, 1979

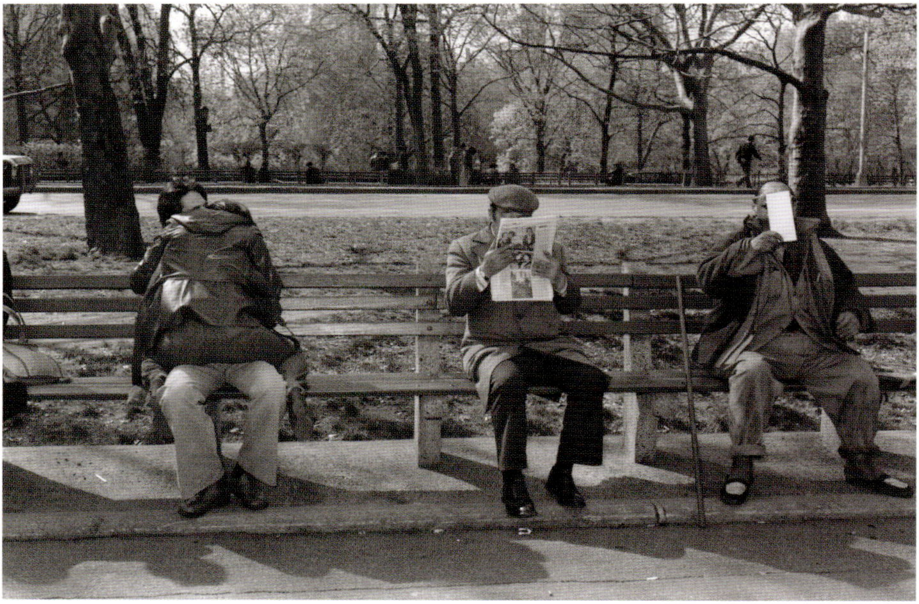

Tod Papageorge es uno de los fotógrafos y educadores estadounidenses más importantes. Durante años fue el influyente director del departamento de fotografía de la Yale University School of Art. Su reelaboración de la máxima de Robert Capa es una llamada de atención a todos los fotógrafos para que se cuestionen su trabajo. Este fotógrafo ha identificado paralelismos entre la escritura y la fotografía, y se cuestiona la aparente veracidad de esta última, a la que describe como "medio para la creación de ficción". Desde su punto de vista como especialista en literatura inglesa, "veía en la fotografía una manera de hacer poesía sin la terrible agonía de buscar las palabras; albergaba la falsa ilusión de que la fotografía sería más fácil y jamás se me ocurrió pensar que fuera tanto o más difícil que la poesía". Su consejo es que nos enfrentemos a la fotografía como si fuera un texto y nos preguntemos: "Si lees una foto como si fuera un cuento, ¿qué relación tiene con el mundo que nos rodea?". Si nos planteamos cómo actúan la poesía y la literatura como versiones imaginadas de la verdad, podremos liberar nuestro trabajo de su tono literal.

No es tu historia

Edmond Terakopian *Mujer rezando en una iglesia de Gyumri por las almas de los muertos en el terremoto en Armenia*, 1988

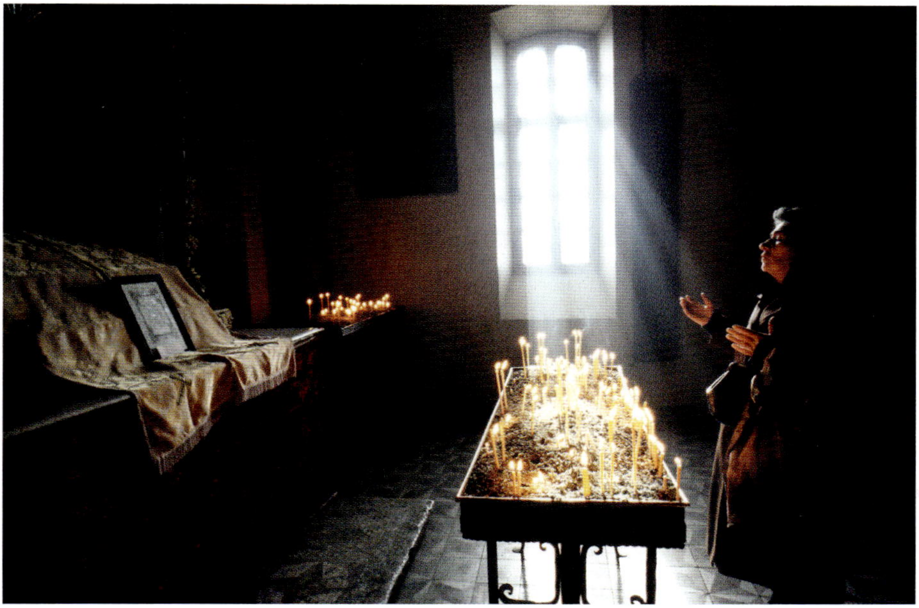

El premiado fotoperiodista Edmond Terakopian nos recuerda que, cuando se documenta la vida de otras personas, sobre todo en situaciones de especial aflicción, "no es tu historia, sino la del sujeto. No lo olvides nunca". En su opinión, debemos conservar un lugar para el respeto en nuestro interior: "Tienes que crearte una coraza para hacer el trabajo, aunque quizá sea más preciso describirlo como 'concentración'. No puedes distraerte. Estás ahí por una razón: contar la historia, compartir con el mundo lo que está sucediendo". También cree que debe crear esa conexión con las personas. "La sinceridad y la franqueza inspiran respeto, lo que a su vez brinda oportunidades. Solo así soy capaz de encontrar esos pequeños e inusuales momentos y acontecimientos que aportan carácter a una historia". El mantra sobre el método que él sigue al fotografiar deberían cumplirlo todos los reporteros gráficos: "La humanidad es la base de cualquier imagen. Después está el aspecto periodístico y, por último, la fotografía".

No te rindas nunca

Swarat Ghosh *Conductor de* rickshaw *intentando arreglar su* minirickshaw *en la ciudad vieja de Hyderabad, la India*, 2019

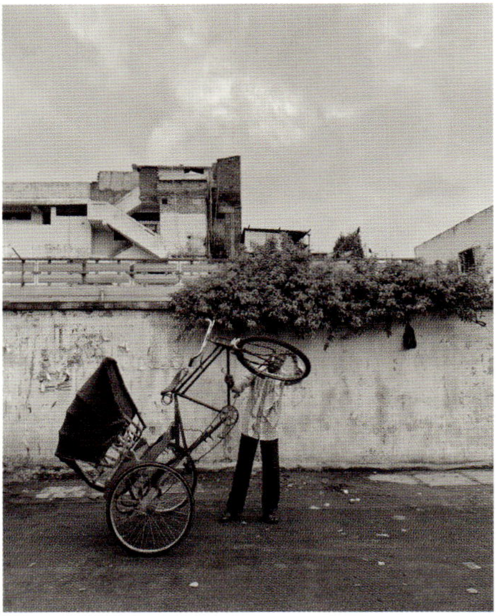

"[...] mantente siempre de puntillas, ya que la suerte o Dios podrían regalarte una sorpresita en cualquier momento".

El fotógrafo callejero indio Swarat Ghosh cree a pies juntillas en la virtud de la paciencia al tomar fotografías, ya que de repente una situación poco prometedora visualmente puede transformarse por un cambio de luz o de la geometría de las figuras que circulan por el interior del encuadre. Explica: "A diario, las calles nos brindan nuevos desafíos y tienes que saber reaccionar". Como él mismo afirma, nunca hay que dar por perdida una escena, sino "mantenerte siempre de puntillas, ya que la suerte o Dios podrían regalarte una sorpresita en cualquier momento". Para él, en las buenas fotografías de calle, "todo tiene que ver con el momento oportuno y la observación", de modo que hay que perseverar y centrarse en todos esos detalles y momentos insignificantes que pueden transformar una fotografía normal y corriente en una obra maestra.

Averigua quién eres

Bénédicte Kurzen

"Pregúntate: '¿Qué clase de fotógrafo soy?' Como ya nos dijo Henri Cartier-Bresson, la magia de la fotografía consiste en crear una línea recta entre tu corazón, tu cerebro y tus ojos. Descubrir qué parte del triángulo alimenta a los demás y nuestra alquimia única para combinar esos elementos definirá el tipo de fotógrafo que somos. Todos tenemos algo que nos sirve como detonante, la chispa que abre la caja de Pandora de nuestras obsesiones y nuestra curiosidad, y convierte nuestra cámara en una extensión de nuestra voz interior. Algunos fotógrafos lo verán como un estímulo intelectual; para otros, la fotografía será un viaje emocional o, incluso, pura exploración visual".

Bénédicte Kurzen es una fotoperiodista y fotógrafa documental francesa conocida por su trabajo que evidencia los conflictos y los cambios socioeconómicos que se producen en África. En 2019 ganó el premio World Press Photo por su proyecto *Land of Ibeji* en colaboración con la también fotógrafa de la Fundación NOOR Sanne De Wilde.

Implícate en el tema

Daniel Meadows *Madre de acogida con sus hijos*, 1972

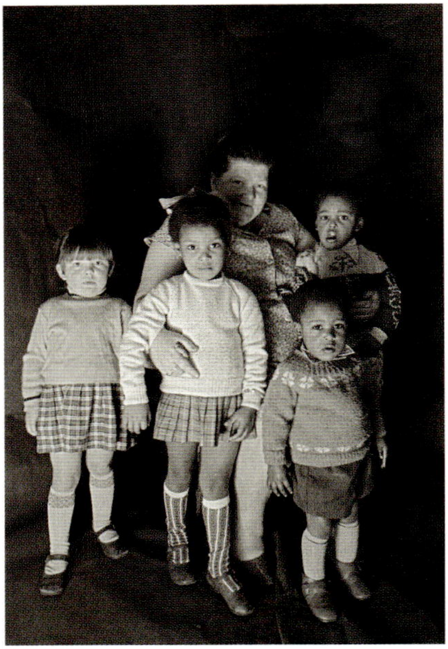

"Nada debe ser más importante que tu trabajo. Trabaja solo y sé disciplinado".

Daniel Meadows ha cultivado una carrera fotográfica excepcionalmente larga y a menudo retoma temas y personas que ya fotografió en la década de 1970 para ver qué aspecto presentan en la actualidad. Mantiene que es fundamental comprometerse e implicarse totalmente en un proyecto y sugiere que "vivas cerca, todo lo cerca que puedas permitirte. Nada debe ser más importante que tu trabajo. Trabaja solo y sé disciplinado. Hazlo durante, al menos, ocho horas al día, tan bien como puedas". Y añade un comentario escueto, aunque probablemente realista, para cerrar: "No esperes que nadie se interese por lo que has hecho hasta que pasen, al menos, veinte años".

Sé constante

Dorothy Bohm *París*, 1953

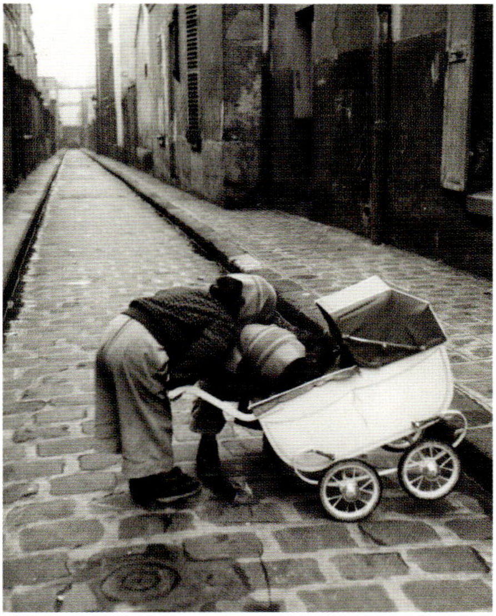

"He intentado crear orden dentro del caos, encontrar la estabilidad en el cambio constante y belleza en los lugares más insólitos".

Dorothy Bohm lleva produciendo fotografías desde la década de 1940 y se la considera una de las decanas de la fotografía británica. Para ella, el secreto de su longevidad es la perseverancia, y sostiene que "para un fotógrafo, lo más importante es hacer buenos trabajos de forma regular... Cualquiera puede tomar una buena fotografía, el problema es conseguir siempre buenas fotografías". Su tenacidad surge de un deseo profundamente arraigado de preservar las huellas del mundo que la rodea, ya que, como ella misma explica, "la fotografía colma mi profunda necesidad de impedir que las cosas desaparezcan. Hace que la fugacidad sea menos dolorosa y retenga un poco de esa magia especial que he buscado y encontrado. He intentado crear orden dentro del caos, encontrar la estabilidad en el cambio constante y belleza en los lugares más insólitos". Debemos encontrar algo que nos motive para salir a hacer fotos cada día. Como ocurre con muchas cosas en la vida, la constancia es lo más importante.

Investiga para probar tus hipótesis

Tomas van Houtryve *Toma de una boda desde un dron*, 2013

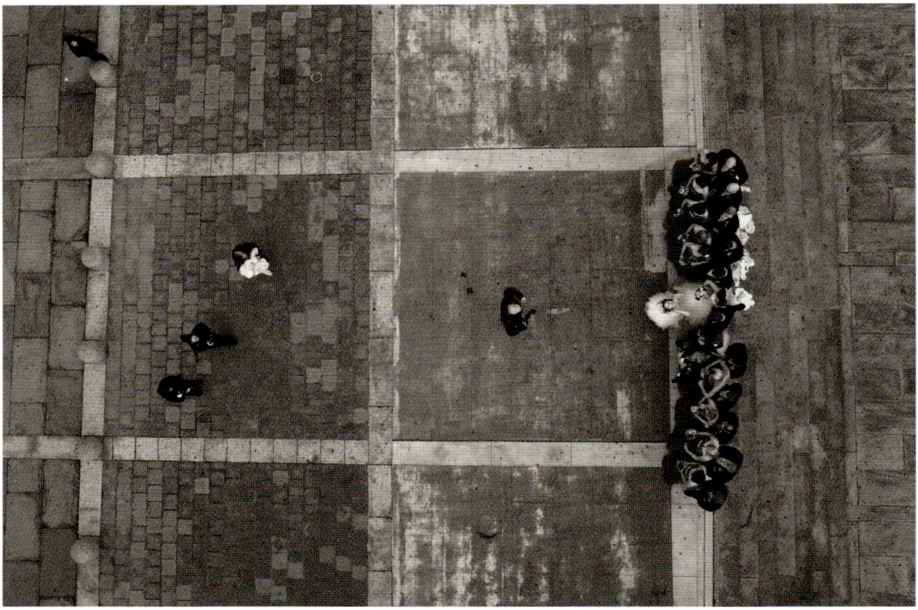

1 Busca un tema que despierte tu curiosidad, algo que te haga preguntar cosas interesantes.
2 Averigua todo lo que puedas mediante un trabajo de investigación, entrevistas, observación y experiencia.
3 Dedica tiempo a cuestionarte todas las ideas preconcebidas que puedas tener sobre el tema o los diversos rumbos que encuentres en tu trabajo de investigación. ¿Soportan tu comprobación?
4 Elige un enfoque fotográfico que favorezca tus habilidades de observación y que realmente transmita esos análisis a través de tus fotografías.

El trabajo de Tomas van Houtryve pretende mostrar ciertos temas que suelen ser invisibles a nuestros ojos. Para ello, explora temáticas como la identidad, la ideología, la memoria, las fronteras, la vigilancia y la relación entre el individuo y el Estado. Comenta que él comienza muchos de sus proyectos de este modo: "Siento una tremenda curiosidad sobre un tema, y, en ocasiones, me obsesiono por entenderlo, documentarlo y mostrarlo". El listado anterior contiene las reglas que sigue para desarrollar sus ideas.

Inténtalo todo

Alec Soth *Vasa, Minnesota*, 2002

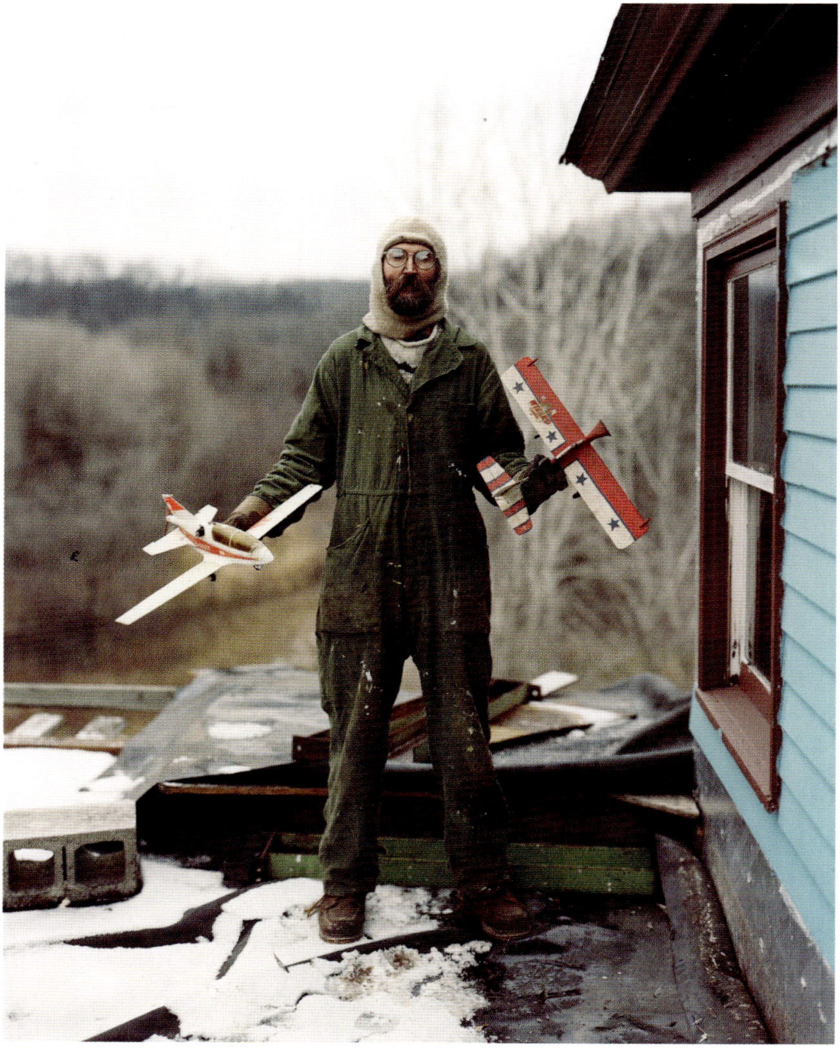

"Divertirse es importante. Deberían gustarte tanto el proceso como el tema. Si te aburres o no te hace feliz, se verá en tus fotografías".

En fotografía, es muy fácil atascarse y acabar estableciendo nuestra propia forma de hacer las cosas. Con frecuencia, los fotógrafos se limitan a un género porque no se toman el tiempo necesario para explorar otras posibilidades. Si queremos liberarnos de esta camisa de fuerza visual, podemos seguir el consejo de Alec Soth: "Inténtalo todo. El fotoperiodismo, la moda, el retrato, los desnudos, lo que sea. No sabrás qué tipo de fotógrafo eres hasta que no lo intentes". Cuando empezó su carrera artística, Soth trabajó en un estudio con esculturas, haciendo fotografía de producto, y en una cadena de periódicos de barrio, donde se dio cuenta de que realmente le gustaba que le encargaran fotografías. Va más allá al afirmar: "Divertirse es importante. Deberían gustarte tanto el proceso como el tema. Si te aburres o no te hace feliz, se verá en tus fotografías". Te recomendamos que, de vez en cuando, pares un momento y pienses en qué estás haciendo. Después, oblígate a entrar en terreno desconocido. Tal vez descubras una forma nueva de hacer fotos con la que te identifiques más.

Reconoce tu personalidad

Bruce Davidson *El enano. Jimmy Armstrong. Palisades, Nueva Jersey*, 1958

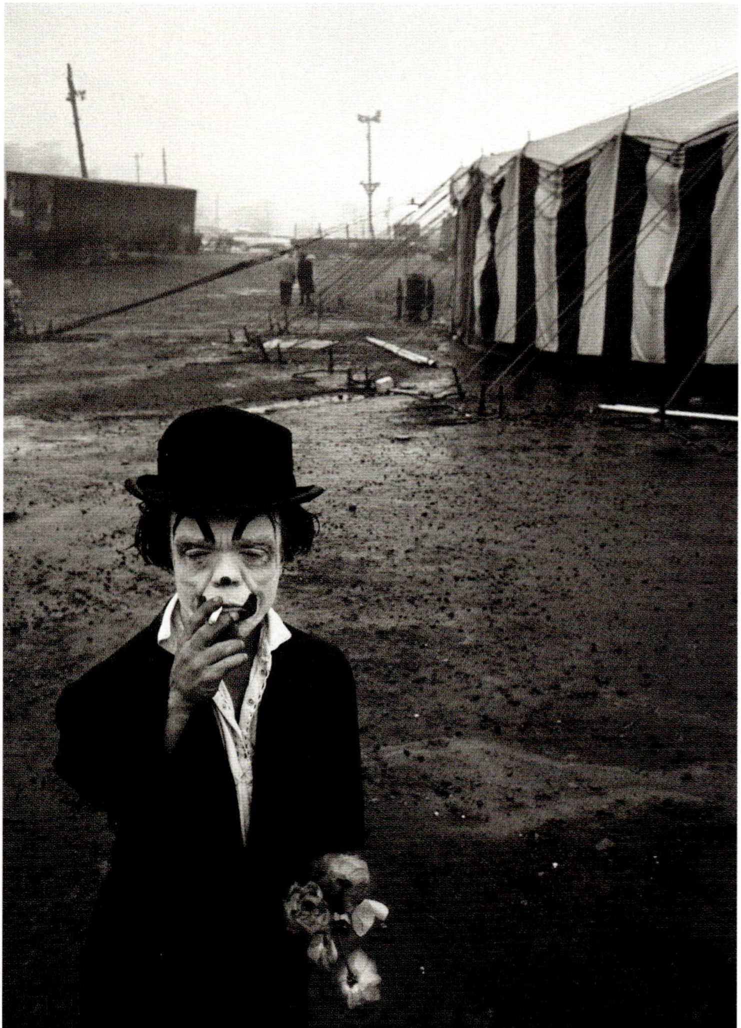

“Todas mis fotografías son retratos, autorretratos, porque no puedes fotografiar a alguien sin que haya un reflejo, un eco, como un murciélago que envía una señal que vuelve a ti. De este modo, no solo consigues una imagen de la persona a la que fotografías, sino, a la vez, una imagen de ti”.

Bruce Davidson ha reunido un amplísimo catálogo de imágenes en diversos proyectos de larga duración, trabajando con comunidades marginales. En su opinión, la atracción que siente por esos temas se debe a una pulsión interna, y explica que se siente como “un forastero por dentro. Se me da mejor ver el lado oscuro de las cosas que el bueno”. Es muy consciente de que, como cualquier fotógrafo, sus inquietudes y puntos de vista se reflejan en su trabajo, y sostiene que “todas mis fotografías son retratos, autorretratos, porque no puedes fotografiar a alguien sin que haya un reflejo, un eco, como un murciélago que envía una señal que vuelve a ti. De este modo, no solo consigues una imagen de la persona a la que fotografías, sino, a la vez, una imagen de ti”. Debemos reconocer y ser conscientes de nuestra personalidad y de cómo influye en los temas que elegimos: no somos observadores neutrales.

Piensa como un *amateur*

Donald Weber *Omaha Beach, Dog Green – 6 de mayo, 2015, 9:57 de la mañana. 14 °C, 62 % humedad relativa. Viento oeste suroeste, 19 nudos. Visibilidad: buena. Nubes dispersas*

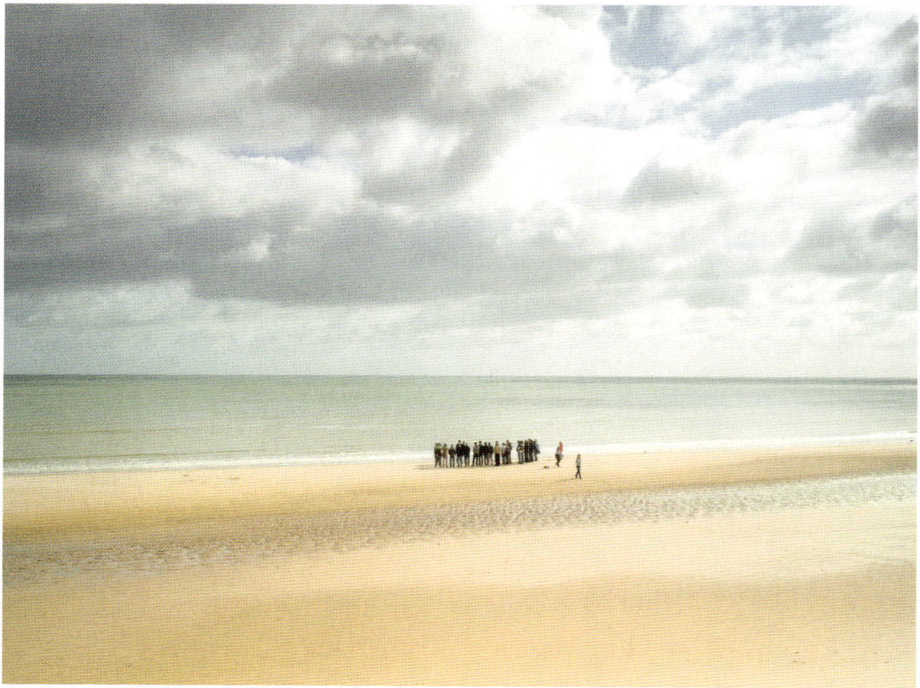

"Piensa como un aficionado y adéntrate en el terreno de lo profesional. *Amateur* es eso, hacer algo que amas. Tiene que quedar clarísimo. Olvídate del reconocimiento al que la industria necesita desesperadamente que te amoldes. En vez de eso, diseña tu espacio en tu propia imagen. No confundamos *amateur* con aficionado o poco profesional. No, un *amateur* es quien disfruta, quien ama lo que hace. Puede que la mejor manera de hacer que te sientas como un *amateur* sea buscar el origen etimológico del término. *Amator* es 'amante' en latín. ¿No quieres hacer algo que ames de verdad, que te llene, que tenga un significado para ti? Para mí, abre un mundo de posibilidades. Puedo saltar de una disciplina a otra y colaborar con los demás; puedo trabajar con instituciones y poner a prueba su poder; la libertad de trabajar librándome del encorsetamiento de las reglas me abre nuevas puertas a un futuro que jamás habría podido imaginar. Haz lo que amas. Otros querrán participar y nacerán nuevas oportunidades".

Donald Weber es uno de los fotógrafos documentales más intuitivos e intelectuales de la actualidad. Nos anima a buscar el valor de lo que hacemos y nos advierte de que no nos convirtamos en esclavos de la aprobación externa.

Quédate cerca de casa

Annie Leibovitz Annie Leibovitz y Mick Jagger posan en las cataratas del Niágara durante la gira Rolling Stones Tour of the Americas, 1975 (fotografía de Christopher Simon Sykes)

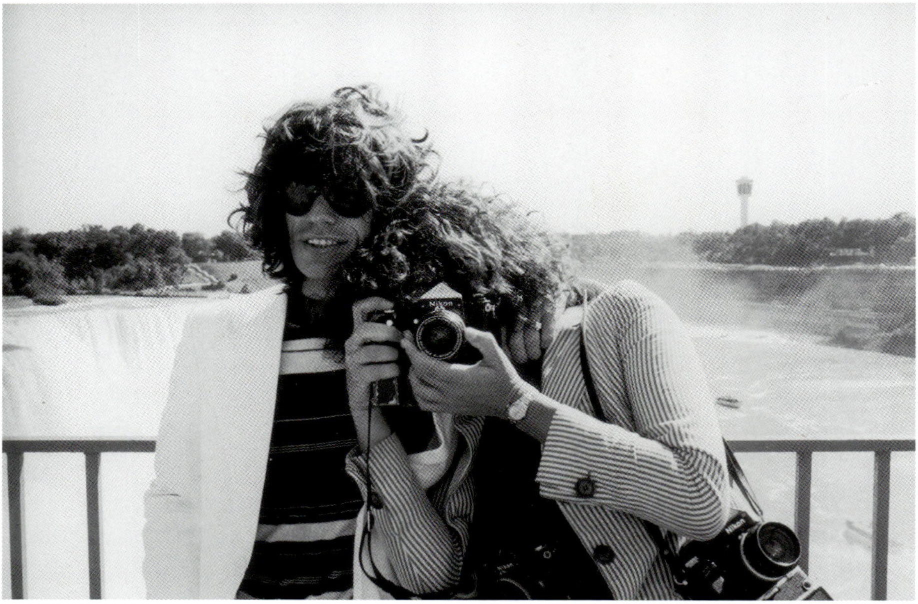

Annie Leibovitz ha fotografiado a cientos de famosos de todo el mundo, aunque defiende que fotografiar algo que conoces es un paso esencial en la formación de cualquier fotógrafo. Lo explica afirmando: "He dicho muchas veces que lo mejor que puede hacer un joven fotógrafo es quedarse cerca de casa. Empezar por los amigos y la familia, las personas que aguantarán lo que les hagas". Esa proximidad con el modelo nos permite explorar qué es trabajar codo con codo con personas, y "descubrir lo que significa la cercanía en tu trabajo, la intimidad con el sujeto". Podemos compensar esta experiencia trabajando con desconocidos y "ver la diferencia entre lo primero y fotografiar a alguien a quien apenas conoces". Algunos de los catálogos fotográficos más potentes proceden de la documentación realizada entre los familiares y amigos más cercanos, ya que es difícil obtener una implicación tan grande de desconocidos.

Conecta

Martin Parr *Autorretrato*, 1997

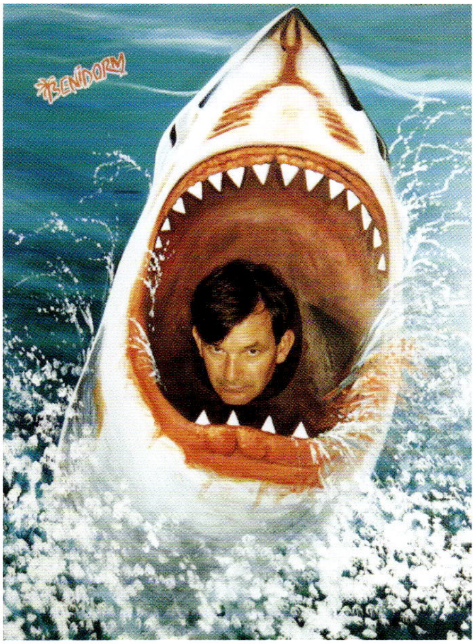

"Si te emociona, te sentirás motivado para ponerte y harás un buen trabajo. Esa emoción tiene el potencial para llegar al espectador".

Martin Parr lleva décadas documentando y criticando de forma obsesiva el colorista mundo de la cultura de consumo, y ha sabido mantener el interés en el tema a través de muchos y variados proyectos en los que plasma su característico enfoque visual. En toda su producción, Parr muestra que "la clave está en la conexión que entablas con la persona. Y siempre debería haber alguna historia detrás, algún tipo de tensión o vulnerabilidad. Entonces surgen los buenos trabajos". Una vez encontrada esa conexión, tiene que salir la pasión por mostrar, tal como sugiere Parr: "Si te emociona, te sentirás motivado para ponerte y harás un buen trabajo. Esa emoción tiene el potencial para llegar al espectador". Esa combinación de entusiasmo por el tema expresado en forma de honda conexión con él es la fórmula para conseguir un trabajo potente con el que el público conectará.

Enamórate

Ruth Bernhard *Marea en retroceso*, 1970

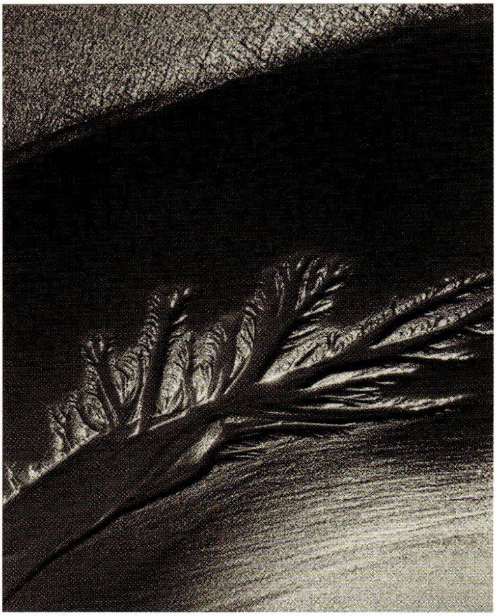

"Enamórate. Cada día. De todo. De la vida. Si puedes enamorarte, puedes ser fotógrafo. Creo que es esencial".

Para Ruth Bernhard, la "creación de una fotografía es una reacción emocional aumentada más cercana a la poesía y la música, como si cada imagen fuera la culminación de un poderoso impulso al que no puedo negarme". Sus imágenes poseen una enorme carga psicológica, intensificada por un sentido de la espiritualidad y, en ocasiones, del surrealismo. Opinaba que es fundamental entablar una conexión personal fuerte con el tema, y nos instaba: "Enamórate. Cada día. De todo. De la vida. Si puedes enamorarte, puedes ser fotógrafo. Creo que es esencial". Hay que buscar lo que nos apasione y establecer una profunda conexión con el tema para dotar a nuestro trabajo de una íntima carga emocional.

Juega

Laura Pannack *Joven sin edad y vida sin muerte*, 2018

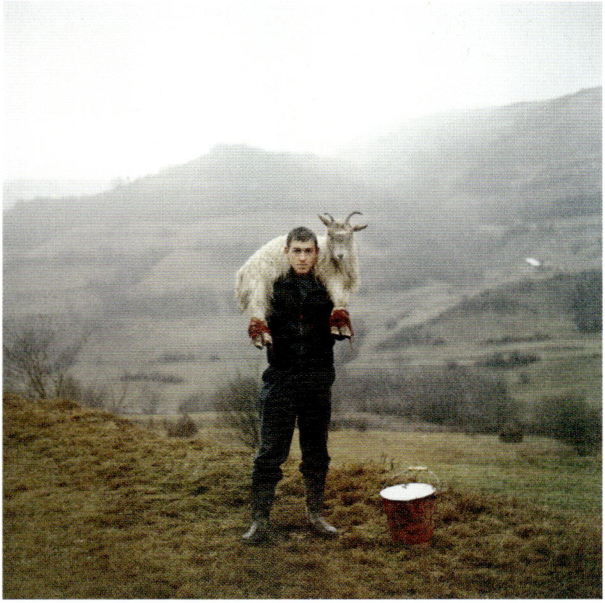

Laura Pannack es conocida por la gran intensidad emocional y psicológica que muestra en sus retratos, su portentosa capacidad de conectar profundamente con sus modelos. Para ella, una imagen buena y sugerente es "aquella que provoca emoción y promueve el vínculo. Me gusta la idea de que exista una especie de hilo conector que va del modelo al fotógrafo, y de este al espectador, que fluye sin esfuerzo para unirlos a los tres". Parte de esta conexión proviene de estar tiempo con las personas, pero otra parte se debe a la inmediatez del encuentro con el sujeto, tal como dice ella al describir su enfoque: "Me gusta pasar un día con mis modelos. Tengo ideas sobre cómo quiero que sea la imagen, pero no me gusta planificar. La espontaneidad es crucial. De eso se trata el retrato". Su filosofía fotográfica se resume así: "Diviértete, tómate tu tiempo y juega". Sigamos su consejo y permitámonos libertad de movimientos para experimentar y explorar el tema sin obstáculos.

Baja el ritmo

Nolan Ryan Trowe *Calle de Nueva York*, 2017

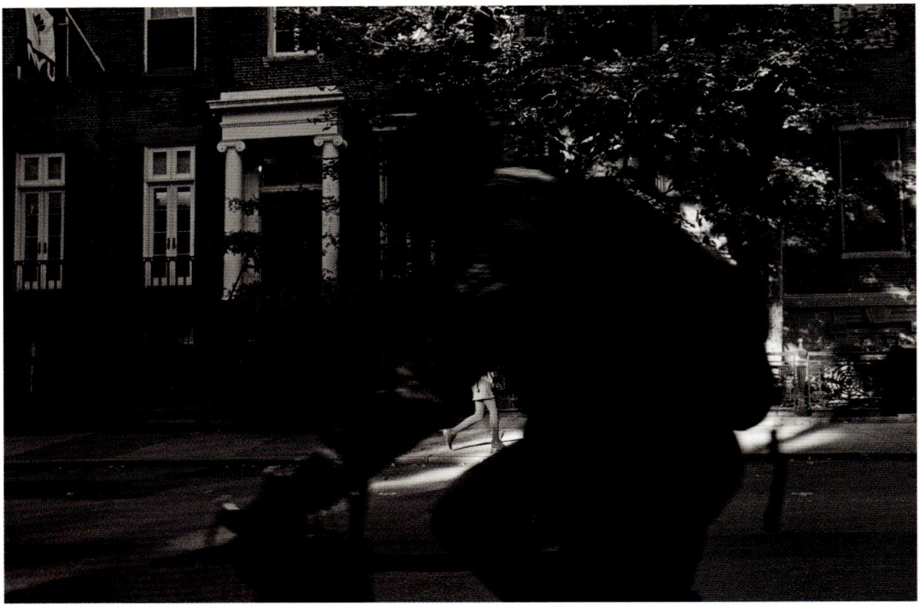

Cuando todo se mueve deprisa a nuestro alrededor, es fácil dejarse llevar por la situación y tomar decisiones aceleradas. Nolan Ryan Trowe opina que bajar un poco el ritmo mentalmente y actuar y pensar de forma más pausada es esencial para obtener imágenes potentes. Explica: "Encontrar el enfoque adecuado no siempre es fácil. Cuando lo hagas, ten paciencia. Puede que tardes un poco en conseguir la toma que buscas. Es mejor que esperes a que llegue que intentarlo con varios encuadres que no sean tan buenos. A veces pueden pasar varios minutos hasta que encajen todas las piezas". Bajar el ritmo y tomar aire nos ayudará a controlar la composición y el tiempo, en vez de ponernos a disparar como locos y cometer un montón de errores. Debemos preguntarnos: "¿Qué es mejor, irnos de aquí con cinco fotos buenas o con quinientas malas?".

La fotografía no es lo mismo que el vídeo

Claudia Hinterseer

“No pienses que lo sabes todo cuando te pases al vídeo”.

Muchos fotógrafos se están pasando al vídeo y a la producción multimedia, ya que, con la nueva generación de cámaras digitales, pueden crearse imágenes en movimiento de alta calidad. Sin embargo, la transición no es tan sencilla como podría parecer. Poner sonido y movimiento a una instantánea añade una nueva profundidad a la narración, lo cual exige otro tipo de habilidades.
Claudia Hinterseer hizo la transición al periodismo multimedia y nos ofrece el siguiente consejo: “No pienses que lo sabes todo cuando te pases al vídeo. Aunque sabes muchas cosas, debes aprender muchas otras: arcos narrativos, escritura, movimiento, edición de vídeo, sonido y todas las posibilidades del nuevo equipo. ¡Eres un novato!”.
Los fotógrafos pueden aportar una visión única y personal al vídeo y Hinterseer recomienda que no dejes a un lado todo ese bagaje: “Aporta tus historias, tu estilo y tu estética”. Hay que saber qué podemos aportar al vídeo para convertirlo en algo original.

Investiga, pero llega a la escena con mente abierta

Maggie Steber *Joven haitiano grita de dolor en el funeral de su madre*, 1987

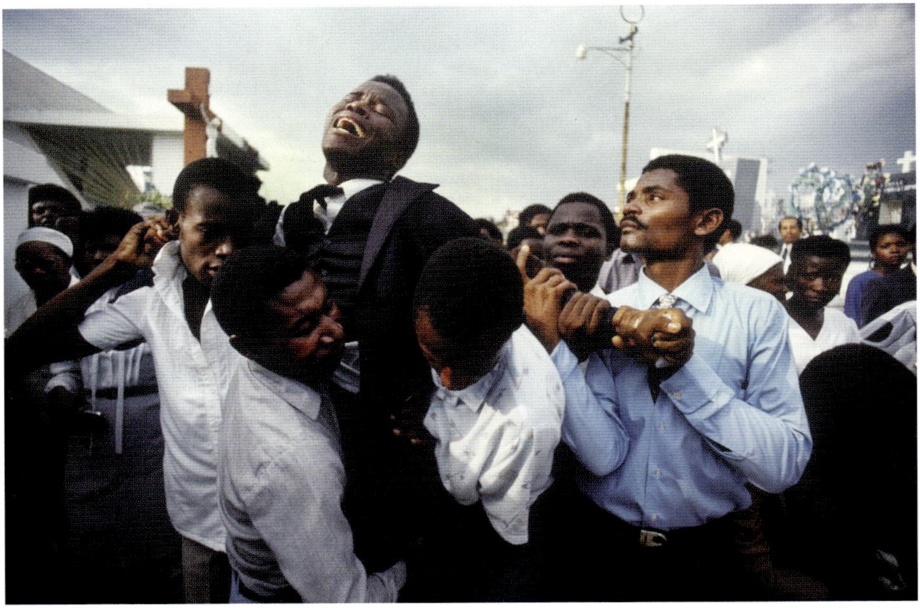

Maggie Steber ha trabajado en más de sesenta y siete países documentando la situación que se vive en comunidades víctimas de conflictos, desigualdad social y miseria. Por ello, nos recomienda cómo debemos prepararnos para una historia, pero siempre tenemos que llegar a la escena con la mente abierta.

“Investiga antes, sobre todo cuando te enfrentas a una cultura o a un país diferente, y después sal ahí como un niño, como si no supieras nada, y aprende de la gente cuyas vidas has ido a contar. Sé una página en blanco y deja que ellos escriban su propia historia, no las suposiciones que nos formamos a partir de unos datos y de lo que hemos oído por ahí. Al final, nunca llegarás a entender por completo la cultura o a las personas en cuyas vidas entras. Lo más importante es cómo tratas a esas personas. Hazlo siempre con respeto. Guárdate el ego en el bolsillo trasero y siéntate encima de él. No se trata de nosotros… ¡jamás! Se trata de ellos… ¡siempre!”.

Piensa como un poeta

Imogen Cunningham *Flor del magnolio*, 1925

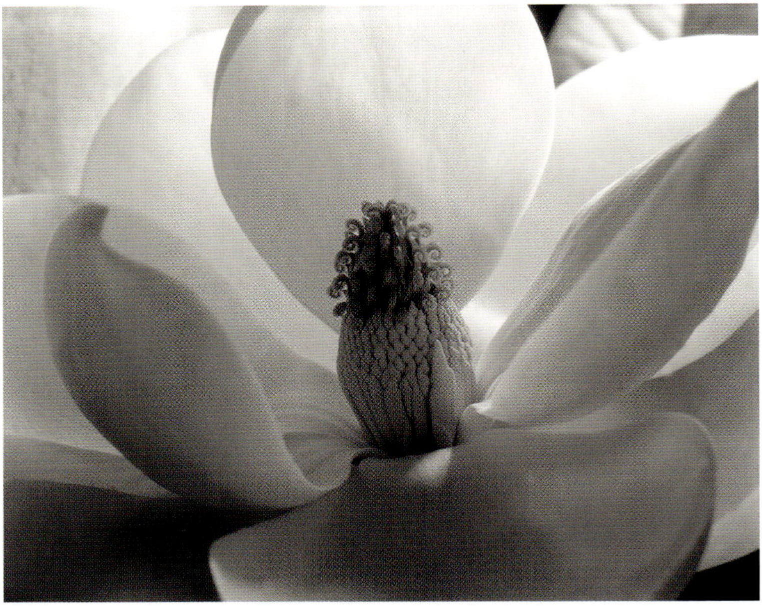

Durante más de setenta y cinco años de carrera, Imogen Cunningham estudió cómo la luz era capaz de dibujar formas para crear imágenes llenas de expresividad, sobre todo de desnudos, flores y plantas. Sus imágenes modernistas son tangibles y densas, destilan plasticidad a través de juegos de luces y sombras, y exhiben detalles en exquisitamente delicadas tonalidades de negro, blanco y gris. Creó fotografías con su propia lógica interna, miniaturas haiku sobre la belleza de la naturaleza. De forma inconsciente, intentaba acceder al lado más literario del medio. Cunningham insistía: "La fórmula para hacer un buen trabajo en fotografía es pensar como un poeta". Sus imágenes exploran también el simbolismo, y sostenía que "el fotógrafo imaginativo siempre sueña y trata de registrar sus fantasías". Las imágenes no tienen que ser representaciones literales del tema: pueden conservar una conexión referencial con el mundo material, y aun así rebosar misterio y metáfora.

Usa la cámara para aprender

Larry Fink *Pat Sabatine cumple ocho años, Pensilvania*, 1977

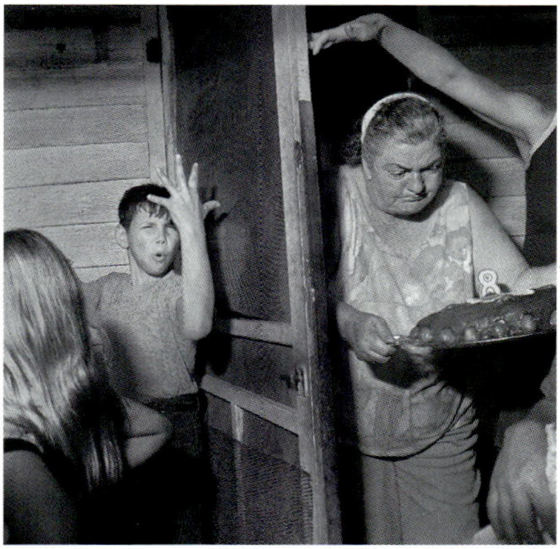

"Las fotografías también enseñan. Es como abrir sendas para los sentimientos, para contar historias, para mostrar la calidad humana. Inmortalizan hasta lo más insignificante".

Larry Fink siempre recuerda a sus alumnos, a los que lleva dándoles clase los últimos cuarenta años, que "la fotografía es una forma maravillosa de potenciar la curiosidad de las personas". La cámara puede ser una inmejorable herramienta para aprender sobre otras personas y, tal vez más importante, sobre nosotros mismos. Fink identifica las raíces de la originalidad en la introspección, y les pide a sus alumnos: "Planteaos quiénes sois, qué necesitáis y qué queréis decir. ¿Cuáles son vuestros mayores anhelos, miedos y esperanzas?". Considera que las imágenes son espacios pedagógicos, y mantiene que "las fotografías también enseñan. Es como abrir sendas para los sentimientos, para contar historias, para mostrar la calidad humana. Inmortalizan hasta lo más insignificante. La base de la práctica fotográfica consiste en combinar la curiosidad por el mundo con la curiosidad por explorar cómo la cámara lo registra todo de una manera única".

Aprende la gramática y el vocabulario de la fotografía

Alec Soth *Dos toallas*, 2004

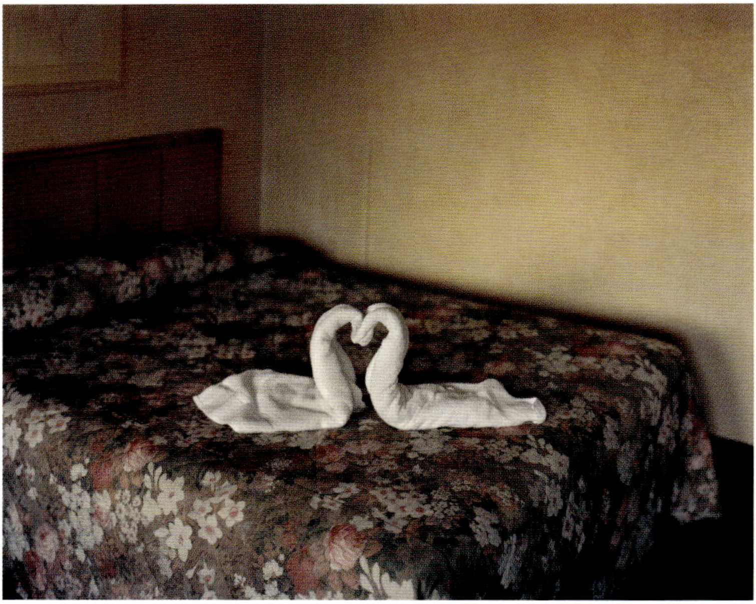

Alec Soth, fotógrafo de Magnum Photos, no es solo un consumado creador de imágenes, sino también un gran teórico fotográfico. Mantiene que la fotografía es un tipo de lenguaje y que, para comunicarse a través de él, es necesario aprender su gramática, su sintaxis y su estructura. Mediante este proceso, se puede entender dónde encaja la historia del medio, y comenta que "la historia de la fotografía es como el vocabulario y su influencia es como un dialecto. No deberíamos avergonzarnos de tener un acento determinado". Continúa su analogía literaria diciendo que la fotografía "no funciona como una narración, pero el fotógrafo ocupa el lugar del protagonista de la historia y tú ocupas el lugar del fotógrafo". Conceptualizar el aprendizaje de mirar con perspectiva fotográfica como si se tratara de aprender un idioma nos hace ser conscientes de la cantidad de trabajo y tiempo que necesitamos para comunicarnos de manera fluida.

Conecta con tu modelo

Nadar *Alejandro Dumas*, 1855

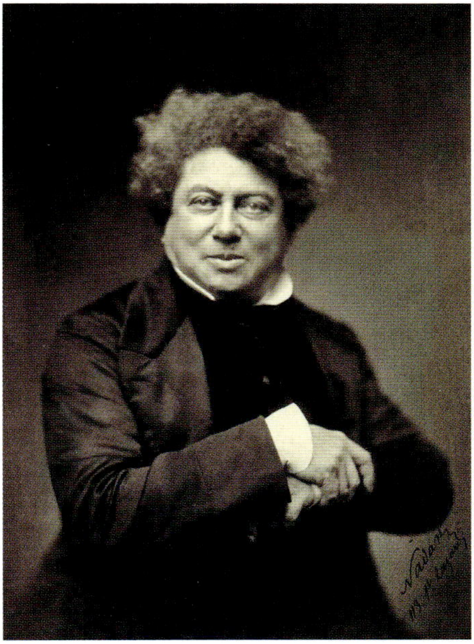

"La teoría de la fotografía puede enseñarse en una hora; la técnica, en un día. Lo que no puede enseñarse es el ojo necesario para captar la luz".

Nadar (1820-1910) fue uno de los mejores retratistas, capaz de crear imágenes que parecían conectar profundamente con la personalidad de sus modelos. Sostenía que, "para obtener un parecido profundo en vez de un retrato banal fruto de la casualidad, hay que sentir de inmediato empatía con el modelo, valorando sus pensamientos y su carácter". Era también un maestro de la luz; solía utilizar una luz fuerte y direccional para otorgar sensación de tridimensionalidad a los rostros de sus modelos. Para él, la habilidad en el manejo de la luz era un requisito imprescindible: "La teoría de la fotografía puede enseñarse en una hora; la técnica, en un día. Lo que no puede enseñarse es el ojo necesario para captar la luz... Comprender el funcionamiento de este efecto requiere percepción artística. Y lo que desde luego no puede enseñarse es a identificar el carácter del modelo... que permite hacer no una horrible copia en cartulina fruto de retoques en el cuarto oscuro, sino alcanzar un parecido profundo y amable".

Encuentra tu propia voz

Shannon Ghannam

"El mejor trabajo fotográfico ofrece al espectador la sensación de que es algo nunca visto, ya sea por la historia, por el estilo o por la sensación que evoca. A la hora de concebir un proyecto, debes cuestionarte por qué has elegido esa historia: ¿eres el narrador perfecto para contarla? ¿Qué puedes añadir al género o a la historia que no se haya dicho antes? ¿Por qué te parece importante y cómo conseguirás que le importe al público? Permítete un poco de ventaja y elige el proyecto o enfoque que te ayude a encontrar la respuesta a todas esas preguntas. Al empezar, todo fotógrafo necesita un proyecto personal que muestre de lo que es capaz, que exprese lo que quiere comunicar. Puedes tardar años en desarrollarlo, pero será la plataforma de lanzamiento para otros encargos y te ayudará a cimentar tu identidad como fotógrafo".

Shannon Ghannam ha trabajado para Reuters y Magnum Photos desarrollando sus programas educativos y recomienda que todo fotógrafo busque un proyecto personal que le permita expresar su propio punto de vista.

Debes sentirlo

Don McCullin El fotoperiodista británico Don McCullin en la ciudad amurallada de Hue, 1968 (fotografía de Nik Wheeler)

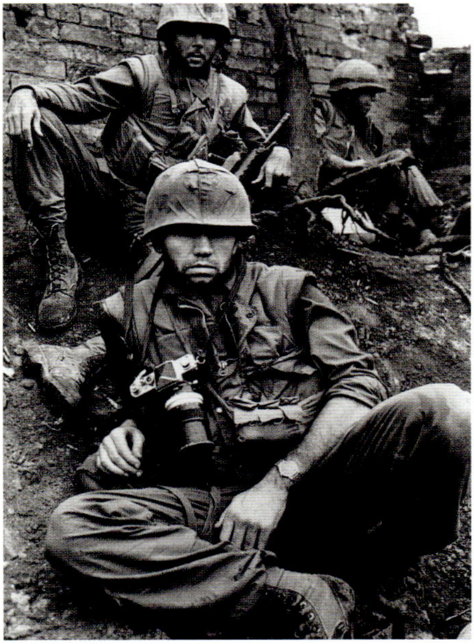

«Para mí, la fotografía no es mirar, es sentir. Si no puedes sentir lo que estás mirando, jamás conseguirás que otros sientan nada cuando vean tus fotos».

La personificación del fotógrafo de guerra, el reportero gráfico británico Don McCullin, ha cubierto conflictos bélicos por todo el mundo, desde Irlanda del Norte a Vietnam, pasando por el Líbano y Biafra, durante más de cinco décadas. Ser testigo de la infinidad de casos de abuso de los derechos humanos le ha dejado una huella indeleble, como él mismo admite: "A veces parecía que, en vez de volver a casa con negativos, llevase trozos de carne humana. Es como si cargases con el sufrimiento de las personas a las que has fotografiado". Pero también opina que debemos usar esa rabia para impulsar nuestro trabajo: "Para mí, la fotografía no es mirar, es sentir. Si no puedes sentir lo que estás mirando, jamás conseguirás que otros sientan nada cuando vean tus fotos". Como documentalistas, en situaciones difíciles debemos buscar la manera de canalizar nuestras emociones.

Simplifica

Alfred Eisenstaedt Alfred Eisenstaedt de pie en una calle, rodeado de niños, 1960

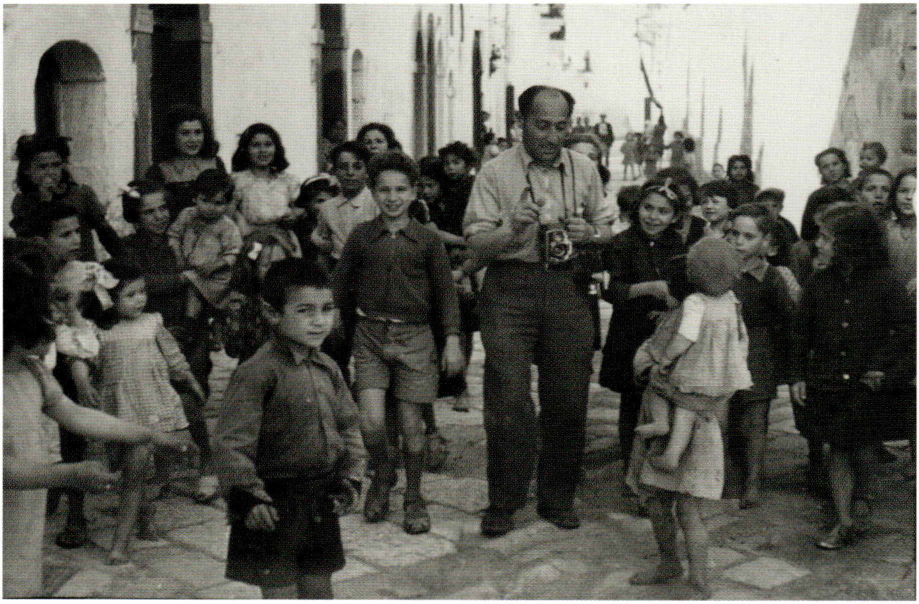

Eisenstaedt fotografió a todo tipo de gente, desde reyes, dictadores y estrellas de cine hasta personas normales y corrientes en situaciones cotidianas. El principio por el que se regía era el de trabajar tan directa y sencillamente como pudiera, utilizando luz natural siempre que fuera posible.

"Mi estilo no ha cambiado mucho en estos sesenta años. La mayor parte del tiempo sigo usando luz natural y trato de no intimidar a la gente. Tengo que ser tanto diplomático como fotógrafo. Las personas no suelen tomarme en serio porque llevo poco equipo y no hago mucho el paripé. [...] Nunca llevo muchas cosas. Mi lema siempre ha sido 'Hazlo fácil'. Prefiero fotografiar con la luz del momento —luz Rembrandt, me gusta llamarla—, para conseguir las variaciones naturales del rostro. De ese modo, se obtienen retratos más vivos, reales y favorecedores. Siempre recuerdo lo que me dijo Wilson Hicks, editor de fotografía de *Life*, cuando me encargó que fotografiara a las estrellas más glamurosas de Hollywood: 'Puede que sean las reinas en su profesión, pero tú eres el rey en la tuya'. Eso siempre me ha ayudado. Los fotógrafos de hoy en día no piensan así. Muchos ya no son capaces de ver realmente la luz. Para ellos solo existe el *flash*, que le da un aspecto muy bonito a todo, pero eso no es ver. Si tienes ojos para verlos, los matices de luz están ahí, en el rostro del modelo. Si solo piensas en el *flash*, obtendrás una paleta muy reducida, y por eso yo solo disparo cuando tengo luz natural".

En serio, no seas tan serio

Elliott Erwitt *Francia, Cannes,* 1975

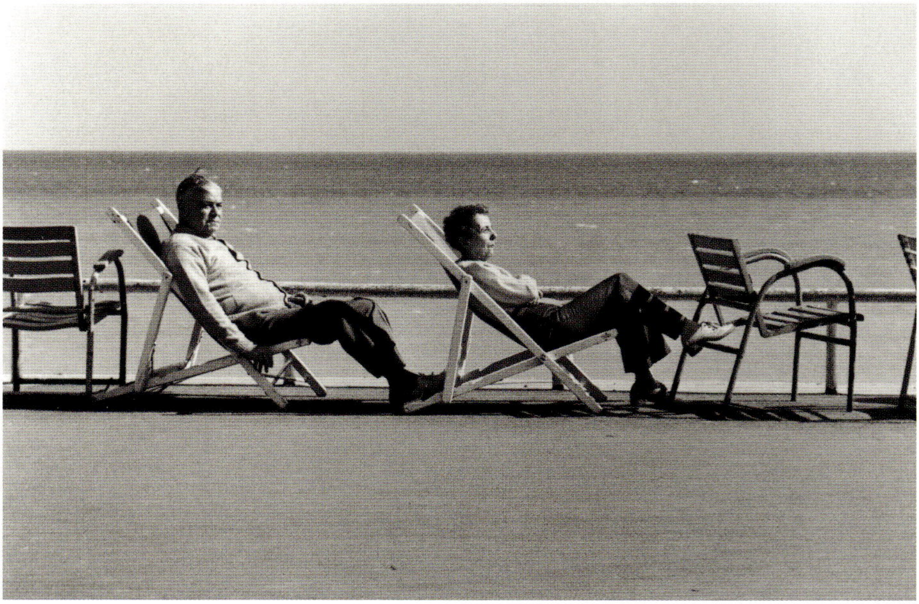

Elliott Erwitt es uno de esos inusuales fotógrafos capaces de hacer seriamente fotografías divertidas del mundo cotidiano. Lleva más de cincuenta años realizando irónicas observaciones sobre las manías y los defectos humanos con sentido del humor y un ingenio muy fino. Con la comicidad que siempre lo ha caracterizado, bromea: "Ya era hora de que empezáramos a tomarnos en serio la fotografía y tratarla como una afición". También es un consumado profesional, capaz de ceñirse a las indicaciones de un cliente exigente en un determinado encargo y cubrir un amplio abanico de estilos y situaciones. Su valioso consejo sobre cómo encontrar el equilibrio entre la visión personal y el trabajo que te da de comer es "aprender la profesión (no es tan difícil). Estudiar el trabajo de fotógrafos de otros tiempos y de los pintores clásicos. Ver películas y aprender de ellas. Ver si sirves como 'fotógrafo comercial'; *comercial* significa trabajar para otros y entregarles el producto encargado según las pautas indicadas. Pero lo más importante es que conserves tu fotografía personal como una afición aparte. Si

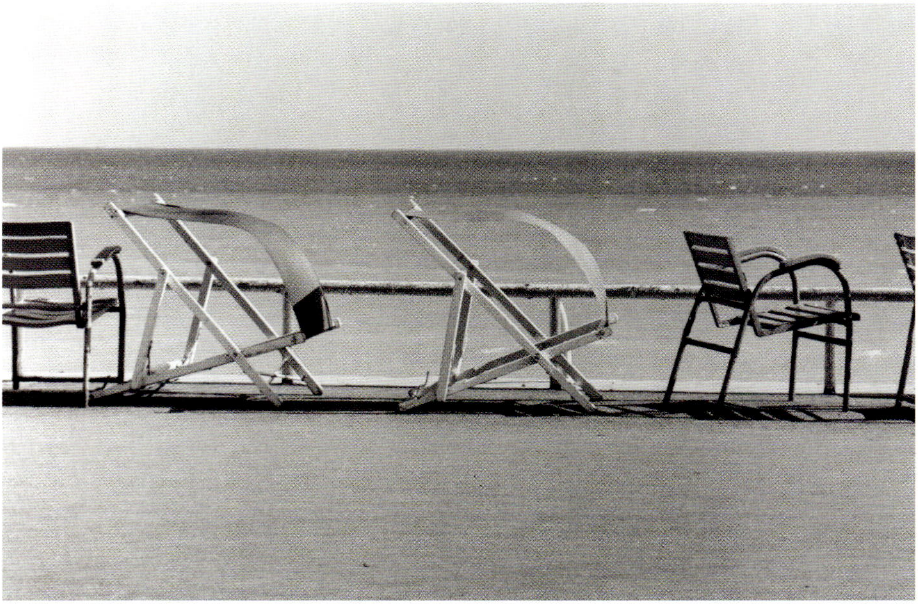

"Aprender la profesión (no es tan difícil). Estudiar el trabajo de fotógrafos de otros tiempos y de los pintores clásicos. Ver películas y aprender de ellas".

eres bueno y diligente, obtendrás tu recompensa". La estrategia que propone consiste en utilizar el trabajo comercial y por encargo para crear un espacio en el que expresar nuestra forma de ver el mundo.

Observa y piensa antes de disparar

Yousuf Karsh *Winston Churchill*, 1941

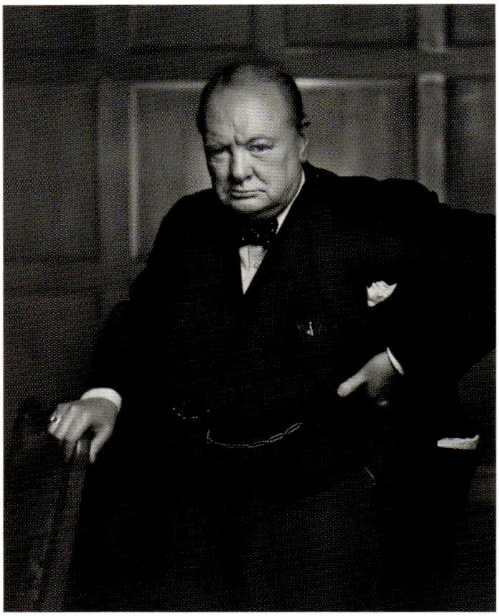

"Observa y piensa antes de disparar. El corazón y la mente son el verdadero objetivo de la cámara".

El aclamado retratista Yousuf Karsh era conocido por sus agudos estudios del carácter humano. El ejemplo que mejor ilustra esa capacidad es el potente retrato de Winston Churchill. Sostenía que su labor como fotógrafo consistía en retratar los secretos ocultos de sus sujetos, y que a menudo esa revelación la recibía en "una pequeña fracción de segundo en la que se producía un gesto inconsciente, una chispa en la mirada, en la que se caía la máscara que todos los humanos nos ponemos para ocultar al mundo nuestro yo interior". También creía que la técnica, la creatividad y la emoción se fundían en una, igual que la ciencia y el arte de la fotografía son en realidad una unidad y dos fuerzas opuestas al mismo tiempo. Sin embargo, pensaba que la observación era la clave para hacer un buen retrato y aconsejaba: "Observa y piensa antes de disparar. El corazón y la mente son el verdadero objetivo de la cámara". Al final, las conexiones humanas entre el fotógrafo y su modelo crean la imagen, no la tecnología.

Cuestiónate

Robin Maddock *Hombre con camiseta de Inglaterra comiéndose un kebab ante los fieles durante la plegaria de la tarde que marca el fin del Ramadán, Birmingham*, 2017

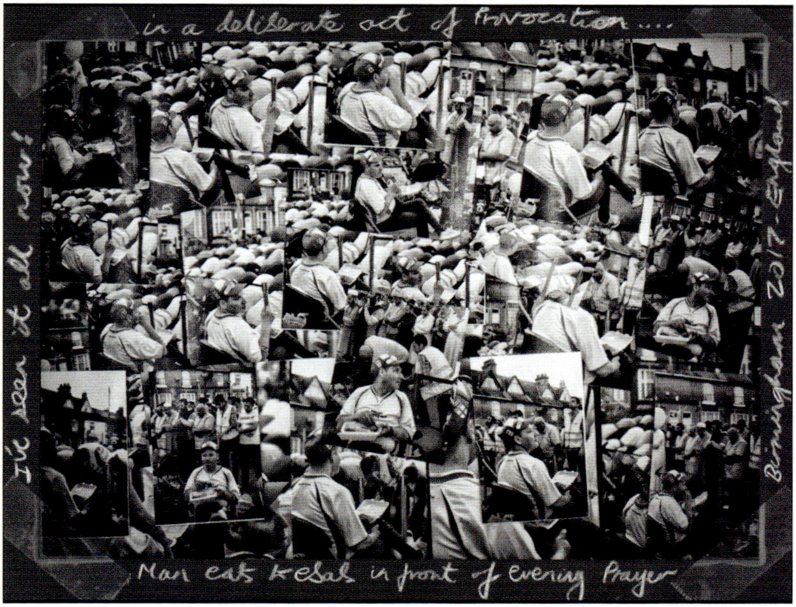

El fotógrafo documental Robin Maddock cree que los grandes trabajos son producto de un "deseo de mostrar las cosas como lo que son, no como lo que parecen". Sostiene que eso "implica un nivel de dedicación e integridad que a menudo me pregunto si lo tengo" y que "también debemos ser sinceros con nosotros mismos. ¿Quién soy yo para decir nada? ¿Cuáles son mis miedos y mis prejuicios? ¿Hasta qué punto estoy dispuesto a poner en juego mi seguridad, mi salud o mi cordura? ¿A fastidiarme la vida? ¿A no tener casa, a ir a lugares de los que preferiría huir?". Al final, lanza la siguiente pregunta: "¿Estamos dispuestos a implicarnos en algo hasta el punto de acabar averiguando cosas nuevas sobre nosotros mismos?".

Acepta las contradicciones

Lisa Barnard *El canario y el martillo*, placa base fotografiada en una planta de reciclaje de chatarra electrónica en Shenzhen, China, 2016

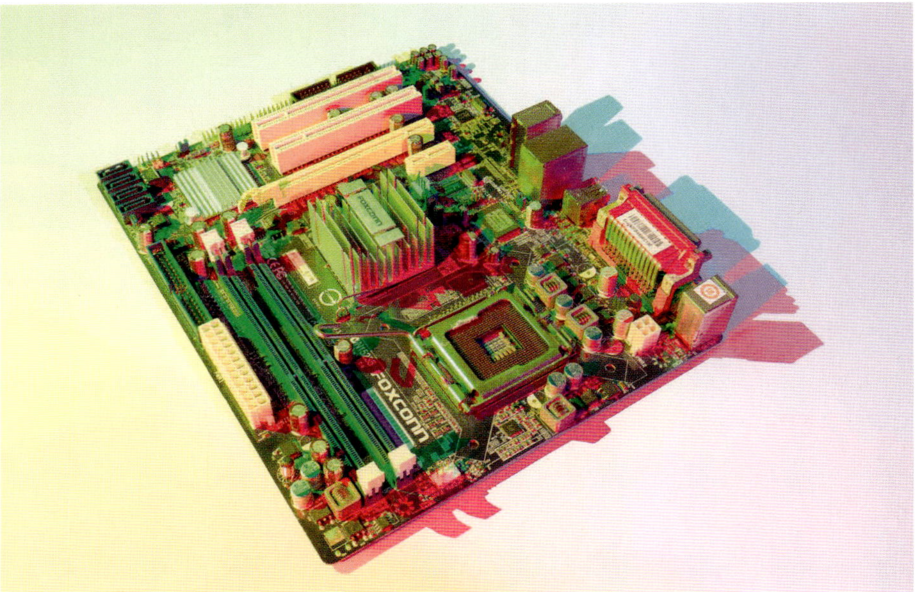

La obra fotográfica de Lisa Barnard explora situaciones reales y juega con complejas e innovadoras estrategias visuales que se alimentan tanto de las técnicas documentales tradicionales como de otras formas de representación contemporáneas conceptualmente más rigurosas. Explica que estar abierto a la incertidumbre es una gran ventaja.

"Ser consciente de las contradicciones es un aspecto importante y necesario en la creación de mis documentales. Es normal tener el coraje de ser ambivalente o albergar sentimientos encontrados sobre las cosas: además, cuenta con una larga tradición dentro de la estética psicológica. Siento una curiosidad innata por el mundo; ser fotógrafa es un privilegio que me proporciona la excusa perfecta para explorar todas sus contradicciones. Por ejemplo, todo el mundo sabe que el oro no solo es la enfermedad, sino también la cura para los problemas de la sociedad; sumidos en nuestra visión capitalista, me fascina este ejemplo de contradicción. Una buena labor de investigación se abre a distintas perspectivas, posiciones e incertidumbres, y lo que me interesa es la ambigüedad de la información que se obtiene durante el proceso. Si escuchas la confusión que se producirá y respondes aceptando el diálogo contradictorio que se inicia en tu interior, recibirás tu recompensa en forma de energía y creatividad. No hay respuestas sencillas —la vida es confusa— y un buen proyecto documental siempre aborda las complejidades que ponen de manifiesto los conceptos reales. Ser valiente en la ambivalencia podría ser la decisión más gratificante y creativa que podrías tomar".

Quédate

Bruce Davidson *East 100th Street*, 1966

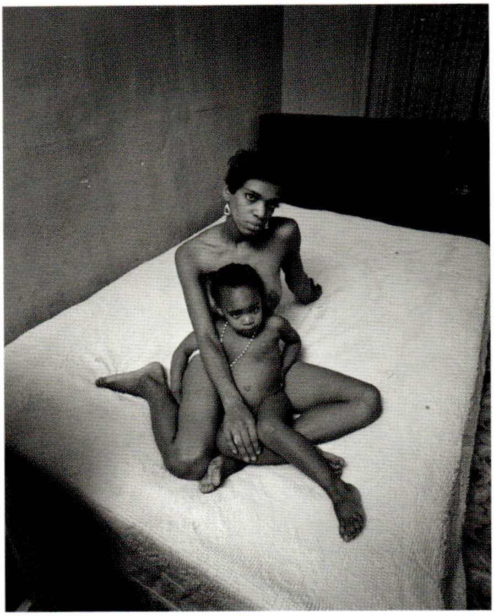

"Tienes que quedarte un tiempo; debes encontrar el tratamiento adecuado".

Bruce Davidson, fotógrafo de Magnum Photos, posee una habilidad excepcional para sumergirse en la vida de los demás. Cree que se necesita paciencia y perseverancia, y explica: "Tienes que quedarte un tiempo; debes encontrar el tratamiento adecuado". Para crear su influyente libro *East 100th Street* —compuesto por retratos de gran formato en blanco y negro de los residentes de un bloque de pisos en Harlem, Nueva York—, Davidson pasó dos años llamando a sus puertas e insistiendo a sus contactos para ganarse la confianza de los que serían sus modelos. Considera que muchos fotógrafos esperan obtener resultados rápidos, "se rinden demasiado pronto. Imitan algo que han visto, pero no se quedan el tiempo suficiente". Por tanto, su recomendación para los fotógrafos es "insistir un tiempo para que el subconsciente tenga oportunidad de aflorar". Hay que tomarse el tiempo necesario para conocer a las personas a las que vas a fotografiar, para ganarse su confianza y conseguir que se abran.

Cinco reglas

Gary Knight

Gary Knight es un premiado fotógrafo, cofundador y director de la agencia de fotografía VII. Las reglas que nos ofrece a continuación resumen sus pautas fundamentales para realizar fotografía documental:

1 Antepón lo importante a la estética.

2 Deja que el tema guíe la evolución de la historia en vez de perderte en preocupaciones fotográficas triviales, como todas esas convenciones estéticas dogmáticas o el estilo fotográfico.

3 Antes que nada, acepta y afronta tus prejuicios e ignorancia, y supéralos. Todos tenemos bloqueos y eso, lo creamos o no, limita nuestra experiencia y conocimiento. A menudo, cuanta más experiencia tenemos, más informados creemos estar, pero puede estar ocurriendo todo lo contrario. Debemos entender qué estamos mirando, hablar con vecinos de la zona que tengan un punto de vista diferente, leer e implicarnos al máximo en la vida de los que nos rodean. Y, para acabar, volver a imaginarnos lo que vemos y fotografiarlo con toda la empatía y matices de los que seamos capaces.

4 No intentes ser quien no eres; tu trabajo lo reflejará.

5 Descubre magia en lo corriente. El mundo no puede entenderse a través de fotos de acontecimientos exagerados y espectáculos absurdos.

Si tú no lo sientes, nadie lo hará

Line Ørnes Søndergaard *La hora del descanso*, 2018

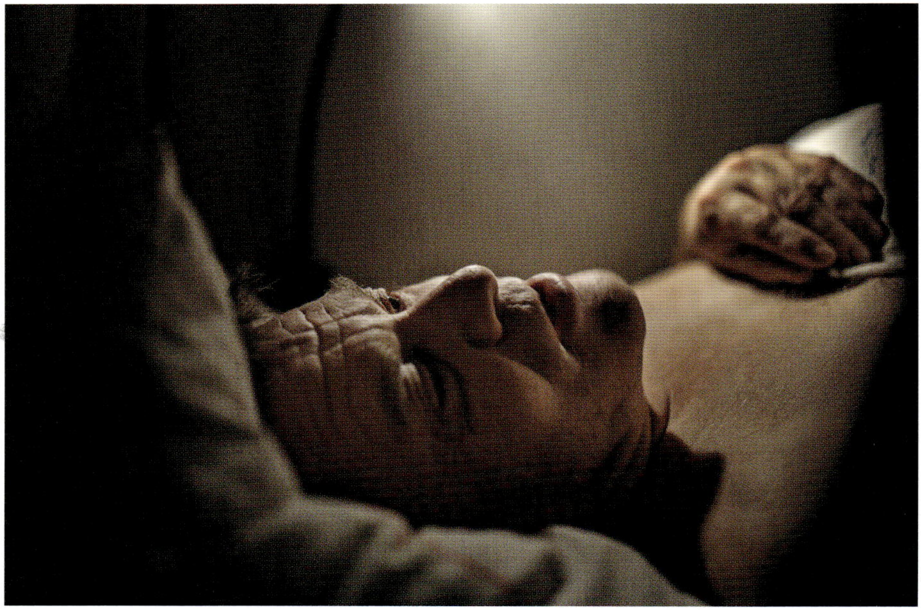

"Gran parte de mi trabajo pretende abordar temas de mayor calado a través de encuentros íntimos y únicos durante los cuales accedo al ámbito personal y, en ese momento de tiempo compartido, intento traducir su mundo. Como sucede en todos los encuentros que implican a los demás, para mí la fotografía es un proceso en el que, emocionalmente, me atrevo a estar cerca de alguien. Se trata de encontrar una manera auténtica de estar juntos, también en las situaciones más complicadas. Se trata de recordar que quien tengo delante siempre sabe más que yo sobre su vida. Y que también tengo que jugarme algo en estos encuentros. Porque, si yo no lo siento, el espectador tampoco lo hará".

La fotógrafa documental noruega Line Ørnes Søndergaard explora los temas sociales y políticos a través de encuentros muy personales como marco para sus proyectos. Intenta conectar con el aspecto emocional de la situación en la que se encuentran las personas y, al mismo tiempo, busca puntos de conexión con el público.

Práctica profesional

No corras

Taha Ahmad *La canción del cisne de Badlas*, 2016

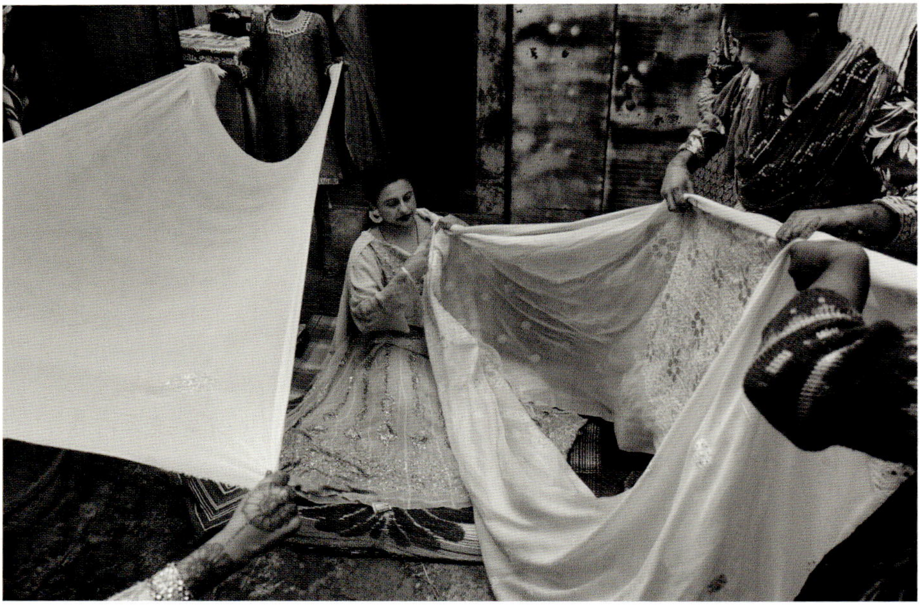

El fotógrafo indio Taha Ahmad trabaja en proyectos documentales de larga duración y afirma que tomarse tiempo para hacer las cosas es una virtud esencial.

"La paciencia es una virtud. También es la herramienta más importante a la hora de investigar, tomar decisiones, analizar la narración visual y decidir el enfoque apropiado para el proyecto que vas a iniciar. En la actual era digital —en la que se disparan y se suben a las redes millones de fotos por minuto—, vemos a muchos creadores de imágenes ansiosos por conseguir esa gratificación instantánea, y su desesperada impaciencia por ganar premios y becas. Esa actitud se convierte en un problema, especialmente en proyectos de larga duración. Dedicar tiempo a madurar el trabajo y el enfoque previsto para ese proyecto tiene sus ventajas, y los atajos pueden influir de forma negativa en el resultado final. A veces es importante tomarse un descanso. Los proyectos fotográficos pueden causar obsesión, aburrimiento y perplejidad al fotógrafo. Por eso, tomarse un descanso puede ser una de las decisiones más fructíferas para el conjunto de la obra. Contribuye a despertar el interés y le ofrece al fotógrafo la capacidad de trazar un nuevo plan o enfocar el tema de otra forma. Tomarse un tiempo sabático para regresar con fuerzas e ideas renovadas al proyecto puede ayudar a superar los puntos muertos y a desarrollar una producción fotográfica unificada".

Errores que debes evitar al pedir una beca fotográfica

PHmuseum

El PHmuseum es una plataforma dedicada a la fotografía contemporánea que organiza un programa de becas desde 2013. Basándose en su experiencia, recogen varios consejos para que no te denieguen una beca.

1 **Elige una imagen de portada potente**
La primera impresión de tu trabajo es la imagen de la portada. Por eso, te recomendamos que elijas una que llame la atención del jurado, para que tu proyecto no se pierda bajo la avalancha de solicitudes que tienen que estudiar.

2 **Menos (a menudo) es más**
Aspirar a una beca no es el momento indicado para improvisar y enviar imágenes que creas que quizá valen. Si estás seguro de tu producción, adelante. No la infravalores incluyendo imágenes de "relleno".

3 **Elabora una buena presentación escrita que contextualice el trabajo**
Aunque nos decantemos por lo visual, debemos aceptar que el texto es un elemento muy importante en una solicitud. Ayudará al jurado a entrar en tu trabajo. Cíñete al número de palabras, divide el texto en párrafos claros y empieza por una introducción sólida.

4 **Realiza una secuencia correcta**
Piensa en tu proyecto como si fuera una película. La secuencia correcta podría marcar la diferencia y hacer que el jurado entre en tu proyecto.

5 **Elige un buen título**
Haz que tu trabajo destaque entre el resto. Dedica tiempo a pensar en un buen título, coherente con tu trabajo. Sé valiente, pero no creído; piensa en algo sencillo, pero no superficial.

6 **No esperes a que llegue la fecha límite para entregar la solicitud**
Hay muchas razones por las que deberías preparar la solicitud con tiempo, así que no esperes al último momento. Podría impactar negativamente en la calidad de lo que presentes.

7 **Detalles, detalles, detalles**
Haz una lista con todos los puntos anteriores y pregúntate si lo tienes todo. Los detalles siempre marcan la diferencia, sobre todo si el jurado tiene que elegir un trabajo entre varios que están al mismo nivel. Antes de pulsar el botón de enviar, dedica unos minutos a revisarlo todo de nuevo.

Usa el pensamiento lateral

Aidan Sullivan

"Usa el pensamiento lateral; repasa todas tus opciones para conseguir la financiación y el reconocimiento que necesitas. Existen muchísimos tipos de ayudas económicas en forma de becas y premios. Búscalos".

Aidan Sullivan es el presidente y fundador de la Ian Parry Scholarship (beca Ian Parry), que se concede cada año a fotoperiodistas en memoria del fotógrafo trágicamente asesinado en 1989, con solo veinticuatro años, mientras cubría la caída del dictador rumano Nicolae Ceausescu. Dado que actualmente los medios de información contratan a menos profesionales y los encargos se han reducido, Sullivan aconseja buscar un respaldo económico con creatividad y energía, y reconoce: "En el mundo actual, en el que la industria tiene que enfrentarse a movimientos tectónicos que se han traducido en una significativa reducción de la financiación de los proyectos, debemos ser inteligentes". Recomienda dedicar tiempo a investigar dónde se puede encontrar ayuda económica: "Usa el pensamiento lateral; repasa todas tus opciones para conseguir la financiación y el reconocimiento que necesitas. Existen muchísimos tipos de ayudas económicas en forma de becas y premios. Búscalos". Salir del "gueto fotográfico" también es importante: pueden encontrarse muchas fuentes de financiación en organizaciones que se interesan por los mismos temas que nosotros, más allá de los medios de comunicación.

La confianza es fundamental

Damir Šagolj *Detenido iraquí con bolsa de plástico en la cabeza de rodillas en el jardín de una casa registrada por soldados estadounidenses en una redada nocturna en Tikrit*, 2003

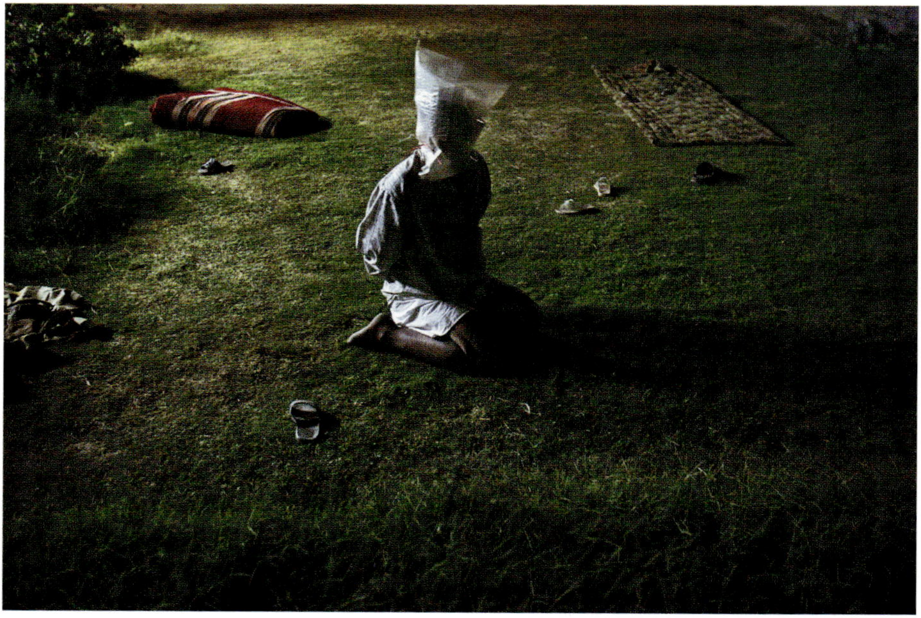

Durante veinte años, el exfotoperiodista Damir Šagolj se dedicó a cubrir las principales noticias de todo el mundo. Como reportero y documentalista, su herramienta principal es la cámara, y también trabaja como profesor de fotografía y perspectiva en documentales contemporáneos de Sarajevo.

"La imagen funciona si la escena de la que el fotógrafo es testigo se traslada al espectador de manera que el tema consiga informar, intrigar o conmover. Si nuestro objetivo es algo más que la 'mera belleza', la estética de la imagen solo es un vehículo para transportar y entregar el tema principal, es decir, la información, la emoción y el sentimiento. Igual de importante —o incluso más en el caso del periodismo o el trabajo documental— es la otra parte de la ecuación: la confianza en el autor. ¿Quién hace y nos muestra esa fotografía? ¿Qué sabemos sobre esa persona? Y, por último, ¿hasta qué punto podemos confiar en ella? Una ecuación simplificada sería: 'Hasta qué punto nuestra confianza en la imagen es igual a nuestra confianza en el fotógrafo, multiplicado por la estética de la imagen'. Lamentablemente, la realidad es que la ecuación es mucho más compleja y dinámica, ya que, con frecuencia, las imágenes se distorsionan, se sacan de contexto o se les da un uso erróneo desde que se toman hasta que llegan al público. Lo que hace que una buena foto llegue más allá de la propia imagen depende en gran medida de la integridad del autor —algo que se construye con el tiempo— y de la confianza que tengamos en todo el proceso que sigue una foto desde que se toma hasta que se muestra".

Apoya a los demás

Laura Noble

Laura Noble es una renombrada galerista, comisaria, escritora y artista, y su consejo es que cuidemos de nuestros amigos.

"Apoya a tus colegas: ve a sus exposiciones, charlas y otros eventos. Apóyalos también, por ejemplo, cuando propongan algún tipo de microfinanciación colectiva. En esta industria, llegar y que te vean lo es todo. No contactes con la gente solo cuando necesites algo, porque eso cansa. Es muy fácil ganarse fama de egocéntrico. Las personas quieren trabajar con quienes tengan buenas intenciones. La actitud positiva se contagia y, al final, beneficia a todos aquellos con los que conectes. No te limites a compartir tu trabajo en las redes sociales; comparte también el de colegas con los que te llevas bien y a los que quieres apoyar. Si te representa alguna galería, comparte los esfuerzos de tus colegas y galeristas acudiendo a sus exposiciones y promocionando a unos y otros: en el futuro, todos saldréis beneficiados. Las personas se esfuerzan más por aquellos con los que se trabaja bien. Siempre que puedas, visita a tus amigos y trata los temas en persona. El contacto humano llega muy lejos".

Saca partido de tu archivo

Paul Lowe

"Con frecuencia, fotografías que hicimos hace tiempo, que en su momento no nos parecieron importantes, cobran un nuevo significado por su contenido o porque cambia nuestro sentido de la estética y de lo que hace que consideremos que una fotografía es buena".

Vamos a pensar que seguimos la norma de organizar los negativos analógicos y los archivos digitales. Ahora deberíamos contar con un archivo en el que podamos buscar todas las fotos que hemos hecho a lo largo de nuestra carrera. Un buen ejercicio que podemos realizar periódicamente consiste en revisar los trabajos antiguos desde una mirada nueva y comprobar si hay alguna imagen que, la primera vez, pasáramos por alto en el proceso de edición. Con frecuencia, fotografías que hicimos hace tiempo, que en su momento no nos parecieron importantes, cobran un nuevo significado por su contenido o porque cambia nuestro sentido de la estética y de lo que hace que consideremos que una fotografía es buena. Ocurre especialmente con imágenes que tomamos para algún encargo, ya que puede que la selección tuviera que ver con el valor editorial o comercial que quisiera darle quien nos hizo el encargo, y se obvian otros aspectos. Revisar nuestro archivo puede ofrecernos nuevas, emocionantes y muy valiosas interpretaciones de nuestro trabajo, sobre todo cuando las imágenes están envueltas en un contexto histórico.

No infles tus envíos

Emma Bowkett *Dos chicas disfrutan de un día de verano en el paseo de Blackpool*, 1951 (fotografiado de Bert Hardy)

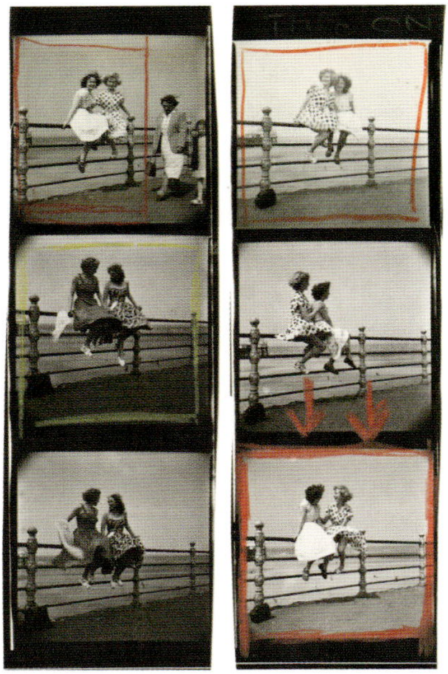

"Asegúrate de enviar solo las fotografías que te gusten".

Emma Bowkett es la editora de fotografía de la revista *Financial Times*, y su consejo es sencillo, pero muy lógico: "Envía solo el trabajo que quieras ver publicado". Dice que, a menudo, los fotógrafos con los que trabaja se quejan de que la revista no ha publicado sus mejores fotos, y aunque acepta que decidir cuál es la "mejor foto" es subjetivo, aconseja que "te asegures de enviar solo las fotografías que te gusten". Debemos ser implacables con la edición antes de enviar un trabajo a un cliente; no tenemos que inflar la selección añadiendo imágenes de más para demostrar cuánto nos hemos esforzado, y tenemos que preguntarnos si nos gustaría que utilizaran todas las fotografías que enviamos.

Sumérgete en el tema

Gaia Tripoli

"Enfréntate a la historia con la mayor preparación posible y manten la mente abierta al mismo tiempo. Conocer el tema no implica llegar con ideas preconcebidas".

Como editora de fotografía de *The New York Times*, Gaia Tripoli hace encargos a cientos de fotógrafos y recalca lo importante que es conocer el tema en profundidad cuando presentamos una historia a una publicación o trabajamos en un proyecto. Respecto a esto dice: "Los matices son importantes [y] comprender el entorno en el que vas a trabajar te ayudará a conseguir un resultado final más sólido y con múltiples capas". Esta profundidad de conocimiento contribuirá a que seamos más respetuosos con las personas a las que mostramos en nuestras fotos. Sostiene también que la investigación es beneficiosa para aprender a ver todos los ángulos desde los que se puede enfocar un tema. Esto no significa que debamos grabar nuestras ideas en piedra antes de coger la cámara, claro. En palabras de Tripoli: "Enfréntate a la historia con la mayor preparación posible y manten la mente abierta al mismo tiempo. Conocer el tema no implica llegar con ideas preconcebidas". Y termina con este consejo: "Ve a por todas".

Haz lo quieras hacer, no lo que creas que quieren que hagas

Jess Crombie

“Como editora, he perdido la cuenta de las veces que he visto ejemplos de lo que creen que quiero que hagan, no de lo que realmente les gusta hacer”.

Jess Crombie trabajó como editora global de medios en Save the Children y ha examinado el trabajo de cientos de fotógrafos para posibles colaboraciones. En su opinión, en una evaluación de porfolio, un fotógrafo solo debería incluir aquellos trabajos en los que crea de verdad, y sostiene: “Como editora, he perdido la cuenta de las veces que he visto ejemplos de lo que creen que quiero que hagan, no de lo que realmente les gusta hacer”. En vez de intentar adelantarse a las necesidades o a lo que quiera un editor, Crombie aconseja que mostremos los proyectos que nos apasionen. Si queremos destacar entre la multitud, es imprescindible que dejemos claro al editor nuestra visión y nuestra identidad.

Cree en tus ideas

Ilvy Njiokiktjien *Equipo de natación de Michaelhouse, Sudáfrica*, 2019

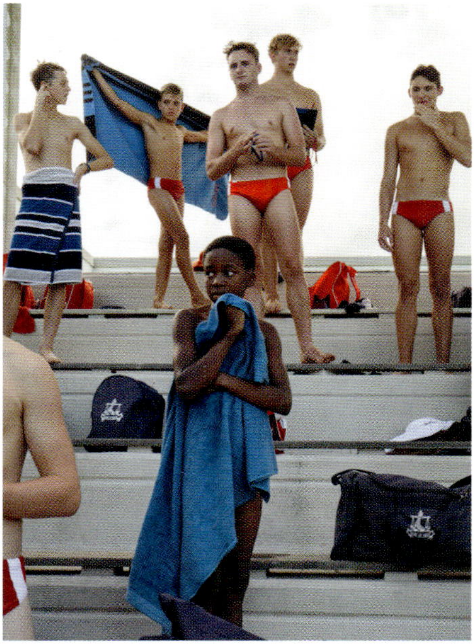

"Estas fotos no son 'novedosas', ni 'impactantes', para nada. Al principio me costó que me publicaran".

Ilvy Njiokiktjien trabajó durante más de una década en un proyecto documentando las vidas de varios jóvenes sudafricanos, trabajo que se convirtió en el libro *Born Free*, publicado en 2019. La fotógrafa reflexiona sobre el hecho de que es fácil perder la fe cuando trabajas en un proyecto largo, cuesta mantenerla. Su consejo es que escuchemos a nuestro corazón y sigamos sus dictados. Explica también que, cuando se embarcó en el proyecto, los editores le decían cosas como: "Estas fotos no son 'novedosas', ni 'impactantes', para nada. Al principio me costó que me publicaran". A pesar de que estaba convencida de que los editores valorarían el vigesimoquinto aniversario del fin del *apartheid* en 2019, empezó a desfallecer entre 2015 y 2017 porque el proyecto no estaba recibiendo mucho apoyo. Sin embargo, lo retomó y la historia de *Born Free* se ha publicado con gran éxito en todo el mundo. Al final, era una cuestión de encontrar el momento adecuado y de creer en su visión, porque ella sentía que la historia era importante.

Pregúntate por qué estás haciendo este trabajo

Shahidul Alam *Mizan viendo la televisión, Dhanmondi, Dhaka*, 1995

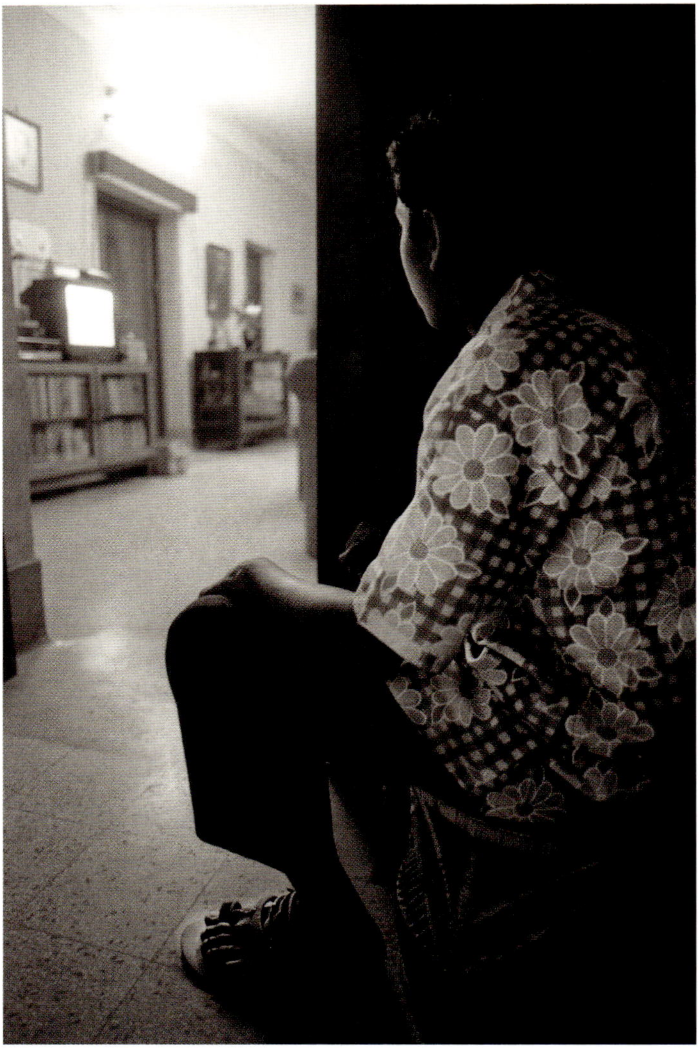

"De alguna manera, fue algo sin importancia, pero a Mizan y a mi madre les cambió la vida y, desde luego, a mí también".

Shahidul Alam nos cuenta la historia que hay tras esta foto: "Mizan solía trabajar en casa de mi madre. Entre otras tareas, se ocupaba de limpiar la habitación mientras nosotros veíamos la televisión. Pero a él no le permitían ver la tele con nosotros, así que se quedaba mirando su programa favorito, *Alif Laila*, desde la puerta de la terraza de fuera de la habitación de la televisión, sentado en el suelo. Tras hacer esta fotografía, la publicaron en el calendario Drik y le di una copia a Mizan y otra a mi madre. Al día siguiente, Mizan se sentó a ver la tele dentro, con todos nosotros. De alguna manera, fue algo sin importancia, pero a Mizan y a mi madre les cambió la vida y, desde luego, a mí también".

El fotógrafo bangladesí es una de las voces más importantes de la fotografía documental contemporánea, aclamado por su firme postura ética en asuntos relacionados con los derechos humanos. Su consejo es que dejemos al margen nuestros motivos al hacer el trabajo.

Debes plantearte por qué haces ese trabajo. ¿Es por el cliente? ¿Por ti? ¿Por el público? Como reportero gráfico, debes asegurarte de que lo que haces es de interés público. De lo contrario, lo harás por razones equivocadas. Cualquiera puede tener motivos personales para hacer un trabajo y embarcarse en proyectos en los que crea de verdad, y en los que seguramente obtendrá los mejores resultados. Si un trabajo que te encanta te permite vivir bien, estás donde tienes que estar. Todos necesitamos sobrevivir y a veces tendremos que hacer cosas por supervivencia, pero esa no puede ser la única razón para dedicarnos a la fotografía. Ganaríamos más vendiendo coches de segunda mano. Si quieres ser fotoperiodista, debes anteponer el interés público al tuyo. Puede ser un viaje solitario, aterrador y difícil. A pesar de que el camino puede estar lleno de peligros, también puede resultar muy gratificante. Pero cada uno de nosotros tomamos esa decisión antes de coger la cámara. Ser rico, famoso o conocido no forma parte de los requisitos para el trabajo.

Las reglas para crear un fotolibro con Kickstarter

Tom Broadbent *At Home with the Furries*, fotolibro, 2018

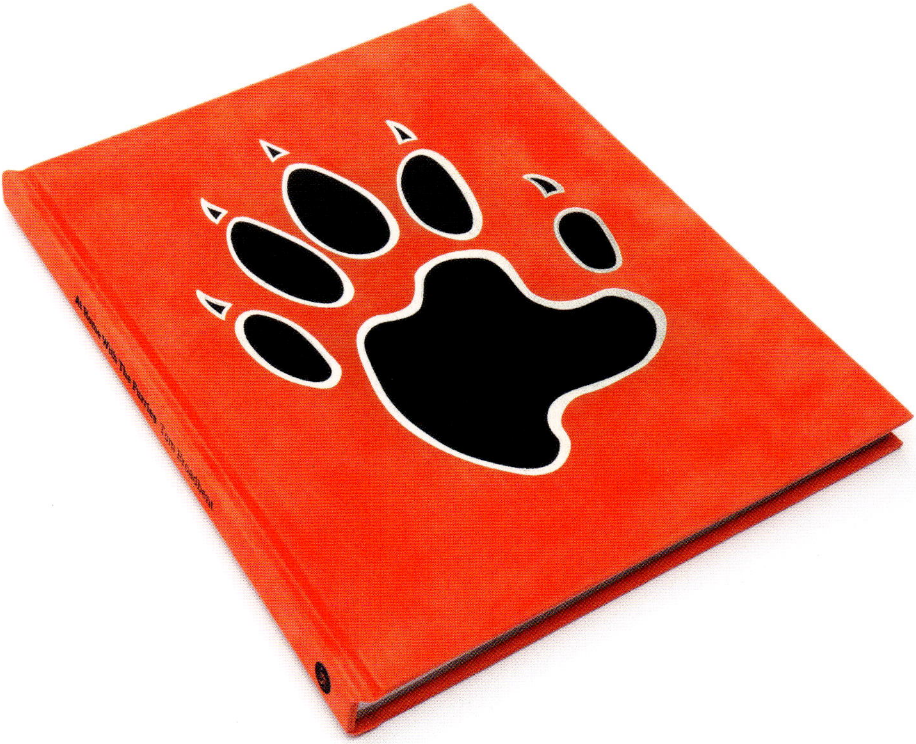

Tom Broadbent consiguió financiación para su fotolibro *At Home with the Furries* a través de la plataforma Kickstarter. Estos son sus consejos para lanzar una campaña de microfinanciación exitosa.

1 **No organices una campaña con Kick-starter**
Sinceramente, si cuentas con otra fuente de financiación, aprovéchala. El proceso de microfinanciación es, sin duda, la experiencia más exigente y emocionalmente agotadora que te puedas imaginar.

2 **Elige el momento adecuado**
Lanza la campaña en primavera o en otoño. Es el mejor momento para que la gente te preste atención.

3 **Pide lo que necesites, no lo que quieres**
Pide siempre menos de 10 000 €. Ha de ser una cantidad que puedas controlar y conseguir durante esa campaña.

4 **Limita la duración de la campaña**
Cuando la lanzas, la campaña se convierte en un trabajo a tiempo completo. Te absorberá las 24 horas. Recomiendo una duración de 30-35 días.

5 **Evalúa bien las recompensas**
A medida que aumente la cantidad, te recomiendo que ofrezcas más recompensas a tus mecenas y patrocinadores: postales, libros firmados, fotografías firmadas o pasar un día con el fotógrafo, por ejemplo.

6 **Organízate**
Planifica la promoción de la campaña en las redes sociales de forma que tengas unas diez publicaciones listas para lanzar (videoclips, promos, entrevistas...), al menos una al día. No puedes dejar de hablar de ella: machaca en las redes, no pares. De manera implacable. Sé creativo, no supliques, llama la atención con algo realmente interesante y haz que parezca divertido.

7 **Toda la acción se centra en el principio y el final de la campaña**
Cuando lances la campaña, prepárate para la cantidad de actividad que se te viene encima. Los primeros tres días son clave: las buenas campañas obtienen el 30 % del dinero recaudado en tres días. Después se produce un valle de actividad, que vuelve a activarse hacia el final de la misma.

8 **Cumple tus promesas**
El trabajo de verdad comienza cuando llegues a la meta, ya que deberás preparar las recompensas según lo que hayas prometido durante la campaña. Y disfruta de ese momento: lo has conseguido.

No tengas prisa

Kate Peters *¿Quieres que te cuente un secreto?*, 2010

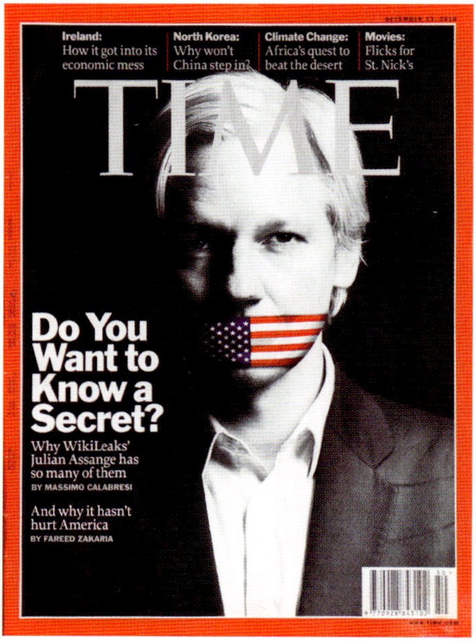

"Es una carrera de fondo: no te conviene quemarte demasiado rápido ni mostrar un trabajo que todavía no está listo para que el público lo vea".

La retratista británica Kate Peters ha levantado una exitosa carrera combinando proyectos de larga duración con retratos por encargo para clientes como *The Guardian* o *Time*, que llevó a portada la foto que le hizo a Julian Assange. Cree que es esencial tener una visión de nuestra carrera a largo plazo y que la tentación de esperar que el éxito llame a tu puerta demasiado pronto puede ser peligrosa.

"No tengas prisa por conseguir el éxito de la noche a la mañana. Parece que todo el mundo presiona para que la gente 'lo consiga' muy rápido y, de alguna manera, quizá parece que los demás lo consiguen. Las redes sociales han desvirtuado nuestro sentido de lo que realmente logran las personas y tendemos a creer que debemos darnos prisa en publicar nuestros trabajos. Es una carrera de fondo: no te conviene quemarte demasiado rápido ni mostrar un trabajo que todavía no está listo para que el público lo vea".

Pide permiso

Paul Lowe

"Siempre que puedas, antes de disparar, explica a quienes vas a fotografiar por qué lo haces y para qué usarás las fotos".

Es muy importante que obtengas una autorización firmada de tus modelos, sobre todo en el trabajo documental. Cada vez más, es un requisito imprescindible al trabajar con diversas ONG. Conviene diferenciar entre un contrato de cesión de derechos de imagen —un tipo de contrato comercial entre el modelo que cobra por posar y el fotógrafo— y la autorización para tomar fotografías, necesaria para proteger los derechos del modelo, no los del fotógrafo. Siempre que puedas, antes de disparar, explica a quienes vas a fotografiar por qué lo haces y para qué usarás las fotos. Recurre a un traductor si no conoces el idioma de tus modelos. Si es posible, consigue sus datcs de contacto. Lo ideal es que sea por escrito, por lo que deberías tener un modelo de autorización con información sobre el proyecto y preguntas claras de sí/no para que contesten. Si no puedes obtener una autorización por escrito, intenta grabar su consentimiento en audio o vídeo. El consentimiento es un proceso dinámico: si en un futuro cambiamos el uso que le vamos a dar a las fotos, deberíamos volver a pedir permiso para ese nuevo fin.

Ten un plan de tres años

Rebecca McClelland

"Empieza pensando dónde quieres estar dentro de tres años y ve hacia atrás desde allí".

La editora de fotografía y educadora Rebecca McClelland afirma que, si queremos tener éxito, debemos tener una visión de nuestra carrera a largo plazo. Recomienda trabajar con un objetivo en mente y pensar en los pasos necesarios para conseguirlo. En este sentido, sugiere empezar "pensando dónde quieres estar dentro de tres años y ve hacia atrás desde allí". Imagina, por ejemplo, que quieres exponer en una galería importante. Eso significa pensar en lo que necesitas para llegar hasta ahí, como conocer al director. ¿Cómo puedes conseguirlo? ¿En una exposición privada, en un festival de fotografía, en un evaluación de porfolios? Debes identificar los obstáculos, es decir, aquello que te impide alcanzar tus objetivos; por ejemplo, si te falta confianza en ti mismo, comienza a hablar con gente en reuniones profesionales; si no tienes dinero, piensa en formas creativas para conseguir financiación, como una campaña en Kickstarter. Por último, Rebecca cree que, para tener éxito, debes "ser totalmente sincero con lo que deseas y con cómo conseguirlo".

No dispares gratis

Paul Lowe

"Desgraciadamente, los fotógrafos *freelance* nos encontramos en una posición muy débil para negociar con los clientes, pero debemos luchar para que valoren nuestro trabajo y tenga la consideración profesional que se merece".

Al principio, uno de los principales dilemas —aunque también lo sufren los fotógrafos renombrados— es si debemos fotografiar gratis con la esperanza de dar visibilidad a nuestro trabajo. Sin embargo, puede ser desastroso, ya que el noventa por ciento de los pequeños negocios cierran durante los dos primeros años, y trabajar gratis es una de las formas más rápidas de entrar a formar parte de esa deprimente estadística. Imagina que le pides a cualquier otro profesional que haga un trabajo para ti sin pagarle por él. Intenta pedirle al fontanero que te arregle gratis la caldera. Trabajar gratis no es solo que no te paguen las fotografías, sino que tampoco recibes nada por tu equipo ni por el tiempo de posproducción, así que en realidad no trabajas gratis, sino que le estás pagando al cliente, mientras que para ti... ¡todo son pérdidas! Desgraciadamente, los fotógrafos *freelance* nos encontramos en una posición muy débil para negociar con los clientes, pero debemos luchar para que valoren nuestro trabajo y tenga la consideración profesional que se merece. Es mejor que dediques tu tiempo a desarrollar tu fotografía que a trabajar gratis.

Desarrolla un buen olfato para los negocios

Neil Turner *Ian Smith, director general de Oracle*, 2006

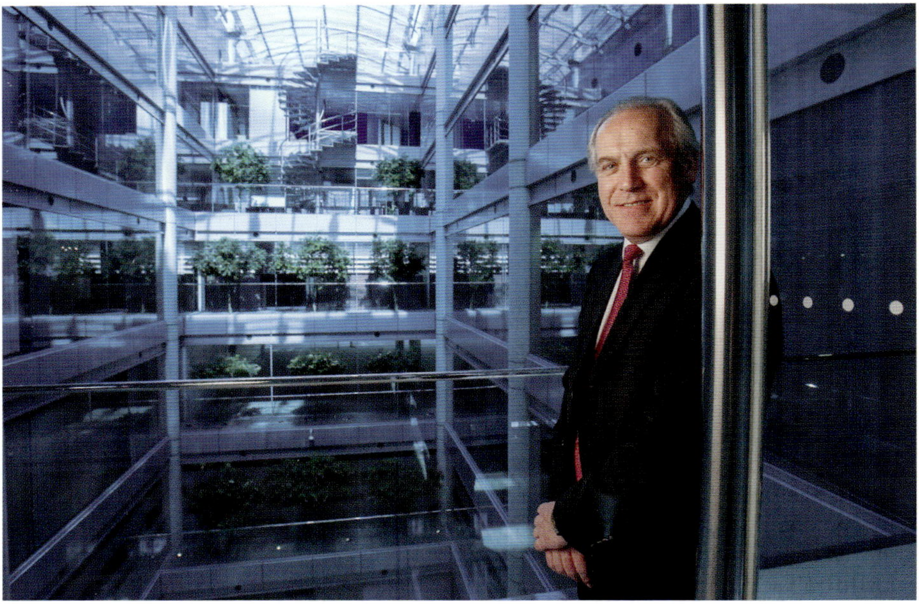

Neil Turner ha trabajado como fotógrafo y como editor de imágenes, y posee una aguda capacidad para entender el mundo empresarial. Estos son sus consejos para una carrera sostenible:

1 Aunque hay quien piense que es un privilegio ganarse la vida con un trabajo tan maravilloso, hay que pagar las facturas.
2 Guarda todos los recibos. Reclama todo lo que te corresponda para deducirte los impuestos y no pares hasta que te paguen.
3 Compra solo el equipo necesario para hacer los trabajos que te dan de comer. Puedes alquilar lo que no tengas.
4 Dedica a observar el trabajo de los demás todo el tiempo que dedicas a preocuparte por el tuyo.
5 Si sabes hacer buenas copias fotográficas, podrás indicarle al impresor lo que está mal.
6 Crea un buen porfolio, mantenlo actualizado y no dejes que coja polvo guardándolo en un cajón.
7 ¡Jamás aceptes consejos fotográficos de alguien que afirma que solo hay una manera de hacer las cosas!

¡Cárgate tus favoritas!

Shannon Ghannam

"Si no puedes ser cruel con tus imágenes, busca a alguien de confianza que se ocupe de ello".

La directora del departamento de educación global de Magnum Photos, Shannon Ghannam, trabaja codo con codo con los fotógrafos de la agencia y puede darnos sabios consejos sobre lo valioso que es no tener piedad a la hora de seleccionar imágenes. Afirma que "editar es crucial" y que, cuando trabajamos, hay que ser capaz de dejar a un lado las emociones. Recomienda: "Si no puedes ser cruel con tus imágenes, busca a alguien de confianza que se ocupe de ello". Desde su punto de vista, en los proyectos largos "eliminarás muchas fotos buenas, pero el resultado mejorará con ello". Cargarte tus favoritas significa que te estás planteando la difícil pregunta de si cada imagen contribuye a la historia. Si la respuesta es no, lo mejor es eliminarlas, aunque sean visualmente potentes.

No te esfuerces demasiado por conseguir el éxito rápidamente

Juno Calypso *Sueño en verde*, 2015

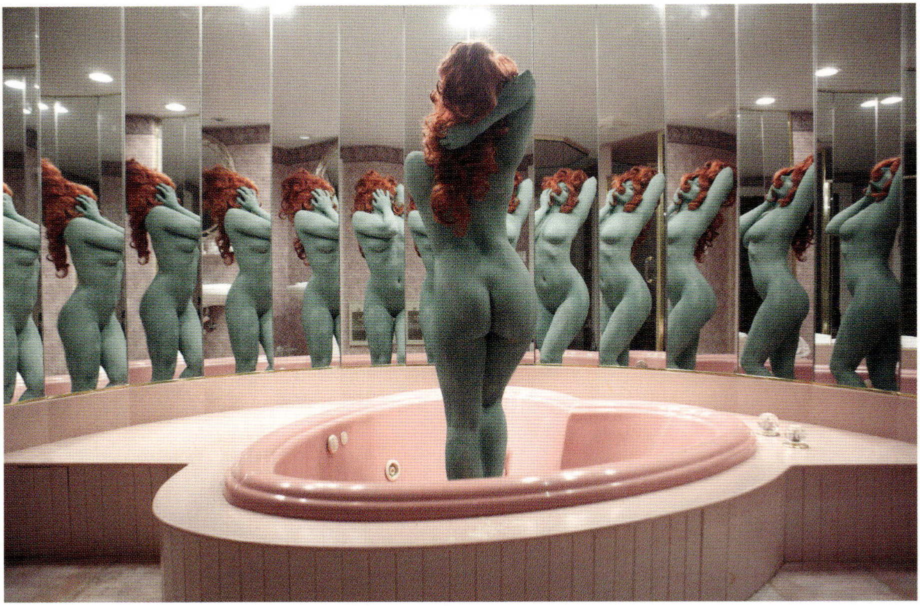

Juno Calypso irrumpió en la escena de la fotografía de una forma espectacular como su *alter ego*, Joyce, a quien llevó a un romántico hotel temático donde creó una surrealista serie de autorretratos titulada "The Honeymoon" [La luna de miel]. Pese a su rápido éxito, Juno advierte del peligro de dejarse llevar demasiado pronto y aconseja que nos centremos en buscar y lograr una carrera sostenible a largo plazo: "Es mejor no esforzarse por conseguir el éxito y llegar joven a la cumbre de tu carrera. Los artistas nunca se retiran, puedes seguir trabajando hasta que te mueras". Su consejo de que nos lo tomemos con calma es muy inteligente teniendo en cuenta su relativa juventud, pero insiste: "Tómate un descanso y cuídate, no te quemes demasiado pronto". Pensar en tu carrera como un maratón en vez de como un esprint es un sabio consejo.

Añade citas a los pies de foto documentales

Nicola Moyne

Nicola Moyne, editora, escritora y fotógrafa, nos explica cómo elaborar un texto potente que refuerce nuestras fotografías antes de que se publiquen.

"Nada atrapa tanto a un lector como leer lo que sentía el sujeto de tu foto cuando disparaste. Limitarse a escribir la fecha, el lugar y una descripción de la escena no recoge los sentimientos ni añade un valor emocional al relato, así que, cuando me pongo a buscar los elementos que quiero que aparezcan en el reportaje o empiezo a fotografiar las historias, siempre intento que la persona me cuente por qué está ahí, o lo más importante, cómo se siente. Unas cuantas palabras potentes pueden realzar una pieza y contribuir a crear un diálogo más revelador entre la copia y la imagen".

No esperes a la inspiración

Chuck Close Chuck Close sentado ante una de sus pinturas, un autorretrato, 2007 (fotografía de Henning Kaiser)

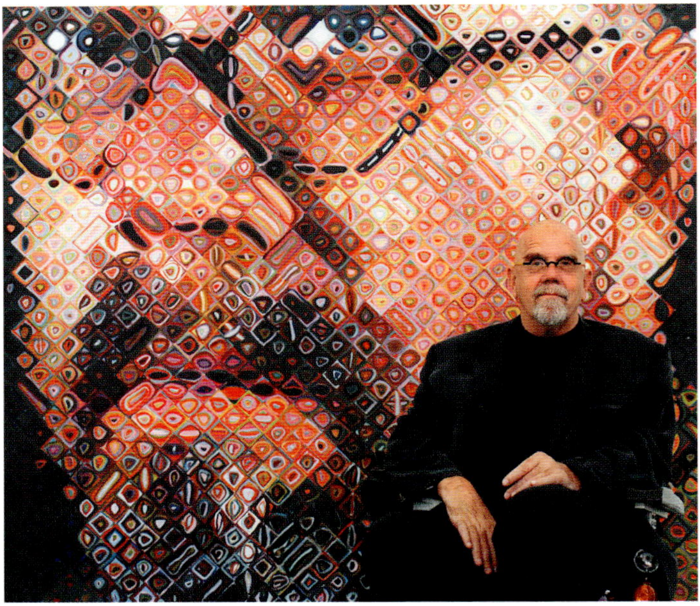

El artista estadounidense Chuck Close cree en el proceso y en que el esfuerzo y la disciplina en el trabajo marcan el éxito de un profesional. Sostiene que "la inspiración es para los *amateurs*, el resto debemos levantarnos e ir a trabajar". Quizá parezca engañosamente simplista, pero Close insiste en que solo trabajando podemos descubrir las conexiones y caminos que pueden conducirnos a nuevas ideas. Afirma: "Las cosas surgen de la actividad y, a través del trabajo, encuentras otras posibilidades y se abren ante ti nuevas puertas con las que nunca habrías soñado si te hubieras quedado sentado a que llegara la gran idea artística". Acepta esta premisa, sumérgete en el proceso de hacer cosas y las conexiones, los descubrimientos y las nuevas ideas se presentarán si les das el tiempo suficiente.

Busca el factor sorpresa

Aidan Sullivan

"Cuando elabores un porfolio para una presentación, incluye solo imágenes que destaquen; si alguna no posee ese factor sorpresa o no funciona en la historia, no las muestres".

Aidan Sullivan es director de Verbatim Photo y representa a algunos de los realizadores y fotoperiodistas más respetados del mundo. Además, fue editor de fotografía de la revista *Sunday Times*. Ha evaluado cientos de porfolios de fotógrafos y afirma que le impresiona la cuidadosa edición que es capaz de ilustrar nuestro mejor trabajo. Recomienda: "Cuando elabores un porfolio para una presentación, incluye solo imágenes que destaquen; si alguna no posee ese factor sorpresa o no funciona en la historia, no las muestres". Cree también que el fotógrafo tiene que hacer llegar su personalidad al evaluador y aconseja: "Cuando llega el momento de enseñar una muestra de tu trabajo en una reunión con posibles clientes, no te quedes parado esperando que tu trabajo les impresione, es la oportunidad de brillar. Muéstrales tu pasión". Concluye que el elemento más importante es entablar una conexión personal con el cliente, ya que "las relaciones pueden ser tan importantes como tu trabajo. Muchas personas tratan de hacerse un hueco en la industria y, para destacar, necesitas algo más que un buen porfolio; tienes que conectar con alguien a quien le interese hacerte un encargo".

No supongas

Laura Noble

"Hacer suposiciones es la base de la mayor parte de los errores que se cometen en esta industria. El mundo de la fotografía puede ser muy reducido, con menos de seis grados de separación entre una persona y otra. La única suposición que se puede hacer es que esa persona que acabas de conocer conoce a otra a la que tú también conoces o quieres conocer, así que debes saber comportarte. La gente tiene más memoria de lo que crees y, si se llevan una mala primera impresión, se les queda grabada, y puede que ocurra lo mismo con otras personas que se crucen en su camino. No cuesta nada ser amable, mostrar interés y prestar atención. Supón que la otra persona es más interesante que tú y controla tu ego. Hasta la persona más influyente del mundo es humana. Sé educado y aprende de ellos. Todo el mundo tiene algo que ofrecer y suele ocurrir cuando menos te lo esperas".

Laura Noble nos traslada su optimista consejo sobre el valor de los contactos personales y el respeto del punto de vista de aquellas personas con las que quieres trabajar en este negocio.

Tira la basura

Eric Bouvet *Refugiados en Somalia en julio*, 1992

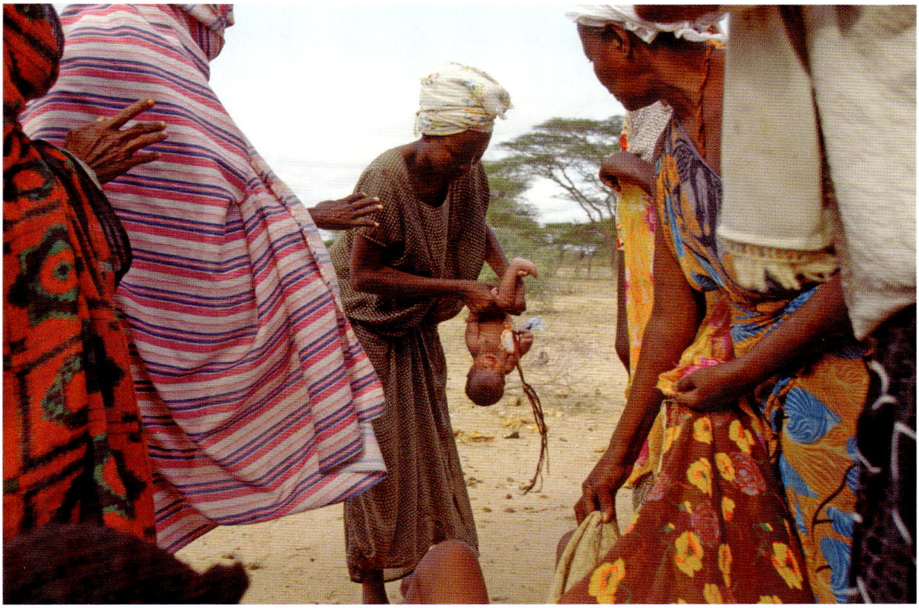

Algunos fotógrafos recomiendan disparar usando distintos encuadres y archivarlo todo porque afirman que nunca se sabe lo que podrías perder o lo que podrá servirte en el futuro. Sin embargo, el fotoperiodista Eric Bouvet es un gran defensor de la *poubelle*, 'papelera' en francés. Dice que hay que ser disciplinados y selectivos al hacer fotos, e insiste a los fotógrafos que hagan la menor cantidad de tomas, para que "una sea el nirvana". También aplica esta máxima al proceso de edición y recomienda "guardar el menor número posible de imágenes y tirar a la papelera todo lo que no necesites. Debes ser estricto y duro contigo mismo". Opina que esa actitud despiadada es muy útil para mejorar y que, "si guardas esas fotos que no son buenas del todo, nunca serás un fotógrafo bueno del todo, nunca te exigirás el máximo de lo que puedes dar".

Anima a los demás

Maggie Steber *Katie Stubblefield es una paciente de Cleveland donde un equipo de cirujanos le ha realizado varias operaciones para preparar su trasplante de cara*, 2016

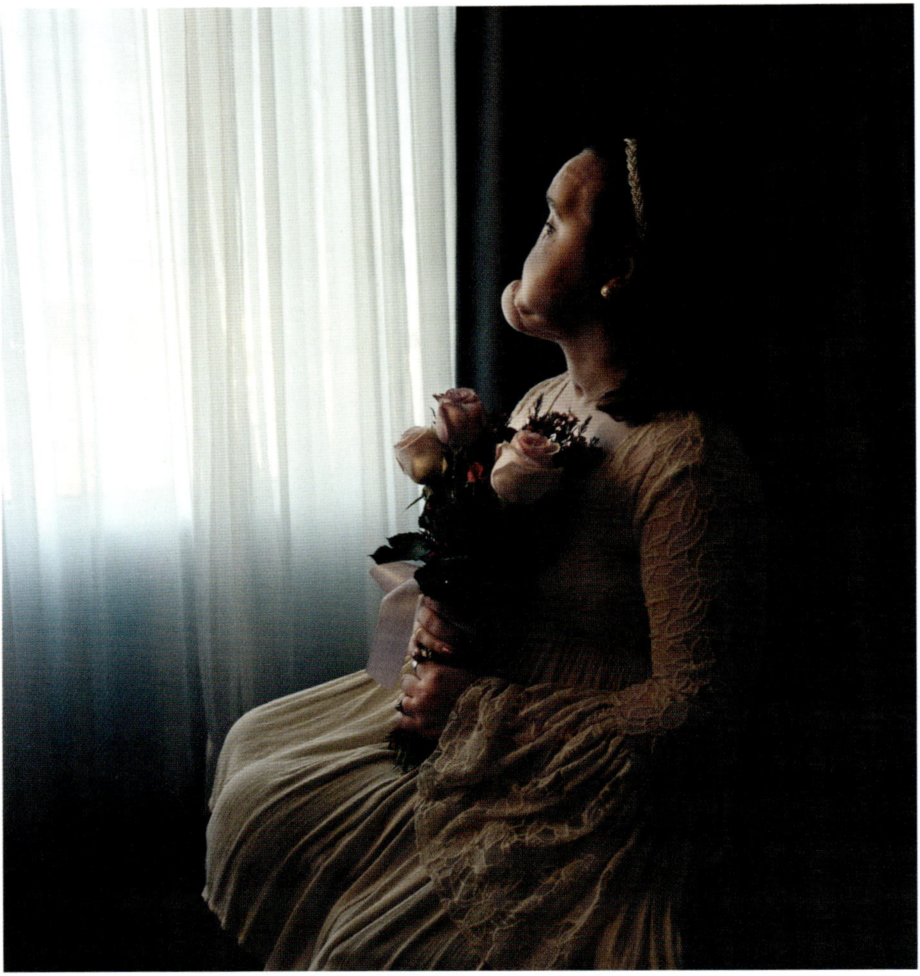

"He comprendido que lo que ha hecho que siga en este negocio durante tanto tiempo ha sido mostrarme amable y alentar a otros fotógrafos y editores. Hace mucho tiempo me di cuenta de que era más sano y fácil ser generoso que dejarme llevar por la competitividad con otros fotógrafos. Felicito a mis colegas por sus éxitos y me alegro por ellos. Esto no solo hacía que me sintiera mejor, sino que me ayudó a centrarme en mi trabajo. Las personas egoístas, con un ego enorme, no duran un minuto en este negocio. Siempre hay algo que las hace caer. Parte del objetivo en esta profesión consiste en mantenerse en pie con dignidad y respeto, y esto se hace con ideas y una mente abierta. No dejes que nadie te haga sentir inferior. Escucha las opiniones de los editores, aunque no estés de acuerdo con ellas. Escucha, aprende, sopesa y, después, decide".

Maggie Steber es profesora. Organiza talleres por todo el mundo en los que ayuda a otros fotógrafos con su estimulante forma de enseñar a romper las barreras que se encuentran en la profesión. Recalca la importancia de ayudar a la comunidad apoyando a los demás en su trabajo.

No borres

Dirck Halstead *Monica Lewinsky abraza al presidente Bill Clinton en un evento organizado por el partido demócrata para recaudar fondos*, 1996

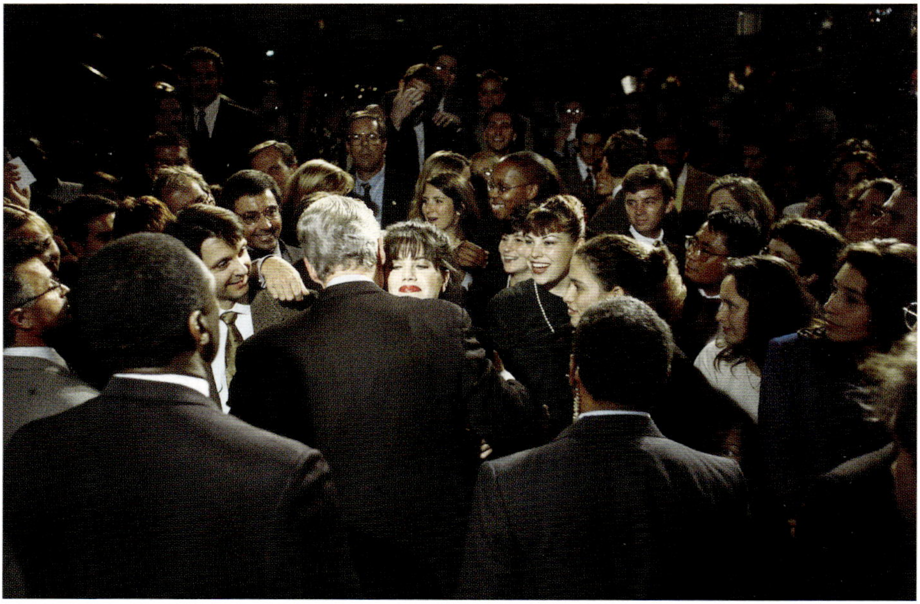

A medida que aumentan los sensores de las cámaras, si cumplimos la regla de disparar en modo RAW, la cantidad de datos que generamos es enorme. Sin embargo, hay que resistirse a la tentación de borrar archivos, sobre todo en la cámara, a menos que, desde un punto de vista técnico, sean inutilizables. Nunca se sabe si una imagen que en su momento no nos pareció importante podría serlo en el futuro. Un magnífico ejemplo de esto es la experiencia de Dirck Halstead, que encontró en sus archivos una imagen de Monica Lewinsky abrazando a Bill Clinton que había tomado un año antes de que el escándalo sobre su relación saltara a la palestra. Cuando la noticia se publicó, Halstead estaba convencido de que ya había visto a aquella mujer y contrató a un documentalista para que revisara las miles de diapositivas que tenía en su archivo hasta que encontraron la foto que había hecho en un acto de campaña en 1996. La revista *Time* llevó la imagen a la portada y, las agencias de fotografía rivales no pudieron encontrar esa foto porque seguro que la borraron considerándola poco importante en ese momento.

Las reglas de Brian Griffin

Brian Griffin *Margaret Thatcher en el número 10 de Downing Street*, 1986

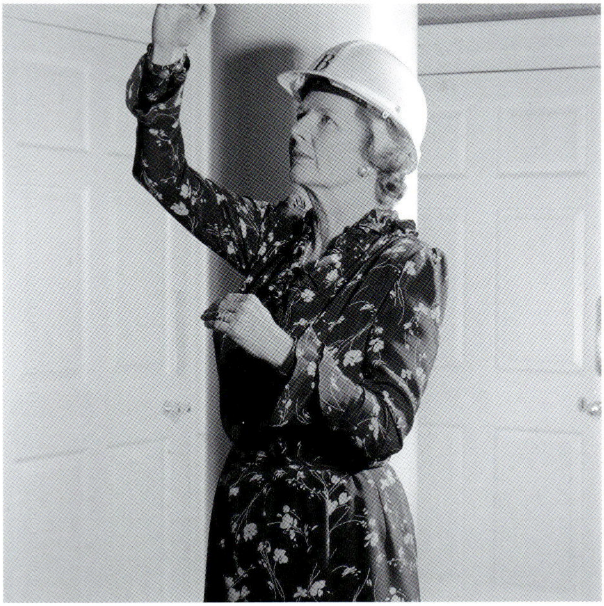

Dientes

Como en la fotografía de retrato hay que estar muy cerca del modelo, es importante sonreír mucho y asegurarse de tener bien limpios los dientes delanteros. Si la persona puede imitar tu sonrisa detrás de la cámara, mejor que mejor.

Cuarto de baño

Con los años, me he dado cuenta de que necesitar ir al baño en mitad de una sesión puede ser muy útil. Muchas de mis mejores fotos las hice aguantándome las ganas de ir al baño.

El trabajo de Brian Griffin está impregnado de sentido del humor y de una sátira surrealista e ingeniosa, elementos que usa con una gran eficacia para crear retratos que alteran el orden establecido en el mundo de los negocios y la política. Sus reglas muestran claramente su sentido del humor.

Aprende las cuatro reglas de un pie de foto

Neil Turner y Andrew Wiard Los Beatles durante el rodaje de *A Hard Day's Night* (reverso de la foto), 1964 (fotografía de David Hurn)

Turner y Wiard redactaron estas cuatro reglas sobre los pies de foto para la British Press Photographers Association; querían enseñarles a incluir en sus imágenes los metadatos necesarios para proteger el *copyright* de las mismas. Asegúrate de incluir estas cuatro reglas en los datos IPTC de tus archivos digitales.

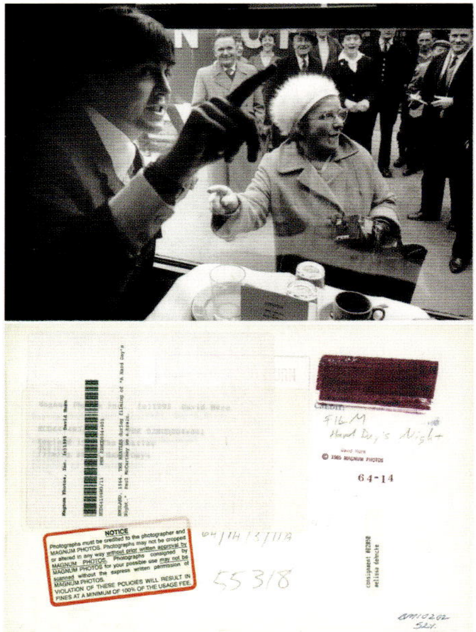

1 Creador / fotógrafo o autor
Si no te identificas como autor, nadie sabrá con quién contactar para pedirte permiso y publicar tus fotos o pagarte. Y lo que es peor: tu trabajo se considerará huérfano y, en determinadas circunstancias, puede usarse sin permiso y sin pagar por él.

2 Descripción o pie de foto
Debe responder a las preguntas de quién, qué, cuándo, dónde y por qué. Sin esta información, a efectos editoriales una foto carece de valor. No hay límite a la hora de incluir otros detalles, pero estos cincos son obligatorios.

3 Texto de *copyright*
Tú eres el propietario intelectual. El texto consta de tres partes: el símbolo © o la palabra *copyright*, tu nombre y el año de la primera publicación. Omitirlo no restringe tus derechos, pero puede que te cueste más hacer que se cumplan.

4 Datos de contacto
Son necesarios para que contacten contigo. Lo mínimo sería incluir tu número de teléfono con el prefijo internacional y una dirección de correo electrónico. También te recomiendo que añadas una URL a los datos del *copyright*.

Incluye siempre estos metadatos básicos en todas y cada una de las fotos que entregues a un cliente o que cuelgues en la web o en otro medio, para que puedan acceder a ellos quienes pidan permiso para usar tu trabajo.

Busca el apoyo de los demás

Fiona Rogers Fotógrafos de Magnum Photos en su reunión anual, 1988 (fotografía de Elliott Erwitt)

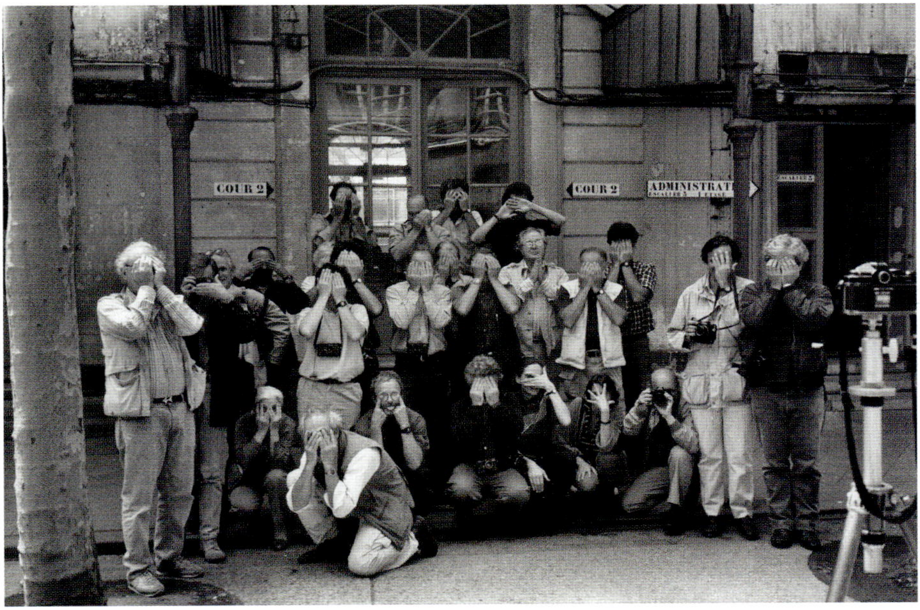

Fiona Rogers es la directora de operaciones de la agencia cooperativa Magnum Photos y ella recomienda a los nuevos fotógrafos que sigan el modelo cooperativo y se asocien con amigos para crear sociedades que les ofrezcan una red de apoyo. Sostiene: "Es más seguro contar con los demás". Dice que está harta de ver a "muchos alumnos recién graduados que tratan de crear contactos y entrar en diferentes industrias, todos hacen lo mismo". Es difícil hacer esto solo, sobre todo nada más salir del cascarón que supone la universidad. Formar pequeñas cooperativas o agencias con colegas es "una manera inteligente de conseguir visibilidad, financiar proyectos y crear contactos". Al desarrollar proyectos, también es fundamental que cuentes con un grupo de apoyo que actúe como "amigos críticos" para que intercambiéis ideas en un ambiente seguro.

Usa Instagram como patio de recreo

Ed Kashi *Rodeo, Colorado*, 2012

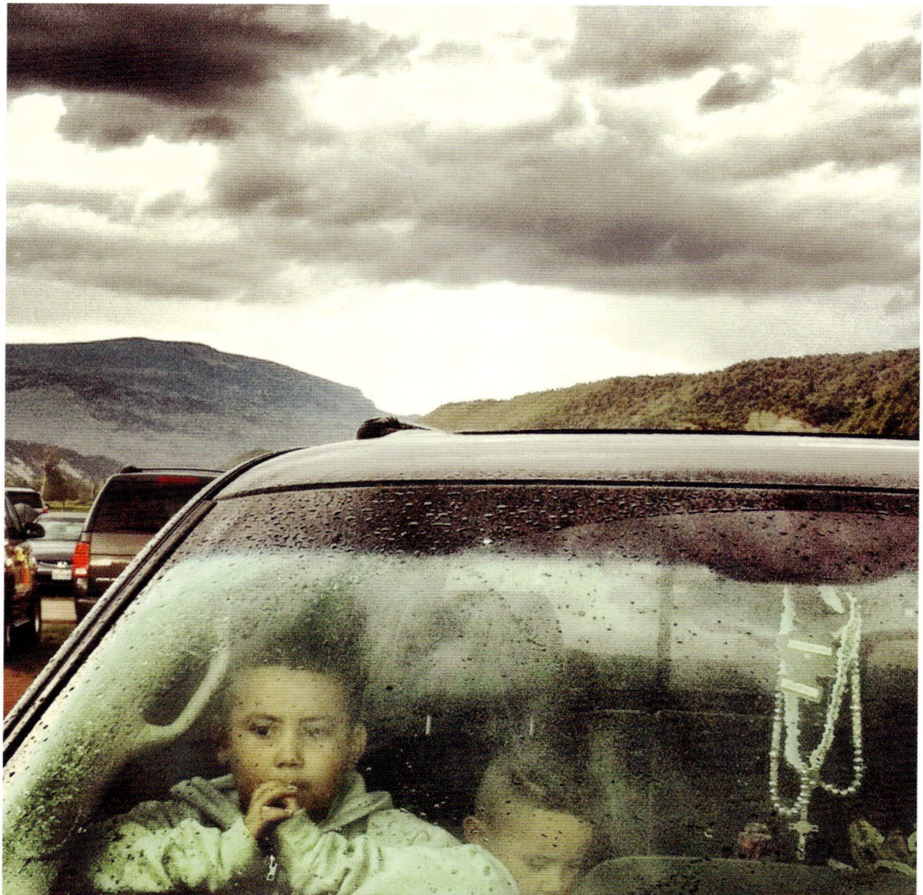

“La autoría y el control de mi trabajo hace que Instagram sea el único canal que existe hoy en día en el que publico fotos y puedo llegar a un público amplio sin filtros ni intermediarios. En resumen, es un espacio que no existe en ninguna otra parte dentro de la fotografía actual”.

El fotógrafo de VII Agency Ed Kashi utiliza Instagram como plataforma alternativa para publicar sus fotos y *stories*, evitando así los medios tradicionales para llegar directamente al público. Para él, es un “espacio especial para los artistas visuales y narradores, un lugar en el que puedo jugar con la imaginación como en ningún otro lugar, experimentar con dobles exposiciones, trabajar con herramientas de posproducción o de laboratorio fotográfico que jamás usaría con mi formato de trabajo de 35 mm y capturar momentos puros de mi vida diaria”. Pero también lo considera más que un lugar en el que jugar y reconoce que puede ser una plataforma muy potente para el activismo. Por encima de todo, lo primordial es el control sobre lo que puede publicar, tal como él mismo afirma: “La autoría y el control de mi trabajo hace que Instagram sea el único canal que existe hoy en día en el que publico fotos y puedo llegar a un público amplio sin filtros ni intermediarios. En resumen, es un espacio que no existe en ninguna otra parte dentro de la fotografía actual”.

En la edición se construye la narración

Taha Ahmad

"Editar es la columna vertebral de una producción narrativa sólida. El fotógrafo tiene que elegir entre miles de imágenes tomadas a lo largo de un par de años para construir una secuencia potente y bien trabada. Aunque este proceso depende totalmente de la narración, hay algunos detalles que podríamos tener en cuenta cuando editamos un determinado tipo de trabajo: la historia, imágenes coherentes similares a la narración, eliminar imágenes repetitivas o las que muestran el mismo hecho, ritmo y sentimientos, similitud de valores tonales, intuición, etc. La edición debería acompañarse siempre de unos pies de foto precisos. Un buen trabajo de edición no se realiza de la noche a la mañana, lleva su tiempo. Requiere un estado mental constante en el que el fotógrafo repasa la historia una y otra vez, y va añadiendo piezas como si se tratara de un puzle".

Taha Ahmad es un documentalista indio afincado en Nueva Delhi que trabaja temas relacionados con el pasado traumático y la cultura amenazada por los conflictos religiosos, las injusticias sociales, la política y los tiempos que vivimos. Explica que, para él, el proceso de edición es fundamental en cualquier proyecto fotográfico.

Mantén informado al editor

Sarah Rumens Alumnos del John Hampden School trabajando en su propio periódico en clase, High Wycombe, Buckinghamshire, 24 de mayo de 1967 (fotografía de Michael Stroud)

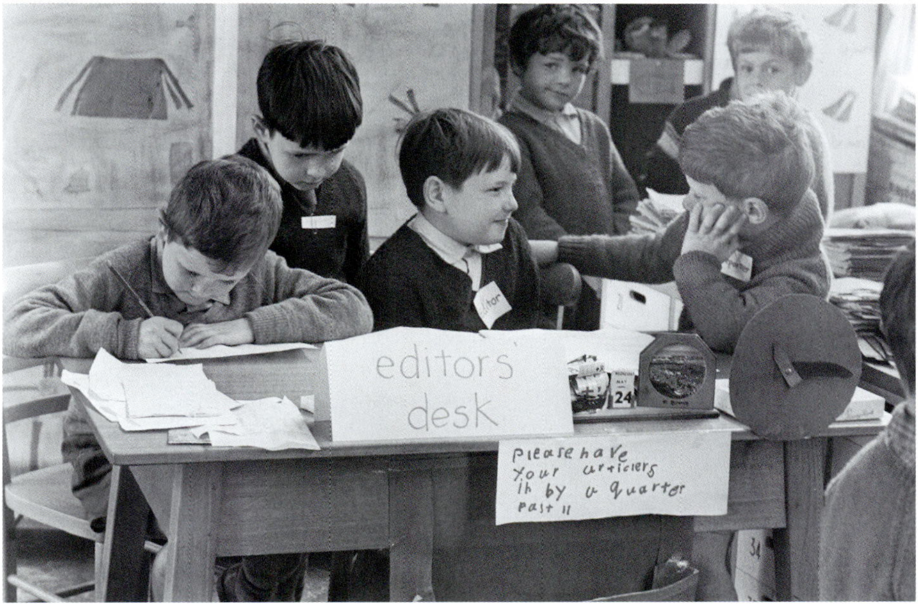

Sarah Rumens es editora de fotografía en *The Times* y su estricto consejo es que siempre estemos en contacto con el editor que nos hace el encargo. Y advierte: "No me gustan las sorpresas. Si hemos consensuado el concepto con antelación y el día acordado llegas y te encuentras con que las cosas no son como habíamos acordado, por favor, llámame. Cada vez que te ocurra". En los trabajos por encargo, la mayoría de las veces hay que solucionar problemas, y las historias no siempre salen según lo planeado. Si mantienes al editor informado de cualquier cambio o problema con el trabajo tendrás la garantía de que podréis resolver la situación de forma colaborativa. No temas pedir ayuda si las cosas no salen como esperas. Los editores confiarán más en ti si eres sincero y abierto con ellos.

Las reglas de oro de la autopublicación

Graeme Oxby *The Kings of England*, 2018

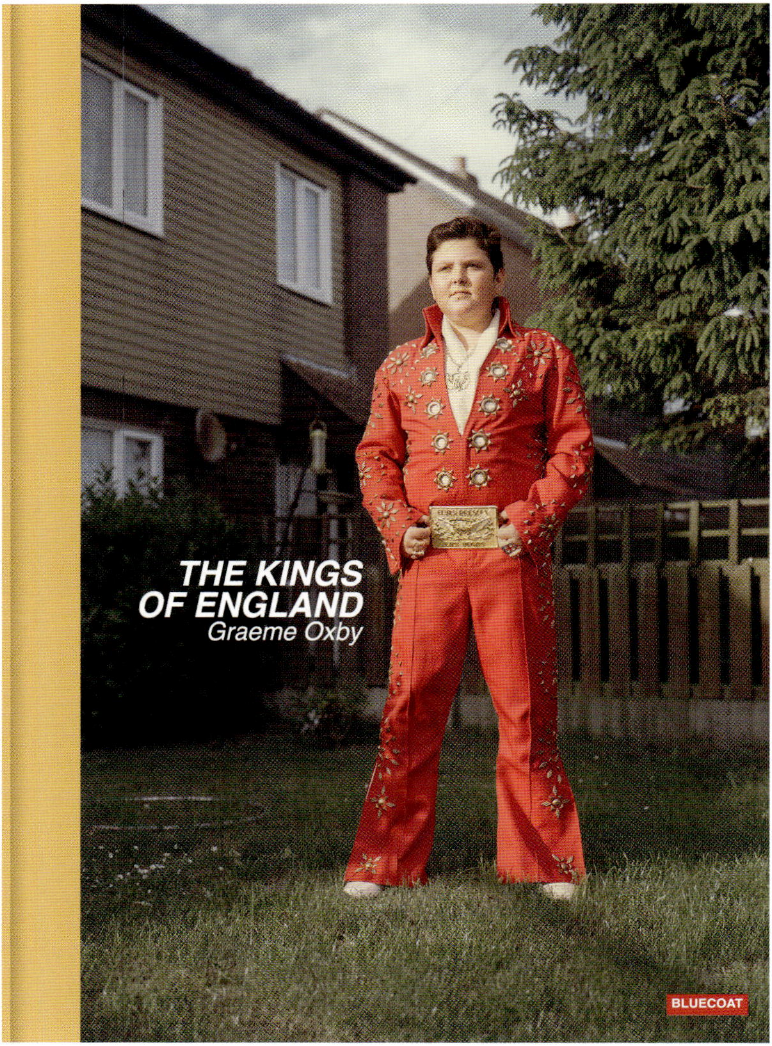

El proyecto de Graeme Oxby que duró cinco años sobre imitadores de Elvis, titulado *The Kings of England*, fue publicado por Bluecoat Press. Estos son sus consejos para autopublicar un proyecto con éxito.

1. Trabaja con otros siempre que puedas. Lo ideal es que encuentres una editorial con amplia experiencia en microfinanciación colectiva para publicar libros de fotografía.
2. Prepárate. Organizar una campaña de microfinanciación requiere mucho trabajo y puede que la parte más importante de la preparación sea construir una red de contactos, tanto en el mundo digital como en el real.
3. Haz un vídeo que explique claramente quién eres y en qué consiste tu proyecto. Aunque sea una presentación simple, asegúrate de que las fotos y el audio sean de buena calidad, y que sea breve, de no más de dos minutos.
4. Prepara una gama amplia de recompensas que animen a la gente a invertir en tu proyecto. Además del libro, puedes ofrecer copias en papel de las fotografías y otros elementos impresos. También pueden ser experiencias, pero una buena selección de las imágenes clave del proyecto es lo que más gusta.
5. Es bueno dar publicidad al lanzamiento del proyecto, pero ten cuidado, no te pases. Si no, cuando el libro se publique, todo el mundo ya habrá oído hablar de él.
6. Hay que promocionar el libro una vez publicado; imprimirlo es una dura lucha, pero es solo el principio. El verdadero trabajo empieza cuando sale de la imprenta. El éxito genera éxito.
7. No te rindas. Cree en ti y en tu proyecto. Haz lo necesario para que se convierta en realidad. Trabaja mucho y con inteligencia, y obtendrás tu recompensa. Ver tu libro publicado por primera vez es una experiencia incomparable, pero enseguida pasa. Entonces llega el momento de empezar con el siguiente.

Da tiempo y espacio al proceso de edición

Anna Fox

"Lo ideal sería dejar pasar un tiempo entre las tomas y la edición para crear una especie de distancia emocional respecto al momento en que se tomaron las fotos".

La fotógrafa de documental británica Anna Fox recalca lo importante que es implicarse de lleno en la edición del proyecto y dejar que pase todo el tiempo necesario, porque, en su opinión, "gran parte del significado se crea durante la edición". Recomienda crear un espacio entre el momento en que se realiza el trabajo y la revisión, y afirma: "Lo ideal sería dejar pasar un tiempo entre las tomas y la edición para crear una especie de distancia emocional respecto al momento en que se tomaron las fotos; necesito entenderlo como una imagen, en vez de ser capaz de relacionarlo con algo en lo que yo estaba presente". Es muy habitual que, al elegir una foto, los fotógrafos nos dejemos influir por su dificultad al hacerla o al acceder a ella en vez de ver lo buena que es. Por eso es recomendable dejar cierta distancia desde el momento en que tomes las fotos para que seas capaz de juzgarlas y editarlas con objetividad.

Haz copias

Paul Lowe Discos duros de ordenador, un montón de chatarra electrónica, 2014 (fotografía de Manfred Rutz)

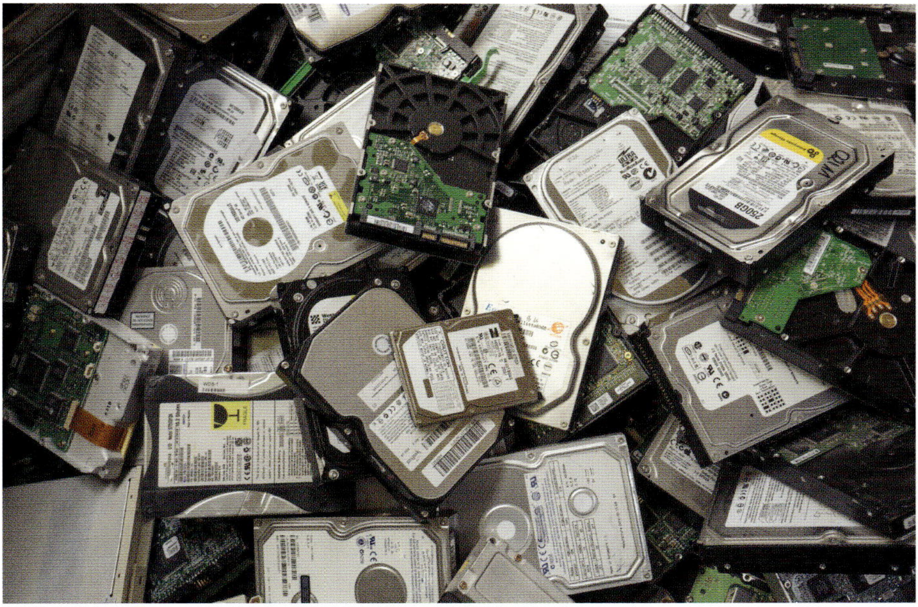

Almacenar los datos organizados en un lugar seguro es esencial si queremos acceder a ellos dentro de uno, cinco, diez o cientos de años. Los discos duros fallarán y el *hardware* y el *software* se quedarán obsoletos. Es esencial que tengas varias copias de seguridad. La estrategia del 3-2-1 está bien para empezar.

3 Haz tres copias de los datos.
2 Guárdalos en dos sitios distintos.
1 Una de ellas ha de ser una copia física. Se pueden utilizar discos duros externos, la nube o DVD, pero lo ideal es que combines los tres.

Te recomiendo que establezcas unas pautas de trabajo que se conviertan en hábito y que hagas varias copias automáticas de tus archivos más valiosos; una guárdala en un lugar al que puedas acceder rápidamente y al menos otra déjala en un lugar seguro. Asegúrate de comprobar periódicamente que el sistema de almacenaje funciona y que puedes seguir leyendo los archivos en el ordenador que estés usando.

Trabaja sin fechas de entrega

Diana Markosian *Llegada a América*, de la serie "Santa Barbara", 2018

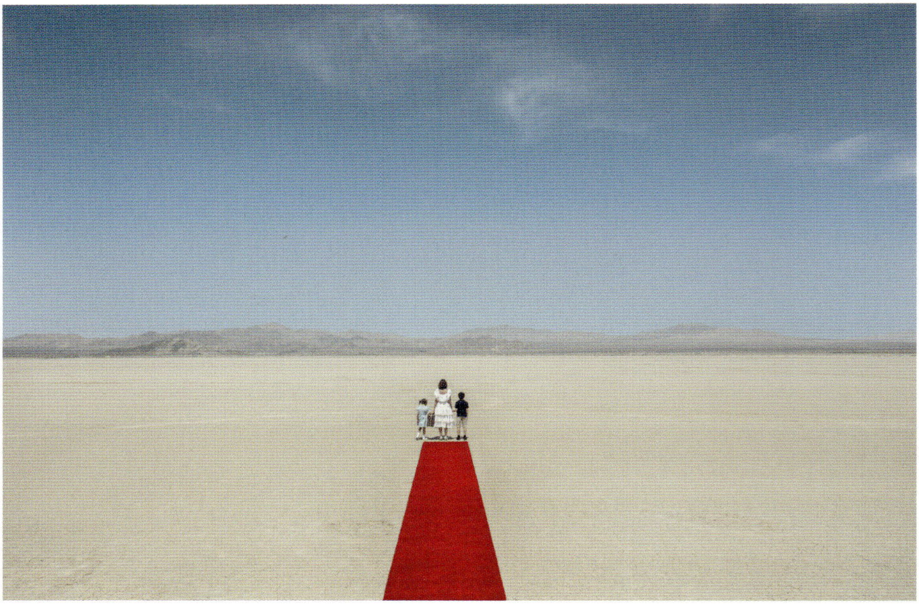

La preocupación de la artista armenioamericana Diana Markosian es fundamentalmente la relación entre la memoria y el lugar, tema que queda patente en *Inventing My Father*, un trabajo muy personal sobre su conexión con un hombre al que apenas conoció. Opina que dedicar tiempo a un sujeto sin la presión de los encargos y fechas de entrega es esencial para hacer un trabajo con significado, y explica: "Hay mucha presión por crear, por empezar algo nuevo a continuación. No me interesa. Creo que el arte tiene que salir de dentro y eso no se puede fabricar". Considera que comprometerse con el tema es vital y no se puede forzar: "Si al final solo haces una cosa en la vida, tal vez sea suficiente. No eres una cadena de montaje".

Sé flexible de joven y cabezota de mayor

Shoair Mavlian

"Hay que estar dispuesto a comprometerse cuando eres joven y quieres exhibir tu trabajo; cuando seas mayor podrás permitirte el lujo de ser cabezota y aferrarte a tus principios".

Shoair Mavlian dirige Photoworks, una plataforma independiente de fotografía contemporánea con un programa que incluye encargos, exposiciones, publicaciones, aprendizaje y eventos públicos a gran escala. Ha organizado varias exposiciones importantes con fotógrafos famosos, aunque también trabaja con nuevos talentos que acaban de empezar. Este es su consejo para conseguir una carrera larga y sostenible: "Hay que estar dispuesto a comprometerse cuando eres joven y quieres exhibir tu trabajo; cuando seas mayor podrás permitirte el lujo de ser cabezota y aferrarte a tus principios". Sé lo más flexible que puedas al principio, ya que has de aprovechar cualquier oportunidad que te surja y merece la pena que adaptes tu punto de vista para que encaje con el de los demás. Más adelante, cuando te labres un nombre y tengas una visión propia y definida, podrás decidir cómo quieres presentar tu trabajo y a ti mismo.

Aprovecha cada oportunidad

Briony Campbell

Briony Campbell es conocida por la sensibilidad en su trabajo en el ámbito de la fotografía y del cine, donde documenta momentos íntimos de la vida de las personas. Su consejo sobre cómo levantar una carrera es este:

Persigue hasta la más mínima oportunidad siempre y cuando se cumpla, al menos, una de las siguientes condiciones:

1. Mejora tu porfolio.
2. Aumenta tus habilidades técnicas.
3. Te llena el bolsillo.
4. Contribuye a una buena causa.
5. Es divertida.

Y ninguna de las siguientes:

1. Compromete tu ética.
2. Se aprovecha económicamente de ti (lo que no implica que no puedas trabajar gratis).
3. Se aprovecha personalmente de ti.

Pregúntate por qué haces este trabajo

Martin Parr *Bedminster,* de la serie "British Food", 1995

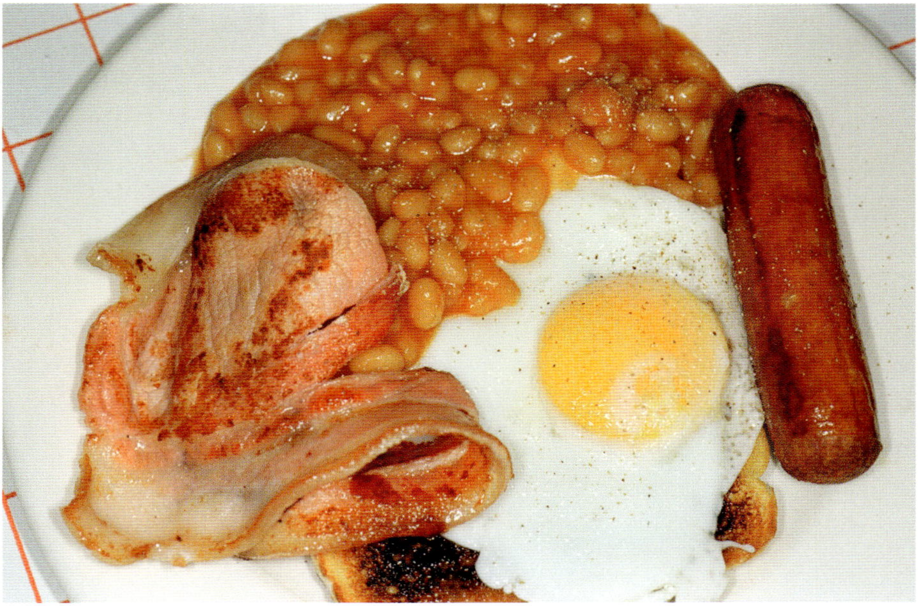

Martin Parr es uno de los mayores defensores de apoyar el talento emergente y lo hace a través de la fundación que lleva su nombre en la que defiende la fotografía documental británica. Tras haber visto el trabajo de miles de fotógrafos, cree que tener un proyecto claro y coherente es vital.

"La mayoría de los trabajos que vemos son confusos, porque ni los propios fotógrafos saben lo que quieren mostrar. Y eso es algo que puede enseñarse hasta cierto punto, y fomentarse y facilitarse para que les quede claro de qué hablan. El gran error que comete la gente es que intentan decir demasiado. Quieren cambiar el mundo con un solo proyecto. No se dan cuenta de que tratar algo, aunque sea pequeño, de un modo adecuado es más eficaz que abarcar a la vez demasiados aspectos del mundo. Si no puedes explicar qué estás haciendo en una sola frase, no merece la pena".

Intenta ser siempre decente

Stuart Freedman *Enfermo mental en un pabellón seguro, Nueva Delhi*, 2010

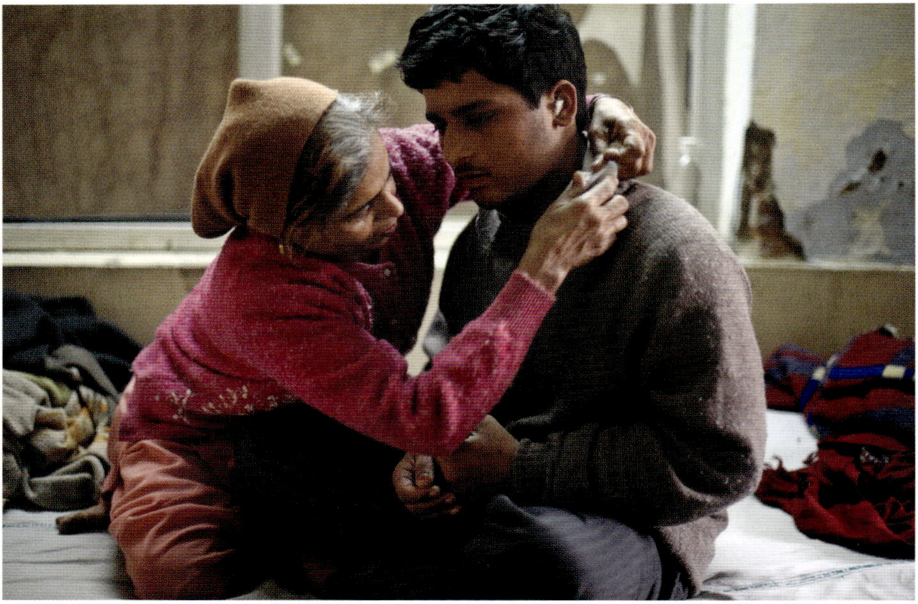

Para el fotoperiodista británico Stuart Freedman, mostrar respeto por la gente con la que trabajas es fundamental. Cree que, desgraciadamente, "muchos fotógrafos, sobre todo los que trabajan con temas delicados, se suponen con el derecho divino de invadir la vida de otras personas". Y añade con rotundidad: "Mostrar respeto y ser amable incluso en las situaciones más difíciles suele dar mejores resultados". También tiene en cuenta que otros deben trabajar esas áreas en el futuro, de manera que actuar con ética y honestidad es fundamental, ya que "normalmente caminamos por un terreno que ya han pisado antes que nosotros, y eso facilita mucho la vida a todos". Esto es lo que les suele suceder a quienes trabajan para el fotógrafo en ese campo, personas que colaboran en distintas tareas. Freedman es plenamente consciente de que ellos "viven donde tú has ido a trabajar y tendrán que sufrir las consecuencias de tus actos cuando tú te vayas". Su consejo, por tanto, es que "te asegures de que no les pase nada; te asegures de que coman y beban antes que tú; te asegures de pagarles y de trabar amistad con ellos".

Las reglas de la fotografía participativa

Tiffany Fairey

Tiffany Fairey fue una de las fundadoras de Photovoice, la herramienta líder en el desarrollo de metodologías participativas para proyectos de fotografía que anima a las comunidades a que cuenten sus historias. Aunque Fairey insiste en que no hay formas únicas de trabajar en este tipo de fotografía, existe una lista de recomendaciones para quienes quieren adentrarse en el mundo de la fotografía participativa.

1 **No supongas** a) que la gente quiera participar; b) que el proyecto es relevante o tiene valor para la comunidad con la que trabajas; c) que las imágenes que a ti te parecen interesantes son las que los participantes quieran hacer o tratar; d) que los participantes entienden lo que supone que muestren sus fotos al mundo.

2 **Escucha con atención** lo que cuenta la gente sobre su vida y sus aspiraciones, y sobre lo que quiere decir y hacer con sus fotos. Tu papel no es imponer ideas, sino facilitar otras.

3 **Asegúrate** de que haya tiempo y espacio suficientes para que el proceso evolucione a su ritmo. Preocúpate no solo por la calidad de las imágenes, sino por la del proceso entero.

4 **Ten en cuenta** la ética, tus intenciones y tu posición, y en cómo se desarrolla el poder con el proyecto.

5 **Diviértete.** Los proyectos de fotografía participativa tratan de crear conexiones y diálogo con otras personas, y eso no ocurrirá si los participantes no disfrutan o no se sienten cómodos y seguros.

6 **Construye una red** en torno al proyecto para ayudar a los participantes a que desarrollen su fotografía y que llegue al público, y para que tú también puedas enfrentarte a los problemas y las tensiones que puedan surgir.

Sé honesto

W. Eugene Smith *El doctor Albert Schweitzer en su hospital africano*, 1954

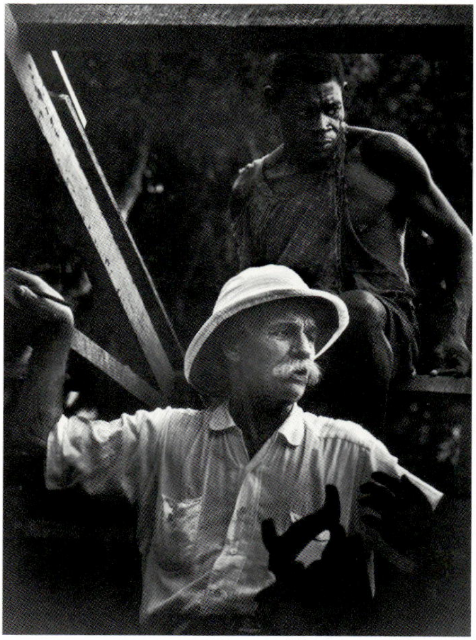

"El fotógrafo de prensa solo puede tener un enfoque personal; para él es imposible ser totalmente objetivo. Honesto, sí; objetivo, no".

W. Eugene Smith era un fotoperiodista apasionado y comprometido que creía en la autenticidad y la honestidad hacia los que, en su opinión, eran los aspectos fundamentales de la historia que estuviera contando. Defendía que él quería "que la verdad fuera el prejuicio". Sin embargo, eso no significa que quisiera seguir siendo neutral ante lo que consideraba bajezas morales, al contrario, y admitía: "El fotógrafo de prensa solo puede tener un enfoque personal; para él es imposible ser totalmente objetivo. Honesto, sí; objetivo, no". Señalaba también: "Hasta el momento de la exposición e incluido este, el fotógrafo trabaja de un modo innegablemente subjetivo. Por el enfoque que elige desde un punto de vista técnico, por la selección del tema... y por su decisión en cuanto al instante cinemático de exposición, el fotógrafo combina las variables de interpretación para formar un todo emocional". Es importante que reconozcas tu propia subjetividad, pero también que seas honesto y auténtico con tu postura ética.

Un porfolio para publicidad ha de ser creativo

John Wyatt-Clarke

"Se me cae el alma a los pies cuando un fotógrafo me presenta su porfolio y dice que lo ha creado con los trabajos que le parecían más comerciales".

John Wyatt-Clarke, uno de los agentes comerciales más importantes, expresa así las decepciones que se lleva cuando los fotógrafos le enseñan su trabajo: "Se me cae el alma a los pies cuando un fotógrafo me presenta su porfolio y dice que lo ha creado con los trabajos que le parecían más comerciales". Cree que tienen una idea equivocada de cómo debería ser la fotografía publicitaria y sostiene: "Tal vez hace veinte años no fuera variada, pero me cuesta pensar en un estilo visual que haya estado prohibido durante este siglo". Wyatt-Clarke señala, además, que los profesionales que trabajan en los departamentos creativos de las agencias de publicidad poseen una amplia cultura visual: "Su material de partida es tu individualidad. No los insultes mostrándoles tus segundas mejores fotos que se parecen a un anuncio que viste que grabó no sé quién". Buscan la visión personal y estética única del fotógrafo y son lo bastante inteligentes como para ver si pueden trasladarla al mundo de la publicidad.

Encuentra tu punto de belleza

Maria Teresa Salvati

"Ahora más que nunca, una regla de oro es que busques tu punto de vista único y que posiciones tu trabajo clara y directamente, lo que yo llamo encontrar tu 'punto de belleza'. Paralelamente, debes ganar confianza como autor en lo que respecta a la ética, los principios y los valores, ya sea en tu forma de dirigirte y relacionarte con los temas, ya sea en la forma de contextualizar y consumir la historia. Con la creciente popularidad de la fotografía, destacar entre la multitud y comunicarse utilizando los canales más apropiados (principalmente Instagram) es fundamental para que te labres una carrera en los distintos campos de la fotografía contemporánea".

Maria Teresa Salvati es asesora de marca personal, educadora y editora jefe y fundadora de Slideluck Editorial. Escribe una columna mensual en la revista *C41* titulada "My Spot of Beauty" (Mi punto de belleza), donde presenta a fotógrafos famosos y nuevos vistos a través de su motivación íntima y personal.

No toques al modelo

Paul Lowe Richard Avedon fotografiando a la modelo Jean Shrimpton, 1965 (Hulton Archive)

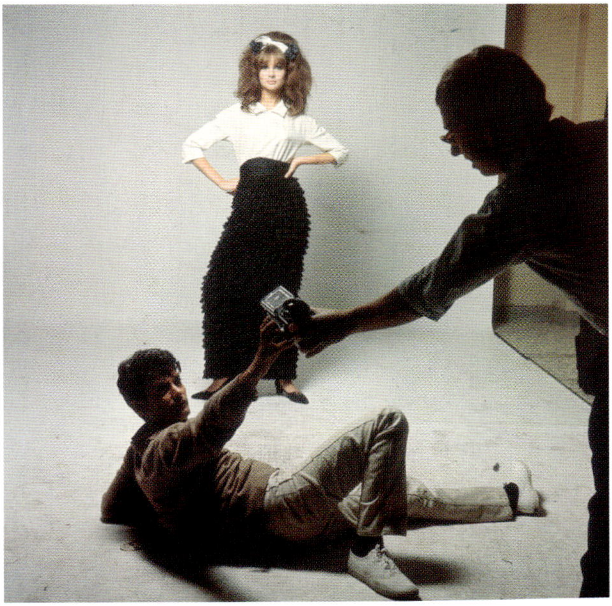

Cuando hacemos un retrato a alguien o trabajamos con un modelo en una sesión de moda o en un anuncio, la regla general es que evites todo contacto físico. Si quieres que se mueva de una forma determinada o que haga tal o cual pose, dale indicaciones verbales precisas, señala con la mano o representa la pose para que el modelo la imite. Tocar a los modelos es inaceptable a menos que lo pidas por adelantado, e incluso en ese caso hay que reducir el contacto al mínimo, quizá para apartarle un mechón de pelo o ajustar ligeramente la posición de un hombro. En esos casos, si cuentas con un maquillador, un peluquero o un asistente en el estudio, pídeselo a ellos.

Decide por qué, qué y cómo

Dewi Lewis

“¿Realmente tengo algo que decir? ¿Mi proyecto tiene algo de innovador y único? Y si es así, ¿hay alguna manera de unir todas las piezas en una secuencia coherente que genere una acción sinérgica en las imágenes individuales?”.

Dewi Lewis es uno de los más exitosos editores independientes de libros de fotografía y siempre hace las mismas preguntas a sus posibles autores: “¿Por qué quieres publicar un libro? ¿Es la mejor manera de hacer que avance tu carrera?”. Aconseja a los fotógrafos que quieren publicar un libro que se hagan preguntas difíciles como las siguientes: “¿Realmente tengo algo que decir? ¿Mi proyecto tiene algo de innovador y único? Y si es así, ¿hay alguna manera de unir todas las piezas en una secuencia coherente que genere una acción sinérgica en las imágenes individuales?”. Un buen proyecto de libro requiere mucho trabajo y dedicación, y debes preguntarte si eres capaz de hacerlo tú mismo, lo que incluye todas las tareas propias de la publicación de un libro: edición, diseño, producción, financiación y marketing. Y tal vez lo más importante, el asunto fundamental de si realmente quieres renunciar a nuestra vida durante meses para concentrarnos en el libro. Si al final sigues convencido al cien por cien, su consejo es “ve a por ello”.

No busques la aprobación externa

Ed Kashi *Varias personas bañándose y haciendo sus abluciones, río Hooghli en Kolkata, la India*, 2015

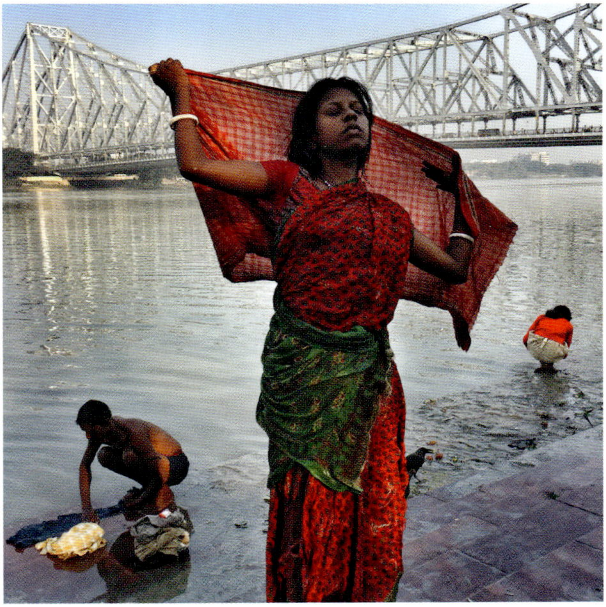

El veterano fotógrafo documental Ed Kashi ha forjado su dilatada carrera trabajando en proyectos largos y está convencido de que creer en uno mismo es esencial. Añade: "La única manera de mantener la pasión, las ganas y el compromiso necesarios para acometer un proyecto largo es que creas en tu idea y que te importe de verdad". También aconseja a los fotógrafos que no confíen en la opinión de los demás y que no busquen su aprobación: "¡No dejes que editores, directores de arte, organizadores de exposiciones, etc., te paren! Muchas veces confiamos o esperamos que esos actores externos reafirmen nuestras ideas y nuestro trabajo. Y eso solo puede conducir al fracaso, la decepción y el desastre". Y añade: "Debes saber por qué haces este trabajo, qué quieres hacer y perseguirlo con una determinación que a mí me parece de locos". Y por último ofrece estas palabras de ánimo: "Lo mejor comienza contigo y tu insaciable deseo de crear ese trabajo". Si tienes ideas firmes, investiga y trabaja mucho; el éxito llegará.

Produce historias que te gustaría ver

D. J. Clark

"Escribe las historias que recuerdes haber visto en la última semana y trata de entender cómo se estructuraban y cuáles era los elementos clave que te gustaron de ellas".

El fotógrafo y educador D. J. Clark se ha especializado en narrar historias en vídeo y multimedia. Su regla es la siguiente: "Si no la mirarías, no esperes que el público lo haga". Es muy crítico con la forma en que con frecuencia se incumple esta regla y sostiene: "Te sorprendería saber la cantidad de periodistas que trabajan en organizaciones relacionadas con los medios de comunicación y producen contenido que ellos no verían". Su punto de partida para producir historias en publicaciones digitales es el siguiente: "Escribe las historias que recuerdes haber visto en la última semana y trata de entender cómo se estructuraban y cuáles era los elementos clave que te gustaron de ellas". Recomienda a los fotógrafos que analicen detenidamente lo que funciona y lo que no: "Desmenuza el contenido de tus cuentas favoritas de Instagram, de tus suscripciones a YouTube y Facebook, y trata de averiguar qué te llama la atención en esas historias".

Sé amable

Max Leonard

"Hay mucha gente ahí fuera que no es amable y en esta industria tan pequeña eso se ve".

El editor de fotografía Max Leonard sigue una máxima sencilla: sé amable con la gente. Cuenta que hay mucha gente en esta industria que no lo es y que, en un mundo tan pequeño como este, las noticias corren como la pólvora. A la hora de elegir con quién trabajar, Leonard no se acerca a los que son "mucho más grandes y más importantes" que él para no trabajar con personas que han sido desagradables con él.

La industria está construida sobre relaciones personales y los editores suelen buscar recomendaciones de fotógrafos con los que trabajar en las publicaciones. Ten en cuenta que ser desagradable con un editor puede tener consecuencias durante mucho tiempo.

Investiga, investiga e investiga un poco más

Natasha Caruana *Sigo esperando I*, 2019

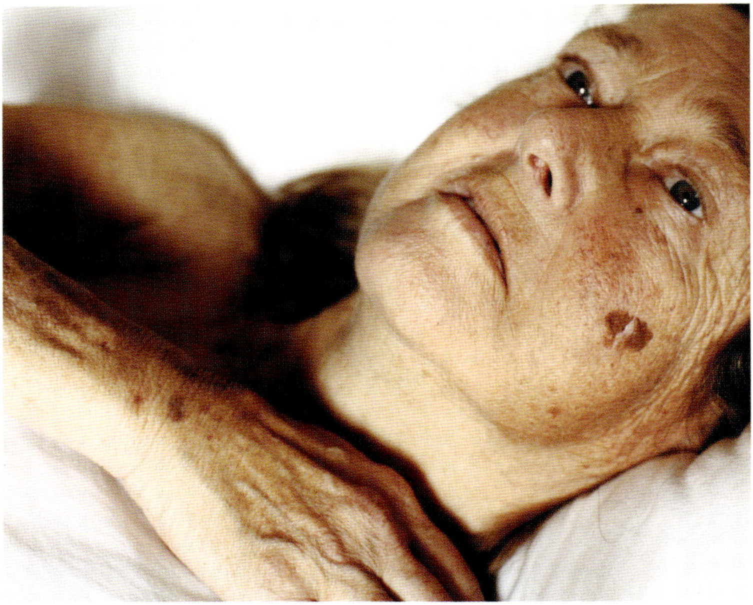

Natasha Caruana explora temas relacionados con el amor, la venganza y la fantasía, y a menudo echa mano de archivos, internet e historias personales de pérdidas y anhelos. Su trabajo se sustenta en la relación constante con sus fuentes, como ella misma explica: "No te despiertas por la mañana y visualizas las imágenes finales. El trabajo final evoluciona a lo largo de un período de tiempo durante el cual voy averiguando poco a poco adónde va la idea y cómo comunicarla". Para ella, la investigación y la práctica están "intrínsecamente unidas, forman un proceso de tarea continua, generan nuevas ideas e innovadoras maneras de trabajar". La investigación no solo se hace al principio de un proyecto, sino que impregna todo el proceso, y puede adoptar varias formas, desde entrevistas con tus modelos a trabajo de investigación en internet, cotejo de datos o revisar el trabajo de otros artistas para buscar inspiración.

Trabaja hacia atrás desde tu objetivo

Simon Norfolk

"Hay personas que ponen todo su corazón y su alma en un trabajo, y aun así les oyes decir tonterías como que no están seguras de lo que esperaban conseguir con él".

El fotógrafo de documental Simon Norfolk trabaja en proyectos de larga duración. Busca meticulosamente proyectos que combinen historia, geografía y memoria para explorar las huellas que deja el pasado en el paisaje. La regla de oro que sigue la ha tomado prestada de la dramaturga Lucy Prebble, que afirma que uno debería pensar en su proyecto al revés. Hay que empezar preguntándose: "¿Qué quiero hacer sentir al espectador cuando pasee por la galería y observe mi trabajo?" y, a continuación, ponerse a crear ese sentimiento. Pero constantemente, hasta que se llegue al principio, hay que preguntarse: "¿En qué sentido contribuye esto a la creación de ese sentimiento?". El problema que ve Norfolk en muchos trabajos es que "la mayoría de nosotros termina en proyectos por encargo, continúan un trabajo anterior o son la menos mala de las ideas que se me ocurrían, etc.". El hecho de preguntarse por el impacto de un trabajo debería hacer que tuviera más relevancia para el supuesto público. Norfolk advierte de que, sin esa previsión, corremos el riesgo de que el proyecto fracase: "Hay personas que ponen todo su corazón y su alma en un trabajo, y aun así les oyes decir tonterías como que no están seguras de lo que esperaban conseguir con él".

Comprende los números

Paul McDonald

“Cuando se te ocurra una idea para un proyecto, los números tienen que salir. Ocúpate primero de la parte más aburrida: la hoja Excel”.

Paul McDonald ve su trabajo desde un punto de vista empresarial y reconoce que “como creativo, tienes que ocuparte de solucionar problemas para tus clientes de una forma creativa”, y que esto le funciona como argumento de venta. Sostiene: “Tú desarrollas y plasmas tu creatividad a través de la investigación, el estudio, la práctica personal, los riesgos que corres y tus experiencias pasadas. Todo esto tiene un valor económico y hay que tenerlo en cuenta en el presupuesto”. Piensa que es un recurso que se puede explotar al máximo y que “hay una razón por la que tus clientes quieren trabajar contigo: reconocen el valor de tu creatividad que, al final, les da dinero. Así que pon el precio y hazlo tuyo”. Pero la realidad del coste de hacer negocios mitiga esa creatividad, y su consejo es que controles bien los aspectos financieros del trabajo, porque, si los números no salen, tendrás pérdidas antes de empezar. Esta es su recomendación: “Cuando se te ocurra una idea para un proyecto, los números tienen que salir. Ocúpate primero de la parte más aburrida: la hoja Excel. Si los números salen, pasa a la parte divertida, la creatividad. Si no te gustan, no disfrutas o no entiendes de números, aprende o págale a alguien para que lo haga por ti”. Si no obedeces las reglas de los negocios, corres el riesgo de que no te salga rentable, o como dice Paul McDonald: “Seguro que has oído hablar del artista muerto de hambre. Tú eliges. Puedes ser ese artista o tener un negocio creativo lucrativo. ¡Tú eliges!”.

No prepares la escena

Antonio Zazueta Olmos

"En la era digital, cuando la sinceridad de los fotógrafos nunca se ha cuestionado tanto, es importante que los fotoperiodistas y documentalistas no escenifiquen las situaciones para que salga una foto más bonita. Cuando un fotógrafo pierde la capacidad de ser paciente y de registrar con honestidad la historia que se desarrolla ante sus ojos, pasa de ser periodista y documentalista a ilustrador. La fotografía es, desde el principio, una forma profundamente subjetiva de registrar hechos y trasmitir información. Los objetivos, la exposición, el punto estratégico y el encuadre que elijas te hará registrar las cosas de una manera diferente a como las ve el ojo humano. El hecho de añadir un elemento de escenificación a la mezcla aboca al fotógrafo al terreno de la ficción. Empiezas a escenificar la situación para sacar una foto más bonita y, cuando quieres darte cuenta, estás tomando malas decisiones desde el punto de vista ético a la hora de usar Photoshop".

Antonio Zazueta Olmos es un fotoperiodista y fotógrafo de retrato editorial que ha realizado proyectos sobre derechos humanos, medio ambiente y distintos conflictos. Ha trabajado mucho en el continente americano y África central y oriental para periódicos y revistas de todo el mundo, además de para las principales ONG internacionales.

Reglas para trabajar en situaciones traumáticas

Poynter Institute for Media Studies Fotógrafos sacan instantáneas a un niño desnutrido durante la hambruna que en 1992 provocó la guerra civil en Somalia, 1992 (fotografía de Paul Lowe)

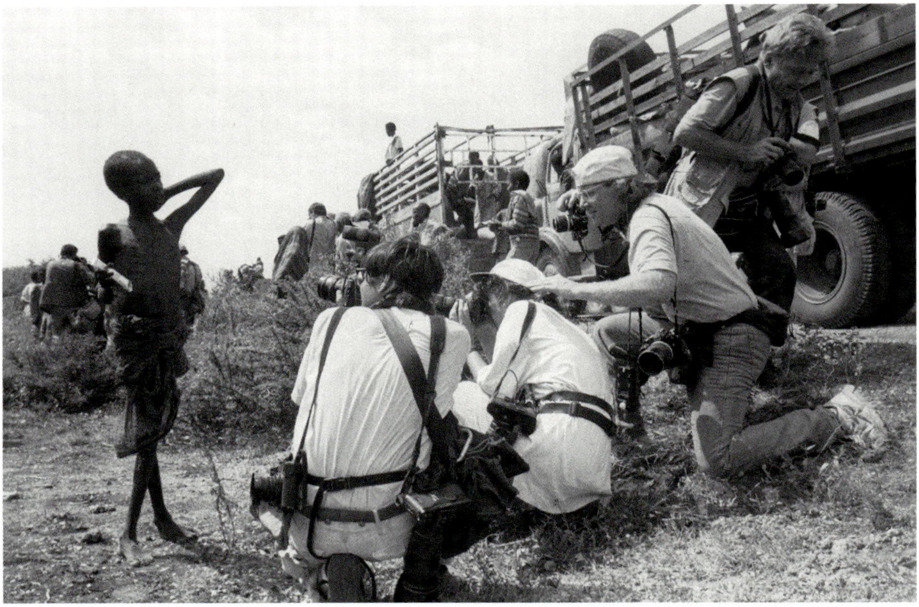

Al Tompkins, del Poynter Institute for Media Studies, enfatiza el riesgo físico y mental de informar en situaciones traumáticas y afirma: "Los reporteros, fotoperiodistas, ingenieros, técnicos de sonido y productores de campo suelen trabajar codo con codo con los profesionales de emergencias. Sorprendentemente, los síntomas de estrés traumático de los periodistas se parecen mucho a los que sufren los policías y bomberos que llegan nada más suceder la tragedia, pero los periodistas suelen recibir poco apoyo cuando ya han entregado sus historias. Mientras que a los profesionales de la seguridad pública les ofrecen terapia psicológica tras pasar por una situación traumática, a los periodistas los mandan a cubrir otra historia". En su guía para fotógrafos de campo, incluye estos consejos:

1 Debes saber que tus problemas pueden llegar a angustiarte. Si te ocurre, busca ayuda profesional.
2 Es posible que tú seas el primero en llegar a la escena. Quizá tengas que afrontar situaciones peligrosas y reacciones duras por parte de los cuerpos de seguridad y del público. Mantén la calma y la concentración. Sé consciente de que una cámara no puede protegerte de posibles daños. Cualquier supervisor o editor debería entender que la vida de una persona es más importante que una foto.
3 Trata a cualquier víctima de una tragedia a la que te acerques con sensibilidad, dignidad y respeto. No reacciones con brusquedad a las respuestas que puedas recibir. Identifícate con educación antes de preguntar nada.
4 En una tragedia, verás muchas imágenes sangrientas. Pregúntate si son lo bastante importantes por motivos históricos o demasiado gráficas para tus lectores o espectadores.
5 No interfieras en el duelo de una persona. Eso no significa que no puedas hacer fotos en las que muestres emociones en escenarios públicos, pero no entres en casa de nadie ni molestes a las víctimas en pleno duelo.
6 Protege siempre tu mente. Acepta tus emociones. Habla de lo que has visto con un colega en quien confíes, con un amigo o con tu pareja. Escribe sobre ello. Sustituye las imágenes terribles por otras positivas. Establece una rutina diaria de hábitos saludables.

Gestiona tu archivo

Hamish Crooks Sellos de los fotógrafos de Magnum Photos, 1980 (fotografía de Alex Webb)

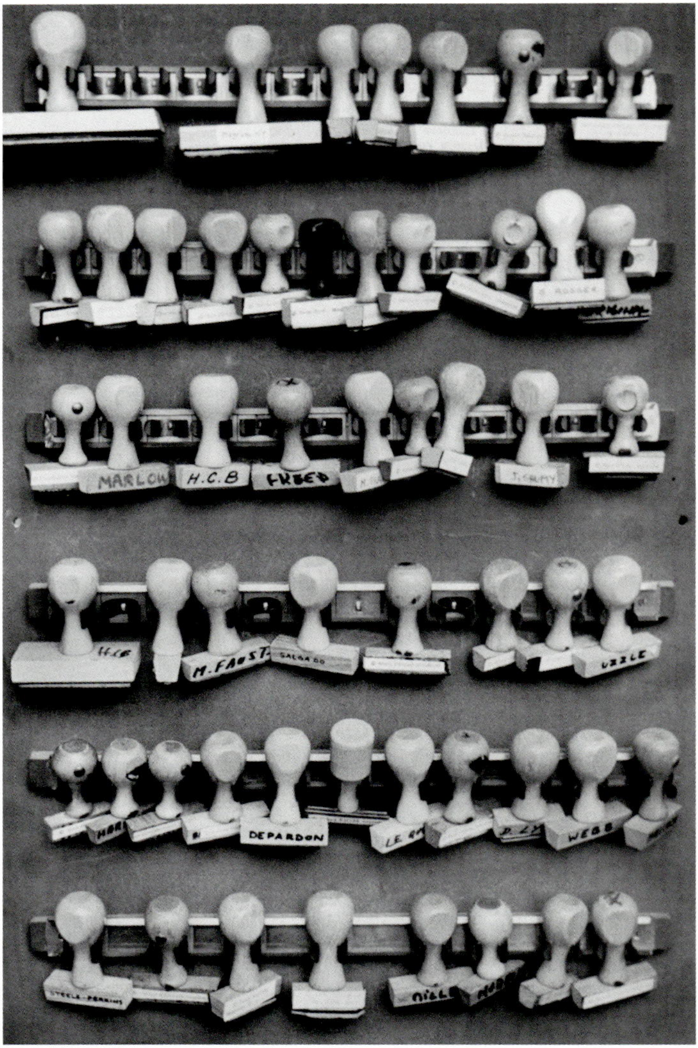

Hamish Crooks es el director global de licencias de Magnum Photos y se ocupa de gestionar sus formidables archivos. Estos son sus consejos para gestionar nuestro trabajo a largo plazo.

1 Guarda las "rechazadas"

Los fotógrafos analógicos generaban hojas de contactos que facilitaban la reedición y reevaluación. La fotografía digital usa discos duros, servidores en la nube, copias de seguridad y DVD, pero el almacenaje digital es cada vez más barato, *online* y *offline*, así que organiza las fotos rechazadas después de cada sesión y haz una copia de seguridad.

2 Piensa en tu legado desde que eras joven y gestiónalo

No esperes a hacer una primera revisión de toda tu vida o de tu carrera cuando seas demasiado mayor para seguir fotografiando. Si mueres antes, alguien lo hará por ti. Y probablemente lo haga mal.

3 Gestiona los metadatos

Busca numeración, pies de foto, datos EXIF, palabras clave o códigos y otros protocolos de metadatos que se ajusten a tus necesidades y tenlos en cuenta. Los archivos IPTC son un buen punto de partida. Con ayuda de plantillas de metadatos, puedes rellenar la información de la mayoría de las fotos antes de hacerlas.

4 Clasifica tus fotos

Cuando se usaban hojas de contactos, el fotógrafo o el editor marcaba a lápiz la clasificación de las fotos. En el caso de las fotografías digitales, conviene que añadas la clasificación que consideres a tus imágenes con algún *software* fotográfico y que incluyas esta información en los metadatos.

Índice temático y onomástico

Créditos de las fotografías

página 12 © Brassai Estate – RMN-Grand Palais; página 13 © Tom Hunter; página 14 © Bruce Gilden / Magnum Photos; página 15 © Marc Riboud / Fonds Marc Riboud au MNAAG / Magnum Photos; página 16 Bill Brandt / Picture Post / Hulton Archive / Getty Images; página 18 © Estate of Harry Callahan; cortesía de Pace / MacGill Gallery, Nueva York; página 19 © Lee Friedlander, cortesía de Fraenkel Gallery, San Francisco; página 20 Alfred Eisenstaedt / The LIFE Picture Collection a través de Getty Images; página 21 © Anton Corbijn; página 22 Ansel Adams / National Archives / The LIFE Picture Collection a través de Getty Images; página 23 © Robert Capa © International Center of Photography / Magnum Photos; página 24 Charles Sheeler / Conde Nast a través de Getty Images; página 25 © David LaChapelle; página 26 Tony Ray-Jones / SSPL / Getty Images; página 28 Walker Evans / The J. Paul Getty Museum; página 29 © David Hockney Collection J. Paul Getty Museum, Los Ángeles; página 30 © Rineke Dijkstra, cortesía de Marian Goodman Gallery; página 33 Alexander Rodchenko / adoc-photos / Corbis a través de Getty Images; página 34 © Samir Al-Sharif; página 36 © Rinko Kawauchi; página 37 Bernice Abbott / New York Public Library / Public Domain; página 38 Ernst Haas / Getty Images; página 39 © Aletheia Casey; página 40 © Mary Ellen Mark; página 41 © William Albert Allard; página 43 © Lewis Baltz Trust; página 44 Yale Joel / *Time & Life Pictures*; página 46 © Gueorgui Pinkhassov / Magnum Photos; página 47 © Anders Petersen; página 48 Julia Margaret Cameron / SSPL / Getty Images; página 50 John Heartfield / Photo Scala, Florence / bpk, Bildagentur fuer Kunst, Kultur und Geschichte, Berlín; página 51 Berenice Abbott / Getty Images; página 52 © 2019. Digital image, The Museum of Modern Art, Nueva York / Scala, Florencia; página 54 © Philip Jones Griffiths / Magnum Photos; página 55 © Eric Bouvet / VII; página 56 © Constantine Manos / Magnum Photos; página 59 Joe McNally / Getty Images; página 60 © Centre Pompidou, MNAM-CCI, Dist. RMN-Grand Palais / Philippe Migeat; página 62 Sam Abell / National Geographic Creative; página 63 © Trustees of Princeton University; página 64 © The Irving Penn Foundation; página 66 © Graciela Iturbide; página 67 © Vanessa Winship; página 68 © Lara Jo Regan; página 70 © Henri Cartier-Bresson / Magnum Photos; página 71 © Simon Norfolk; página 72 William Albert Allard / National Geographic Creative; página 74 Chip Somodevilla / Getty Images; página 77 © William Klein; página 78 © The Estate of Edward Steichen / DACS, 2019; página 80 Francis Frith / Artokoloro Quint Lox Limited / Alamy Stock Photo; página 81 Jack Mitchell / Getty Images; página 83 Jacques-Henri Lartigue / The Art Institute of Chicago / Art Resource, Nueva York / Scala, Florence; página 84 Alfred Stieglitz / age fotostock / Alamy Stock Photo; página 86 © Alex Webb / Magnum Photos; página 87 Walter Sanders / The LIFE Picture Collection a través de Getty Images; página 88 © Henri Cartier-Bresson / Magnum Photos; página 90 © Ed Kashi; página 91 © Paul Lowe; página 94 © Elliott Erwitt / Magnum Photos; página 95 © Martine Franck / Magnum Photos; página 96 © Aletheia Casey; página 98 © Danny Lyon / Magnum Photos; página 99 © Louie Palu; página 100 © Philip-Lorca diCorcia; página 101 © Sara Terry / VII; página 102 © Roger Ballen; página 104 © Sebastião Salgado, cortesía de NB Pictures; página 105 Michael Williamson / The Washington Post a través de Getty Images; página 107 © Lauren Greenfield / INSTITUTE; página 108 © Giles Duley; página 110 Joe McNally / The LIFE Picture Collection a través de Getty Images; página 111 © Maggie Steber / VII; página 112 © Chris Steele-Perkins / Magnum Photos; página 114 © Lara Jo Regan; página 116 © Gemma Marmalade; página 118 © Susan Meiselas / Magnum Photos; página 119 © Paul Caponigro; página 120 © Mark Power / Magnum Photos; página 121 © Chloe Dewe Mathews; página 122 © Léonie

Hampton; página 123 © Eve Arnold / Magnum Photos; página 124 © Tina Barney; página 126 Roz Kelly / Michael Ochs Archives / Getty Images; página 127 © Jocelyn Bain Hogg / VII; página 128 © Tod Papageorge; página 129 © Edmond Terakopian; página 130 © Swart Ghosh; página 132 © Daniel Meadows; página 133 © Dorothy Bohm; página 134 © Tomas Van Houtryve / VII; página 136 © Alec Soth / Magnum Photos; página 138 © Bruce Davidson / Magnum Photos; página 140 © Donald Weber; página 142 Christopher Simon Sykes / Hulton Archive / Getty Images; página 143 © Collection Martin Parr / Magnum Photos; página 144 © Trustees of Princeton University; página 145 © Laura Pannack; página 146 © Nolan Ryan Trowe; página 148 © MaggieSteber / VII; página 150 The Museum of Modern Art, Nueva York / Scala, Florence; página 151 © Larry Fink; página 152 © Alec Soth / Magnum Photos; página 153 Pictorial Press Ltd / Alamy Stock Photo; página 155 Nik Wheeler / Corbis a través de Getty Images; página 156 Alfrec Eisenstaedt / The LIFE Picture Collection a través de Getty Images; páginas 158-159 © Elliott Erwitt / Magnum Photos; página 160 Yousuf Karsh, Camera Press, London; página 161 © Robin Maddock; página 162 © Lisa Bernard; página 164 © Bruce Davidson / Magnum Photos; página 166 © Line Ørnes Søndergaard / VII; página 170 © Taha Ahmad / VII; página 174 © Damir Šagolj; página 178 Bert Hardy / Picture Post / Getty Images; página 181 © Ilvy Njiokiktjien / VII; página 183 © Shahidul Alam; página 184 © Tom Broadbent; página 186 David Kleyn / Alamy Stock Photo; página 190 © Neil Turner; página 192 © Juno Calypso; 194 Henning Kaiser / DDP / AFP a través de Getty Images; página 197 © Eric Bouvet / VII; página 198 © Maggie Steber / VII; página 200 Dirck Halstead / Getty Images; página 201 © Brian Griffin; página 202 © David Hurn / Magnum Photos; página 203 © Elliott Erwitt / Magnum Photos; página 204 © Ed Kashi / VII; página 207 Michael Stroud / Express / Hultcn Archive / Getty Images; página 208 © Graeme Oxby; página 211 Manfred Rutz / Getty Images; página 212 © Diána Markosian; página 215 © Martin Parr / Magnum Photos; página 216 In Pictures Ltd. / Corbis a través de Getty Images; página 218 W. Eugene Smith / The LIFE Picture Collection a través de Getty Images; página 221 Hulton Archive / Getty Images; página 223 © Ed Kashi / VII; página 226 © Natasha Caruana; página 230 © Paul Lowe / Panos Pictures; página 232 © Alex Webb / Magnum Photos.

Título original: *Photography Rules. Essential Dos & Don'ts from Great Photographers*. Publicado originariamente en 2020 por Frances Lincoln Publishing, una división editorial de The Quarto Group.

Diseño del libro: Glenn Howard

Revisión de estilo: Anna Ubach Royo
Diseño de la cubierta: Toni Cabré / Editorial Gustavo Gili, S. L.

Printed in China
ISBN: 978-84-252-3256-5
Depósito legal: B. 8922-2020

Este libro se ha impreso sobre papel fabricado a partir de madera procedente de bosques y plantaciones gestionadas con altos estándares ambientales, garantizando una explotación de los recursos sostenible y beneficiosa para las personas. También para generar un menor impacto, hemos dejado de retractilar nuestros libros. Con estas medidas, queremos contribuir al fomento de una forma de vida sostenible y respetuosa con el medio ambiente.

FSC www.fsc.org
MIXTO
Papel procedente de fuentes responsables
FSC® C016973

Editorial Gustavo Gili, S. L.
Via Laietana, 47, 2.º, 08003 Barcelona, España.
Tel.: (+34) 93 322 81 61
Valle de Bravo, 21, 53050 Naucalpan, México.
Tel.: (+52) 55 55 60 60 11